《西域文献与中古中国知识—信仰世界》系国家社会科学基金重大项目
"敦煌吐鲁番出土汉文与民族语文数术文献综合研究"（22&ZD220）阶段性成果

中亚与丝路文明研究丛书

刘进宝 主编

西域文献与中古中国
知识－信仰世界

余欣 —— 著

读者出版传媒股份有限公司
甘肃教育出版社

图书在版编目（CIP）数据

西域文献与中古中国知识-信仰世界 / 余欣著. --
兰州：甘肃教育出版社，2023.4（2024.4 重印）
（中亚与丝路文明研究丛书 / 刘进宝主编）
ISBN 978-7-5423-5586-7

Ⅰ. ①西… Ⅱ. ①余… Ⅲ. ①文史资料-研究-西域
②中国历史-中古史-研究 Ⅳ. ①K294.5②K36
③K240.7

中国国家版本馆 CIP 数据核字（2023）第 037499 号

西域文献与中古中国知识-信仰世界

余　欣　著

策　　划　马永强　薛英昭　孙宝岩
项目负责　伏文东
责任编辑　谢璟　张玉霞
封面设计　MM 末末美书

出　版　甘肃教育出版社
社　址　兰州市读者大道 568 号　　730030
电　话　0931-8436489(编辑部)　　0931-8773056(发行部)
传　真　0931-8435009
淘宝官方旗舰店　http://shop111038270.taobao.com

发　行　甘肃教育出版社　印　刷　山东新华印务有限公司
开　本　787 毫米×1092 毫米　1/16　印　张　20　插　页　2　字　数　268 千
版　次　2023 年 4 月第 1 版
印　次　2024 年 4 月第 2 次印刷
印　数　2001—3000
书　号　ISBN 978-7-5423-5586-7　定　价　78.00 元

总　序

浙江是我国名闻遐迩的丝绸故乡，敦煌则是丝绸之路的"咽喉之地"。自唐代开始，浙江又因丝绸经海上运输日本，成为海上丝路的起点之一。1900 年，敦煌学兴起后，中国学者首先"预流"者，即是浙江籍的学者罗振玉与王国维，随后几代浙江学人奋随其后，为敦煌学的发展与丝路文化的发扬光大做出了巨大贡献。

浙江大学关于中亚等丝绸之路沿线区域的研究起步较早。1939 年初，向达先生受聘为浙江大学史地系教授，从事西域历史文化与丝绸之路研究；1942 年 8 月，方豪先生受聘为浙江大学史地系教授，主讲"中西交通史"和"元史"课程，后来出版的史学名著《中西交通史》，就是在浙江大学历年讲义的基础上增补修订而成的。20 世纪 80 年代，黄时鉴先生在历史系带领团队成员从事中西关系史研究，出版了大量学术论著，培养了一批中外关系史方向的研究生。

2013 年，国家提出"一带一路"倡议后，浙江大学充分发挥自身在敦煌学与丝绸之路研究方面的优势，于 2015 年发起成立"一带一路"合作与发展协同创新中心，主编出版了《"一带一路"读本》和《"一带一路"一百问》。经过几年的建设，形成了丝路文明研究的核心学术团队，于 2016 年组建成立了浙江大学人文学院丝路文明研究中心。丝路文明研究团队的成员承担了一批国家社科基金重大、重点项目和一般项目、青年项目，发表了一批有影响的学术论文，团队的集体成果"敦煌学与丝路文明"还入选浙江大学"十大学术进展"。

此外，丝路文明研究团队编辑出版的《浙江学者丝路敦煌学术书系》，全套计划出版 40 种，目前已经出版 25 种，且有多种重印。其中 5 种入选国家社科基金中华学术外译项目（将以 11 个语种出版），1 种入选"经典中国国际出版工程"，并整体向台湾万卷楼图书股份有限公司输出了繁体字版权，已在台湾出版中文繁体字版 13 种。实现了社会效益和经济效益的双丰收。从 2016 年开始创办《丝路文明》学刊，每年一辑，已经出版 7 辑，得到了国内外学术界的高度赞扬和好评。同时还以学术研究反哺教学，主持承担"敦煌学与'一带一路'"通识核心课程群，在全校开设通识核心课程和专业课程。

正是在这种良好的基础上，2020 年 8 月，浙江大学中亚与丝路文明研究中心成功入选国家民委"一带一路"国别和区域研究中心名单。

中亚与丝路文明研究中心成立后，我们在继续编辑出版《丝路文明》学刊和《浙江学者丝路敦煌学术书系》的基础上，还主办了"敦煌学与丝路文明"系列讲座，邀请海内外著名学者前来切磋学术，加强本团队成员对国内外学术前沿动态的把握。

《丝路文明》学刊的编辑出版和"敦煌学与丝路文明"系列讲座的开办，得到了海内外学者的大力支持，也进一步加强了我们与国内外学界的联系与交流。为了感谢海内外学者对我们的信任与支持，我们编辑了《中亚与丝路文明研究》丛书。

本套丛书的作者，既有浙江大学中亚与丝路文明研究中心成员的成果，如冯培红《鱼国之谜——从葱岭东西到黄河两岸》、余欣《西域文献与中古中国知识–信仰世界》、罗帅《丝绸之路南道的历史变迁——塔里木盆地南缘绿洲史地考索》、刘进宝《西北史地与丝路文明》，更有海内外知名学者的论著，如南京大学刘迎胜教授的《古代中国与亚洲文明》、中国人民大学王子今教授的《汉代丝绸之路文化史》、北京大学荣新江教授的《唐宋于阗史探研》、日本大阪大学荒川正晴教授的《欧亚交通、贸易与唐帝国》。刘迎胜先生、王子今先生、荣新江先生和荒川正晴先生，都是海内外最著名的丝绸之路研究专家，浙江大学的诸位中青年学者，也在国内外学术界有较好的影响和地位，从而保证了丛书的质量。

《中亚与丝路文明研究》丛书，研究的内容涉及历史、地理、政治、经济、文化等各个方面，较为系统地反映了中亚与丝绸之路的历史变迁，多元文化的交流碰撞，多民族、多文明的交汇融合和共同繁荣，为读者进一步了解、认识中亚与丝绸之路的历史地理、民族文化、社会生态及其在东西方文明交流过程中的历史面貌和历史地位提供了全新的视角。

丛书既有对国内新成果、新资料的继承和利用，又有对国际学术界相关研究成果、研究方法的吸收和借鉴；既注意将中亚与丝绸之路研究置于中西政治、经济、文化交流的研究视角之下，对各种考古发现和文献文本材料进行精细解读、微观探讨，又注意将其置于国际学术视野中，从更长更大的时空维度来探讨"丝路文明"的价值和意义。

在本丛书即将出版之际，对各位作者表示衷心的感谢！尤其感谢刘迎胜先生、王子今先生、荣新江先生和荒川正晴先生对我们的信任，同意将其大著收入本丛书出版！感谢浙江大学亚洲文明研究院和社会科学研究院的大力支持！感谢甘肃教育出版社一如既往的倾力支持。

刘进宝

2022 年 12 月 18 日

前　言

本书的研究旨趣，是以西域出土写本与文物为颜料，"深描"作为写本时代知识-信仰承载体的丝绸之路的"数理"与"物象"，进而探讨文明传统构造视野中的"人物关系"、技艺习传与信仰实践，以范式、个案与细节充盈中古中国知识传统生发的脉络肌理以及方术生成与衍变的世界图景。

西域文献，取的是文献的本义，即文明一切过往之记录。不仅包括写本，还包括相关图像资料和信仰实践器物。循此理念展开的整体研究，并非抽象理论或概念推衍，而是以文献集成、实证考辨为基础的分析和阐释，以文本、器物、图像的综合考察，重绘信仰世界全息图景，从而构建数术传统的知识网络，呈现仪式场域中的器物象数，观照中古宗教文化景观化生诸相，为从文明融摄的角度探究民生宗教的特性开拓新境域。

数术是关于宇宙图式和人的选择的知识与技艺，是"中国文明基因库"的重要构成部分，对于理解中国学术、思想、礼制、人伦、秩序、制度具有特殊意义。依《汉书·艺文志》，数术包括天文、历谱、五行、蓍龟、杂占、形法六类，而从中古时代的发展兹繁和出土文献实际来看，可分为阴阳、历算、选择、占候、易占、式占、卜法、堪舆、禄命、相术、梦书、符咒、杂占十三类五十四目。数术是"究天人之际"的"智慧结晶"，可以看作是一种与宇宙论相关的"实用科学"。集儒生、方士于一体的"阴阳家"运用经学"理论"和数术"工具"，掌握了祥瑞灾异的解释权，并以此建立国家政治和日常生活秩序。

在传统中国的知识系统架构及其成立过程中，数术之学是最不容忽视的基底性要素，应将其置于长时段视野下探察，尤其要注意其在中古时代的传习、衍变及影响，深入学理与技术脉络，追寻知识传统的生成与传承的历史进路。基本研究取向是将这些关于"数理"的"科学"与关于"选择"的"技术"视为"世界图像"的组成部分，而不是某一种孤立的技能或占验的方法，试图从这一角度把握数术，来观照"物的世界"和"人的世界"，重绘其变迁的轨迹，构建起中古时代带有"地方感"的"世界图像"。由文献考证的基础研究，上升为对学术思想史和知识社会史的展开分析，将增进传统社会对天道-自然、人-物的认识史，"术"的观念史，知识体系的成立史以及思维方式的发展史的理解，建立起数术研究的解释性框架，并推进对宗教社会史与中外文化交流史的新探索。

上编"知识视域下的数术"，以文本的"超细读"与政治文化聚合研究回答"术"如何制作与行用的问题。数术的制造有其特定的历史风土、信仰机制、知识体系和社会运作模式，其发展变化也离不开制度的推动、规范与制衡。缘此，我们主张在知识—信仰—社会网络中观照符应文本与叙事的意涵，阐发其交错的文化史价值。阴阳五行杂糅祯祥灾异，其表现皆在知识，其意义则在社会行动。在知识视域中展开数术统合研究，突破以往单一化的研究视角和推论式论证方式，有助于推进数术作为信仰性知识的内在理路研究的进展。

阴阳五行理论是传统中国政治、思想和社会的"学理根柢"。其中"瑞应"，或者说"符瑞""符应"，堪称知识-信仰传统中最为独特的天命思想、政治技术和社会心态的凝聚体。瑞应的应有研究理路，是还原它为方士之学，置于数术、方技之学脉络中观照，唯有如此，方能领会其内容何以如是驳杂，其内质何以充满方士气息，其构造何以会与政治情境密切互动。圣王降诞、天地宇宙、政治伦理、八方礼俗、杂占杂术、镇宅相物、奇异动植、鬼物神怪，各种系统的"学"与"术"交结糅合，唯有从方术的通体背景出发，才能把握瑞应的基本性格。瑞应并非祯祥灾异预言书，而是方术与博物之学交织创制的堆叠型文本。故而符应图书的知识谱系研究旨在检讨瑞应的起源、发展以及在政治操作中的作用，利用史志、图像、铭文、敦煌和日本佚存古写本，从知识内核和文本语境的多维视角重绘瑞应图书在汉唐时期的"行方"，并揭示其形成的历史过程和在制度系统结构中生长的历史情境。

"祯祥变怪"植根于方术，符应可以被视为阴阳灾异学说的应用实践，因此必须重置于中国方术传统的语境下理解。在分析瑞应图书早期流变的基础上，根据现存于东京尊经阁文库的《天地瑞祥志》写本，讨论六朝以降的传承，辨识文本组织的逻辑及其文化认识论。通过对瑞应图书视觉谱系的文本研究，揭示写本文化中图像与文本的关系。追踪古代瑞应图书存在的痕迹，不同的祥瑞形象表现，并与敦煌写本《瑞应图》《白泽精怪图》进行比较研究。最后，探讨符应图书在政治合法性建构中的作用：认定祥瑞的标准如何确立，与唐代律令社会中的制度如何关涉，以及非正式的祥瑞如何获得官方认可并进入新的《瑞应图》系统。一方面，祥瑞知识来源于方术、博物、阴阳五行、祯祥变怪、谶纬灾异，格式化、经典化和制度化的过程，《瑞应图》的创制，祥瑞发现、判定、上奏、表贺、制可、修史一系列制度运作，同时与政治舆论的操控、政治行为的实施和合法性的塑造有密切关系；另一方面，政治行动绝非谶纬理念或某一瑞应条文指引下的操作，即便发现两者之间似有关联，所谓的因果链往往是后此推定而建立的假想，毕竟瑞应图书并非政治践行的操作手册。对于符瑞，当将其契入传统中国方术体系中加以理解，不能仅从谶纬文献和政治文化建构过程来分析。

瑞应也是时代精神状况和集体行动的表征。敦煌归义军时期符瑞造作为我们提供了政治合法性的构筑在地域政治空间如何操作的鲜活图景。对归义军史上的符瑞关联事件的考辨，揭示了敦煌这样一个深受佛教影响的蕃汉杂糅的社会，在利用符瑞塑造权力正统、强化内部政治结构、凝聚族群认同的过程中，原属汉文化政治话语系统的符瑞如何被改造，佛教思想与符瑞观念如何融合，符瑞的制造策略、仪节和传播如何操作，主帅、官僚、文士、教团、民众如何达成共谋与合作，文武、僧俗、胡汉集团如何结成稳定的统治机制，从而拓展地方政权政治格局与权力运作机制研究，增进对于晚唐五代基本性格与历史走向的认识。

萧吉所著《五行大义》为中古时期阴阳五行理论的集大成者。编纂体例、文本结构、概念表述以阴阳五行为条贯，并对所有概念和方法做了缜密的阐发，充分体现了萧吉的学术兴趣和时代氛围。阴阳五行学说的源流和嬗变，自春秋战国以来，随着中国思想、学术与制度的演进更趋纷杂繁复，阴阳五行所包含的内容不断被注入丰富的意蕴，容纳于其中的方术-博物传统的呈现方式日趋纷繁多姿，至中古时代，各类知识、信仰与技术出现了汇流统合的需求与趋势，这既体现了阴阳五行理论发展的内在理路，同时也体现了士人复杂而多重的知识结构和人生抱负。将萧吉和《五行大义》置于这一坐标系中加以考察，并以萧吉驱除东宫鬼魅一事作为切入点，可探究其学术旨趣之依归。萧吉在占验行事中，将风角、九宫、禄命、谢土、物怪诸术镕铸于一炉，充分展示了如何将阴阳五行理论用于信仰生活并在政治活动中的实际运作、操弄。以萧吉为线索，"达观"汉唐间阴阳五行之"学"与"术"的衍化，对阴阳五行的"行容"，尤其是魏晋隋唐之际的"变容"有新的领悟。

中国古代数术书写模式的基石：建立于阴阳五行思想之上的数术观念和知识体系，导致东西方数术书写的模式也有很大不同。阴阳五行与祥瑞灾异实为同体异相，而阴阳学说的构建源于阴阳家对天文、律历、占候之术的理论化。将阴阳、占卜、谶纬、祥异，置于知识谱系中谛视，方能窥探其源流同分之腠理。数术功用与意义在于"时亦有以效于事也"。由物兆到人事的解释模式得以成立，并在社会实践中发挥功能，正是基于这样一套知识−信仰体系。

中古阴阳家及其习用数术的重新发现，在非汉族群和海外的流布及其信仰实态的揭橥，为重绘方术的宗教景观提供了新的"色相"，不仅有助于阐明中国传统数术在多元文化中的影响，也有助于从精神层面理解丝绸之路在人类历史进程中所发挥的作用。解析和把握跨文化的方术施行的历史情态，为重建长时段、多维度的方术世界史，求索方术知识在多语言、多民族、多宗教交汇融合的社会情境中共生、互动与再创新的史迹，重构全球史视野下的丝绸之路文明互鉴交融的历史景观，并从文明在互动中演进的角度探求民生宗教的性格提供了新的取径。

数术以一种汇合了政治、礼仪和"选择术"的模式持续地发挥作用。技术性的数术在被创制出来的过程中，已经融入了创制者的视角、经验和观念。历史上的数术知识形态的变化又构成了观念的变化，而当征应解释方式一旦成为一种固定的模式，它的合理性又将以常识支配着人们的习惯。人们会通过数术设定的世界确立自己行事的选择。因此在知识体系演变的过程中，综合考察数术和文本在政治生活构成中的意义，可进而呈现中古中国的"世界图景"之特征。这一研究模式可以归结为"朝向生活世界的数术诠释"，并从其时间体验与空间想象上，解读其多重面向的"意义边界"。

数术不仅是知识和经验的集合，同时也是以数术的视点把握人类周边物类的一种技艺。数术的分类和选择思想，实际上是中国传统知识人所构建的世界像，分类形式正是世界像的表征。这一有关人类活动诸领域的重层构造，既体现了信仰支配下的日常生活与社会构造对于秩序的维持，也包含了施术者和信受者的自我认识。

将数术文献重置入历史场域中，可以重绘中古时代数术的知识传统与世界图像如何建构、交织和化生；自我中心主义和边鄙情结如何确立和调适；地方性与民族性色彩如何映射；在数术实践中呈现怎样的本土文化和天下观；数术对于社会文化心理、地域政治实体的立场与行为，乃至"知识人"的出处，有着什么样的影响；相对于正统的、一般性的世界图像书写和解释，西域出土写本中的文本和观念，可以对此提出哪些挑战，并给予给我们什么启示。

西域出土文献能够从诸多方面映照中古时期数术及其周边历史与文化，尤其是汉地瑞应文化对敦煌西域的深刻影响。对汉文数术典籍与实用文书在西域的流传，数术知识的跨文化传播、融合和创制等等进行研讨。同时在文献的本体研究的基础上，讨论数术文献所建立的信仰实践的世界图像问题，并侧重于探究各类涉及"瑞应"的闻见、体验和想象的碎片是如何将创作者、使用者的价值、情感和心态投射在文本之上，塑造出不同的世界图像，成为当时的社会知识结构和集体记忆。

从敦煌到"东海"的数术文献涉及丝绸之路的诸多方面，具有多元文化的意涵。经由数术知识经络的梳理，为了解中古时期方术文化在世界的传播与熏染，提供了更加生动而具体的例证。将西域出土数术文献与域外祥瑞灾异古写本进行系联与贯通，有助于为数术的历史学研究拓宽视野，以出土史料的发掘和传世资料的重理为核心，寻绎中古数术的历史发展过程，利用多元的史料还原历史的立体镜像，以新颖的史学观念构筑文明交融的阐释。从"文明交流与互鉴"的高度审视和重绘中古时代的数术世界图像，追索其成立与变迁的过程，可以使我们对文化汇聚交融造就的古代的精神世界，获得灵动的历史体悟。

贯穿于本书中的另一条主线是对历史风土中的"人"与"物"的关注。近二十年来，中国史学的问题意识和研究方法都发生了很大的转变，新的学术增长点不断产生，并且取得了丰硕的成果。但是中国古代博物学研究却依然显得非常寂寥，真正从知识史与社会史角度进行考察的整合性的析论仍付诸阙如。究其原因，恐怕是由于博物学往往只被看作是前科学时代的粗糙的知识和迷信的杂烩，而没有从"认知和应对万物的方式"的高度认识它在传统社会中的价值，因而一直未能受到应有的重视。实际上，作为将人类经验型知识存在当成研究对象的学问，在现代科学确立之前，数术与博物在传统社会的知识体系、信仰世界和实践领域始终占据着独特而重要的地位。

博物学不是科学的简陋形态，而是自成体系的知识传统，这一传统无法用科学去理解和统摄。博物学给我们提供的"非科学性思考"，恰恰是它的价值之所在。博物学不仅是一个知识体系，而且是理解和体认世界的基本范式。数千年来博物与方术形成复杂的"共生文明"，成为中国学术的基调。中国博物学的关切点并不在"物"，不是一堆关于"万物"与"世界"的知识，而是镕铄天道、人事与物象，面向自身生存世界的理解方式、人生实践和情感体验。中国博物学的本质，不是"物学"，而是"人学"，是人们关于"人"与"物"关系的全体理解。这才是中国博物学传统的真精神。

博物学不是方士的专利，也并非只是文人士大夫的雅趣。博物兼有格物致用和"趋吉避凶"的功能，不论是"决嫌疑、定犹与"，还是对物象人事和世界图式进行解释，普通民众同样有赖于博物学。这些经由实践、"传闻"、习业等途径所获得的"学问"，除了通过专门的著作传播之外，更多是通过实际占验以及人际传播等方式扩散开来，然后逐渐沉淀为"常识"和"异术"。考察物在仪式中显现的位置意义和人物关系，对于探索知识的成立与传播过程和多面的古代思想世界，极具价值。

数术、仪式、器物紧密关联，相关研究需要在方法论上有所开拓。关于信仰实践中的器物的历史学研究极度匮乏，且多囿于物质文化史与艺术史研究的范畴。如何将器物的生成、使用、流转还原到真实的历史场景中，从而利用这些信息来认知和把握彼时民众的日常生活、知识谱系、信仰世界？将器物置入礼俗活动中，以揭示物的信仰之用，可以更好地理解物之于古人生命活动、社会秩序的意义。

下编"仪式场域中的器物"，从知识—信仰—制度全景观照器物在历史语境中的意义，建立数术器物研究范式的进路。将仪式性器物视为物象原境、文本记录、宗教体验、情感记忆和文化镜像的"统一场",考察知识建构与物质形态、仪式行为、使用实践之间的关系,建立器用结构与知识体系、社会生活、时代气质的关联,进而发掘知识-信仰传统生成与构造的深层内涵。

此前有关琉璃的研究,其着眼点主要在于琉璃的名义考证以及东西文化交流史考察,对于琉璃在佛教信仰与仪式实践中的意涵则未能深入开掘。"琉璃考"综合运用佛教典籍、史志诗文、敦煌文献、图像资料、考古遗存中的相关史料,从琉璃在佛教"七宝"观念中的意义和仪礼中的实际应用状况入手,分析琉璃与其他宝物的全局关系,从佛教供养与法器的信仰实践揭示其宗教功能与象征涵义,进而追溯其观念源流以及在文本和图像中的表现。琉璃为佛教供养主要概念"七宝"之一,作为清净莹澈的象征,除了经由佛教经典和仪式实践等途径深入人心外,还通过本草、蒙书、类书、诗赋等扩大了在社会上的传播。佛教中琉璃的使用,除了可分为香水瓶、供养器和舍利容器三类外,与墓葬和生死信仰有着密切关联的玻璃花树,以及琉璃卷轴在佛教写本文化中的特殊存在,丰富了我们对于琉璃的"宗教物理"功能的理解。

"经巾考"以传世释道文献发掘出的"新史料"为依托,结合敦煌文献、图像资料、考古实物与域外收藏进行通贯稽考,解明经巾的渊源、材质、形制、功能、使用方式,指出经巾并非为佛教所独有,而为佛道二教宗教实践所共用,依其用途实可分为三种类型:包裹收纳于经箱中的卷帙;铺设于经案之上,用于承托经卷;覆盖于经卷之上,与经案上的经巾共同构成下承上覆的组合。进而超越物质性与文本性分析,着重从仪式施设和艺术表现的角度,研求宗教器物的符号性、仪式性与供养实践的关系,并在方法论上提出拓进器物研究新面相的思考。

"冥币考"以新获吐鲁番考古资料:巴达木墓地所出葫芦木刻冥币和木纳尔墓地所出纸钱文书为基础,与20世纪初斯坦因阿斯塔那收集品,新中国成立后在阿斯塔那、哈拉和卓古墓群所作的考古发掘,其他各地域出土的汉唐间冥币材料以及传统文献互相印证，着重于从冥币在墓葬中的实际保存状态、制作和使用方式与墓葬遗存之间的相互关系进行分析，对其源流、形制、性质和功能进行了新的考索。木质冥币和纸钱在吐鲁番的中间过渡形态的重新发现，使得我们对于冥币在中古时代所发生的关键性演进的历史轨迹，尤其是对其实际制作、使用方式及在信仰世界中所表达的意旨，有了更为真切的了解，并能给予更为清晰的描绘和合理的解释。

"幢伞考"从宗教实践中的运用状况入手，揭示其在"空间的生产"中的信仰功能与象征含义，进而追溯其观念源流以及在文本和艺术中的表达。幢伞在佛教仪式中有着广泛的运用，原本所具有的遮蔽与保护的实用功能被不断引申和神化，因而在宗教仪式中被赋予了制造并守护境域的核心法器的角色。随着晚唐五代白伞盖陀罗尼信仰在敦煌的流行，其更是被强化为地域社会重要礼俗。竖立幢伞，即相当于划定一条边界，建立起一道屏障，制造出一个圣域。无论是通过将其安置于城隍四门，借由门户符号象征之途径，还是通过持伞行进，在开放空间进行"线性切割"的方式，本质上都是为了区隔"内"与"外"，并且经此"庄严"仪式，使被纳入"内"之中的空间获得净化与升华，从而将疫疠、刀兵等一切灾厄辟除于"外"。这种将空间圣域化的手段，有其密教经典信仰实践的内在逻辑，同时与中国传统解除方术、道教符咒、祈禳与斋醮科仪，在观念和技术上有相通之处。通过仪式的常规化盛大举行，政治合法性和命运共同体在维护地元福祉的合致行为中得以成功构建。

博物学、写本文化与丝绸之路研究的会通，不仅是史学方法论的转换，也意味着史观的更新。在传统的政治、经济、文化史研究范式所建构的"大印象"之外，"术"与"物"的研究是否可以尝试更真切地触摸、感知时代的气息和脉动？我相信，历史研究更应当具体而微地切近古人的生命体验，从不同层面展示对历史的理解与思考，并从中把握一时代之精神与风貌。历史学有责任对人类的生命体验进行思考——这种思考不完全是理论的、思辨的，它应当是可感觉和可触摸的，并融入今人的生命感悟。或曰，治史犹如"观水有术，必观其澜"。然水势无常，且无生息。不如以木纹形容，更为恰当。木之形与文，生命之轨迹，古今之印痕，自然、人生、历史、心性之理，尽在其中矣。历史学家的文心与史眼，犹如手执一片不完整的树叶，却试图窥探与重绘整个郁郁葱葱的丛林。或许，历史学家能够以此更为活性化地探求"果壳中的宇宙"和"天数世道潜运默移之故"。

目　录

上编：知识视域下的数术

第一章 符应图书的知识谱系：
敦煌文献与日本写本的综合考察①

阴阳灾异之学，为数千年来中国学术与政治之基底。以往学者涉及这一问题时，多以"书志学"为研究进路，考其版本、著录、流通状况；近年或循政治文化史研究理路，寻章摘句，敷陈附会，意欲在谶纬遗文与政治事件之间建立起映射关系，详其究竟，仍属外联性研究，故叙事虽颇为引人入胜，却令人难免有"其言论愈有条理统系，则去古人学说之真相愈远"之隐忧②。故笔者以史志著录和尊经阁藏《天地瑞祥

---

① 本章初稿曾以《唐代的瑞应图》为题，2014 年 1 月 25 日在东京国立博物馆做过专题讲演，日文修订本《中古時期における瑞応図書の源流—敦煌文献と日本写本の総合考察》，刊于土肥義和、氣賀澤保規编《敦煌吐鲁番文書の世界とその時代》（東京：東洋文庫，2017 年 3 月，第 413—444 页）。中文版略作订补后收入荣新江、朱玉麒主编《丝绸之路新探索：考古、文献与学术史》，南京：凤凰出版社，2019 年，第 158—179 页。本章系在此基础上增订而成。

② 关于中国古代祥瑞的"书志学"和政治文化史研究的学术史，笔者将在本编第二章中作详细梳理，敬请读者参看，此不赘述。新见研究成果，则有金霞《两汉魏晋南北朝祥瑞灾异研究》，北京师范大学博士学位论文，2005 年；胡晓明《符瑞研究：从先秦到魏晋南北朝》，南京大学博士学位论文，2011 年；李瑞春《中古〈瑞应图〉的文献学研究》，首都师范大学硕士学位论文，2014 年；鲍娇《敦煌符瑞研究：以符瑞与归义军政权嬗变为中心》，兰州：甘肃文化出版社，2019 年。

志》写本为管钥①，兼及敦煌本《瑞应图》和《白泽精怪图》，原始要终，纷绎其绪，讨论汉唐灵瑞符应图书的知识社会史②，尝试从知识内核和文本语境出发，重绘中古符应图书的成立过程与知识-信仰-制度结构，希冀通过"知识的内圣外王史"研究③，解决此类文献中的若干核心议题，并尽可能地揭示其于中国学术思想史之价值。

第一节 符应图书的成立：唐前诸符瑞图籍之源流

一、符应说之学术渊源

符应图书是以祥瑞图像及相应义本为内容，它的产生与中国传统阴阳、方技之学渊源颇深④。

所谓符应，简而言之，即预示或应验天命的神异物象。符应之说，

---

① 2009 年 10 月，笔者在复旦大学发起成立并主持"中古中国共同研究班"，其中一项主要的学术工作即是对《天地瑞祥志》进行校注和研究，预期成果将分为影印编、资料编和研究编出版。研究班成员孙英刚博士在参与整理过程中，受到启发并利用集体会读的成果，展开个人研究，相关论考已结集为《神文时代：谶纬、术数与中古政治研究》（余欣主编《中古中国知识·信仰·制度研究书系》第二辑之一，上海：上海古籍出版社，2014 年）。

② 陈槃先生较早注意到谶纬、祥瑞研究的价值，撰有相关解题和考证文字，颇有发明，现在学界的论题、架构及史料运用，基本上不出陈槃的讨论范围。关于诸本《瑞应图》，参陈槃《古谶纬研讨及其书录解题》，上海：上海古籍出版社，2010 年，第 597—628 页。其他有关《瑞应图》的个案研究，将在下文具体涉及时征引。

③ 所谓"知识的内圣外王史"，是笔者提出的概念，要旨在于探求知识如何经由经典化确立其关于天命解释的神圣性与权威性，而又如何作用于观念体系、信仰实践与政治结构，造设一时代之政治文化和制度元素。这一往复交结历程，转喻为"内圣外王"。

④ 此处"符应"的提法，仅是为了行文方便而使用的笼统的概念，并未严格区分祥瑞、精怪和符文，也不涉及时代发展先后的因素。

应本自阴阳五行，其中邹衍是一个关键人物。邹衍是战国晚期整合阴阳之学、方士之术而使之成型的核心思想家①，事迹主要见于《史记·孟子荀卿列传》：

> 邹衍睹有国者益淫侈，不能尚德，若《大雅》整之于身，施及黎庶矣。乃深观阴阳消息而作怪迂之变，《终始》、《大圣》之篇十余万言。其语闳大不经，必先验小物，推而大之，至于无垠。先序今以上至黄帝，学者所共术，大并世盛衰，因载其禨祥度制，推而远之，至天地未生，窈冥不可考而原也。先列中国名山大川，通谷禽兽，水土所殖，物类所珍，因而推之，及海外人之所不能睹。称引天地剖判以来，五德转移，治各有宜，而符应若兹②。

传云邹衍"深观阴阳消息而作怪迂之变""禨祥度制"，这值得留意，表明祥瑞灾异说源于天文、律历、占候之术的阴阳家理论化。

与上述表述相近的还有《史记·历书》：

> 其后战国并争，在于强国禽敌，救急解纷而已，岂遑念斯哉！是时独有邹衍，明于五德之传，而散消息之分，以显诸侯③。

又《汉书·艺文志》：

> 五行者，五常之形气也。《书》云"初一曰五行，次二曰羞用五事"，言进用五事以顺五行也。貌、言、视、听、思心失，而五行之序乱，五星之变作，皆出于律历之数而分为一者也。其法亦起五德终始，推其极则无不至。而小数家因此以为吉凶，而行于世，寝以相乱④。

---

① 邹衍著述虽然甚丰，却无一流传至今，其生平事迹及学术旨归的原貌，我们并没有清晰的图景。关于邹衍学说及其影响，较为系统的考述，参看王梦鸥《邹衍遗说考》，台北：台湾商务印书馆，1966 年。

② 《史记》卷七四《孟子荀卿列传》，北京：中华书局，点校二十四史修订本，2013 年，第 2834 页。

③ 《史记》卷二六《历书》，第 1498 页。

④ 《汉书》卷三〇《艺文志》，北京：中华书局，1964 年，第 1769 页。

以上皆表明符应观出自阴阳五行说，而阴阳五行概念导源于上古时序认知，是对时空与人事关系的理解。阴阳五行观念的起源时间，虽不可考，然由河南濮阳西水坡遗址 M45 号墓中所发掘的蚌塑龙虎、星象图案观之，至晚在仰韶文化时期已经颇具雏形①。

陈槃《秦汉间之所谓"符应"论略》，对于理解符应起源很有帮助。该文末尾附有"符应说源于古代史官"表，讲到符应最重要的来源就是"邹衍书"。史官实际上是承袭古代巫觋而来的②。顾颉刚曾提出战国秦汉之际儒生方士化和方士儒生化的命题③。李零也有类似的提法，卜赌同源，药毒一家④。概而言之，中国传统士人大多具有复杂的知识结构，既有士大夫一面，显示其儒生性格，也有追求知识、技术与兴味的一面，甚或希求神异功能，二者并非不能"和衷共济"，因为在他们看来，"小术"中往往蕴含着"大道"。

阴阳五行、祯祥变怪的知识—观念—信仰体系，与早期方术-博物传统颇有渊源，可视为博物之学固有基础之一部分⑤。有些研究者认为

① 冯时《中国天文考古学》，北京：社会科学文献出版社，2001 年，第278—301 页。

② 陈槃《秦汉间之所谓"符应"论略》，载陈槃《古谶纬研讨及其书录解题》，第 1—96 页；"符应说源于古代史官"表，第 96 页。

③ 顾颉刚先生云："我觉得两汉经学的骨干是'统治集团的宗教'——统治者装饰自己身份的宗教——的创造，无论最高的主宰是上帝还是五行，每个皇帝都有方法证明他自己是一个'真命天子'；每个儒生和官吏也就都是帮助皇帝代天行道的孔子的徒孙。皇帝利用儒生们来创造有利于他自己的宗教，儒生们也利用皇帝来推行有利于他们自己的宗教。皇帝有什么需要时，儒生们就有什么来供应。这些供应，表面上看都是由圣经和贤传里出发的，实际上却都是从方士式的思想里借取的。试问汉武帝以后为什么不多见方士了？原来儒生们已尽量方士化，方士们为要取得政治权力已相率归到儒生的队里来了。"顾颉刚《秦汉的方士与儒生·序》，上海：群联出版社，1955 年，第 9 页。

④ 李零《中国方术续考》，北京：东方出版社，2000 年，第 20—38 页。

⑤ 参看拙著《中古异相：写本时代的学术、信仰与社会》，上海：上海古籍出版社，2011 年，第 7—22 页；《敦煌的博物学世界》，兰州：甘肃教育出版社，2013 年，第 5—8 页。

应当区分为祥瑞、灾异和精怪，但是从博物学传统来看，《山海经》所谓"祯祥变怪"是一个集合概念，主要是指征应之物象，并未以吉凶祸福加以分类①，犹如巫术与占卜，包含黑白两面。故《汉书·艺文志》著录此类图书，书名即题为《祯祥变怪》。博物学实际上是一个关于外部世界图式的整体架构，其中祯祥变怪与博物学知识系统的关系有必要特别指出。博物学本包含祯祥，是博物学知识实用性的一个主要层面，而祥瑞的发现和类目的增加，其实也与博物学著作所塑造的自然观有很大的关系②。

符应、阴阳、占卜、谶纬，应该置于方术知识谱系中考察，方能窥探其源流同分之腠理③。诸学之渊源，以《后汉书·方术列传》叙之最为精要：

> 仲尼称《易》有君子之道四焉，曰"卜筮者尚其占"。占也者，先王所以定祸福，决嫌疑，幽赞于神明，遂知来物者也。若夫阴阳推步之学，往往见于坟记矣。然神经怪牒、玉策金绳，关扃于明灵之府、封縢于瑶坛之上者，靡得而窥也。至乃《河》《洛》之文，龟龙之图，箕子之术，师旷之书，纬候之部，钤决之符，皆所以探抽冥赜、参验人区，时有可闻者焉。其流又有风角、遁甲、七政、元气、六日七分、逢占、日者、挺专、须臾、孤虚之术，乃望云省气，推处祥妖，时亦有以效于事也。而斯道隐远，玄奥难原，故圣人不语怪神，罕言性命。或开末而抑其端，或曲辞以章其义，所谓"民可使由之，不可使知之"④。

---

① 袁珂校注《山海经校注》，成都：巴蜀书社，1993年，第540—541页。

② 前揭拙著《中古异相》，第10—11页。

③ 金霞主张，祥瑞灾异思想从根本上说起源于占卜。胡晓明则将符瑞思想之渊源归为占卜、物占和图腾崇拜。此二说容有未谛。金霞说，见前揭《两汉魏晋南北朝祥瑞灾异研究》，第11页；胡晓明说，见《符瑞研究：从先秦到魏晋南北朝》，第18—34页。

④ 《后汉书》卷八二上，北京：中华书局，1965年，第2703页。

有学者认为，瑞应图发展到魏晋时期，两类事物由于名目繁多，才渐渐开始单独记录，瑞应图成为专门记载祥瑞事物名目与解释的图书①。此说可商，专门记载祥瑞的瑞应图的分化，很可能从未发生过。不仅《宋书·五行志》所征引的《瑞应图》包含五色大鸟这样的羽孽②，敦煌本《瑞应图》也充斥"发鸣"等灾异。事实上，各种《祥瑞志》《瑞应图》都包含了灾异和精怪，单纯记载祥瑞的《瑞应图》很可能并不存在。因此本文的讨论也涵盖"祯祥变怪"的所有层面。

二、战国以降现实政治需求对符应说之推动

推动符应之说取得重大发展的是战国以降现实政治的需求，这在《史记·天官书》中有很明确的表述：

> 太史公推古天变，未有可考于今者。盖略以春秋二百四十二年之间，日蚀三十六，彗星三见，宋襄公时星陨如雨。天子微，诸侯力政，五伯代兴，更为主命。自是之后，众暴寡，大并小。秦、楚、吴、越，夷狄也，为强伯。田氏篡齐，三家分晋，并为战国。争于攻取，兵革更起，城邑数屠，因以饥馑疾疫焦苦，臣主共忧患，其察禨祥候星气尤急。近世十二诸侯七国相王，言从衡者继踵，而皋、唐、甘、石因时务论其书传，故其占验凌杂米盐③。

---

① 李瑞春《中古〈瑞应图〉的文献学研究》，第6页。

② 《宋书》卷三十二《五行志三》："案《瑞应图》，大鸟似凤而为孽者非一，疑皆是也。"北京：中华书局，1974年，第943页。关于五色大鸟，参看孙英刚《瑞祥抑或羽孽：汉唐间的"五色大鸟"与政治宣传》，《史林》2012年第4期，第39—50页，后收入孙英刚《神文时代：谶纬、术数与中古政治研究》，第217—241页。

③ 《史记》卷二七《天官书》，第1595页。

《史记·天官书》在天文学史上很重要，但相关研究并不充分①。我们注意到，这里讲到的"攻取""兵革""饥馑""疾疫"就是推动符应之说的重要动因。其实农业、战争、疾病这些内容，自上古以来便是占卜中最为主要的关切，它们共同促成了符应说的勃兴。

三、六朝隋唐《瑞应图》之分合流变

符应图书逐渐发展，遂有名为《瑞应图》的专门撰述的出现，盖汉代以降即有此类著作存在，魏晋孙柔之合为一编，规制乃定。《隋书·经籍志》著录：

> 《瑞应图》三卷《瑞图赞》二卷梁有孙柔之《瑞图记》、《孙氏瑞应图赞》各三卷，亡②。

《中兴馆阁书目》著录云：

> 《符瑞图》二卷，陈顾野王撰。初世传《瑞应图》一篇，云周公所制，魏晋间孙氏、熊氏合之为三篇，所载丛舛。野王去其重复，益采图纬，起三代，止梁武帝大同中，凡四百八十二目，时有援据，以为注释③。

此处"周公所制"云云，应是托名，托名周公或孔子的现象在敦煌文书中也十分常见。虽是托名之作，但也可以说明这类著作可能有一个共同的"祖本"。这些书的错误重复之处不少，因为它们编纂的目的并非为了条分缕析，而是编成一个便于速查的类纂手册。

---

① 主要研究成果有朱文鑫《史记天官书恒星图考》，上海：商务印书馆，1927年；刘朝阳《〈史记·天官书〉之研究》《〈史记·天官书〉大部分为司马迁原作之考证》，收入李鉴澄、陈久金编《刘朝阳中国天文学史论文选》，郑州：大象出版社，2000年，第39—104页和第105—119页；高平子《史记天官书今注》，台北：中华丛书编审委员会，1965年。

② 《隋书》卷三四《经籍志》，北京：中华书局，1973年，第1038页。

③ 王应麟《玉海》卷二〇〇《祥瑞》，京都：中文出版社，影印宋元刊本，1986年，第3772页。

上述诸家《瑞应图》，当以孙氏最为显重。历代著述称引《瑞应图》，多据此家。如《初学记》《开元占经》《稽瑞》《太平御览》《说郛》《广博物志》引用是书最为频繁。由此推之，受《孙氏瑞应图》影响最深的应是两类文献：一类是专述天文星占、祯祥变怪的专书，侧重对瑞应原理的利用；一类是类书，侧重对瑞应知识的吸收。故《孙氏瑞应图》虽于隋唐亡佚，后人亦可凭借上述著述窥其一斑。清儒马国翰、叶德辉皆有辑本，前者辑佚一百二十一条，后者辑佚一百四十余条，二者皆据崔豹《古今注》"孙亮作流离屏风，镂作瑞应图，凡百二十种"之语，云多出者乃同物异名分和变异之故。然孙亮所见《瑞应图》与《孙氏瑞应图》有何关联，尚难断定，且一百二十并非实指（说详下），故清儒大可不必拘泥于此[①]。今人李瑞春辑佚一百三十余条，成绩似未超越清儒，且未对同种瑞应合并，已乱清儒体例[②]。

《孙氏瑞应图》最为诸家称道，其虽非诸家《瑞应图》之源头，但作用好比《易经》所云"贞下起元"，瑞应之学借之得以周流不息。据《隋书·经籍志》，是书为孙柔之所作，问世于南梁。前引《中兴馆阁书目》称其出自周公所撰《瑞应图》，虽为依托之说，但也道出是书必有所本。此"本"可上溯汉代，乃"两汉间瑞应之书"，特别是官方修订用以检验各类瑞应之官修《瑞应图》[③]。魏晋之时，与彼时知识演进逻辑及社会政治状况相应，瑞应之学一时蔚为大观，各类官修、私修《瑞应图》定不在少数。《孙氏瑞应图》当问世于此背景之下。同期类

---

① 关于瑞应事数的讨论，可进一步参看陈槃《古谶纬研讨及其书录解题》，第601—607页。

② 李瑞春《中古〈瑞应图〉的文献学研究》，第24—39页。

③ 陈槃《古谶纬研讨及其书录解题》599—600页；李瑞春：《中古〈瑞应图〉的文献学研究》，第9—10页。

似著述还有《熊氏瑞应图》①、庾温《瑞应图》②、顾氏《符瑞图》等③。
《孙氏瑞应图》在这些著作中撰述年代较早，但真正促使其脱颖而出的
应该还是其所收瑞应丰富详细，成为整理综合诸家《瑞应图》的范本。
正是《孙氏瑞应图》使得汉世或濒于亡佚、或纷乱无章的瑞应之学得
以保存，并以更加系统的面貌呈现。所以后世文献，无论是同属《瑞应
图》系统的唐代《天地瑞祥志》、敦煌本《瑞应图》，还是《开元占
经》《太平御览》等各类杂著，在引用瑞应知识时，便多根据此书了。
由此，《孙氏瑞应图》之枢纽可见一斑。

　　《孙氏瑞应图》是唐代以前最为重要的一部《瑞应图》，佚文也保
存得最多，我们可以通过它来理解唐前《瑞应图》的文本性格。遗憾
的是，诸家辑本皆是有文无图，一定程度上影响了我们的认知。从辑本
来看，《孙氏瑞应图》所记瑞应众多，结构十分严整，皆依天人感应之
理将瑞应与人事相对。然其文本并无殊异之处：往前看，它和汉代谶纬
之言互有重叠；往后看，它和唐代诸种存世《瑞应图》也并无显著不
同。由此可见，《瑞应图》类著述前后相继，损益不会太大。一方面，
部分文字历代沿用，几无差异；另一方面，瑞应人事对应原理也不会轻
易改变。所不同者在于瑞应种类，历代均有所增益，不断有新的瑞应事
物加入。因此可以推断，《孙氏瑞应图》优于诸家，所赖并非文辞优
美，亦非原理新奇。大概此类事物多属凭空臆造，便只能靠文辞与原理

①　两唐书《艺文志》中，均有"《瑞应图赞》三卷，熊理撰"之记载，二者
当为一书。

②　《南齐书》卷一八《祥瑞》："永明中庾温撰《瑞应图》。"《南齐书》，北
京：中华书局，1972年，第349页。

③　李瑞春将沈约《宋书·符瑞志》、萧子显《南齐书·祥瑞志》和魏收《魏
书·灵征志》等文献算成魏晋《瑞应图》类文献，笔者不赞同这个提法，并非因
为它们不含"瑞应图"之名，而是因为《瑞应图》类文献必须满足两个条件：言
瑞应和有图画。正史中的符瑞志有文却无图，故难归入《瑞应图》类文献。而后
文提到的《天地瑞祥志》虽不以"瑞应图"为名，却有文有图，故可视作《瑞应
图》类文献。

的固定延续来维持"真实"了,否则,在本属臆造的事物基础上又不断变更叙述方式,其真实性就更令人怀疑。所以,《孙氏瑞应图》的优势应该还是在于搜罗条目众多、内容详备和体例严谨。

宋人陈振孙《直斋书录解题》卷一〇著录云:

> 《瑞应图》十卷不著名氏。案《唐志》有孙柔之《瑞应图记》、熊理《瑞应图谱》各三卷,顾野王《符瑞图》十卷,又《祥瑞图》十卷。今此书名与孙、熊同,而卷数与顾合,意其野王书也。其间亦多援孙氏以为注。《中兴书目》有《符瑞图》二卷,定著为野王。又有《瑞应图》十卷,称不知作者,载天地瑞应诸物,以类分门。今书正尔,未知果野王否?又云或题王昌龄。至李淑《书目》,又直以为孙柔之,其为昌龄或不可知,而此书多引孙氏,则决非柔之矣。又恐李氏书别一家也[1]。

可见宋人著录《瑞应图》时,对于其渊源流绪已经很不清楚了。

陈槃在《古〈谶〉〈纬〉书录解题附录》中,总结过历代名曰《瑞应图》的著录[2]。此处需指出的是,瑞应图之撰作,乃时代之风尚,应有诸家纂集并存,虽难免大同小异,不当以某一确指之书视之。

至此,可以总结上述论述:

第一,邹书符应之说,为阴阳五行学说理论具象化之产物,其造作渊薮或出于古之史官。自古在昔,史官实为一切"知识"之藏府,神怪之说,亦从此说,故载籍中一切人神变怪之说,大都托之史官氏。古史官符应之说,当考之于:一巫祝,二占候,三史典(陈槃说)。

第二,"中国古代知识-信仰-制度统一场论":史官为神秘文化、技术之传承者和执掌者,故礼典、博物、方术、瑞应之学可统合于史。符应当为史学研究应有之义。

---

① 陈振孙《直斋书录解题》卷一〇"杂家类",上海:上海古籍出版社,1987年,第304—305页。

② 陈槃《古谶纬研讨及其书录解题》,第597—628页。

第三，符应之学，本于邹衍，承其学之徒及后世方士为博名利于世，显达于时，不断增益踵华，遂成词旨稠叠之书（《汉书·艺文志》著录《祯祥变怪》一种，凡二十一卷，可知不仅有专书，而且极尽繁复）①。《瑞应图》为此"学与术"发展脉络中之一典例。

第二节　瑞应图书在唐代的传习：《天地瑞祥志》的知识体系与观念结构

据前述史志之著录，隋唐之际应有各种瑞应图书之传承，然而并未见存于世。日本所发现的《天地瑞祥志》，严格而言，并非唐代的《瑞应图》，而只是一部汇集祥瑞、灾异、星占、杂占文献的专门类书。然而透过此书，我们可以得知瑞应图籍在唐代的传习情况，并由此得以管窥此类知识体系的构建方式。

一、《天地瑞祥志》概观

《天地瑞祥志》二十卷，唐"麟德三年"（666）太史萨守真撰。是书中国国内不存，《旧唐书·经籍志》《新唐书·艺文志》及历代私家藏书目录均未见著录②。但《日本国见在书目录》卅四"天文家"中著

① 《汉书》卷三〇《艺文志》，第 1772 页。
② 关于《天地瑞祥志》，先行研究多集中于"书志学"探讨，主要成果有：中村璋八《天地瑞祥志について—附，引書索引—》，原載《漢魏文化》第 7 號，1968 年，第 90—74 頁；收入氏著《日本陰陽道書の研究》（增補版），東京：汲古書院，2000 年，第 503—509 頁；太田晶二郎《〈天地瑞祥志〉略說——附けたり、所引の唐令佚文》，原載《東京大學史料編纂所報》第 7 號，1972 年，第 1—15 頁，收入《太田晶二郎著作集》第 1 冊，東京：吉川弘文館，1991 年，第 152—182 頁；薄樹人主編《中国科学技术典籍通汇·天文卷四》，郑州：河南教育出版社，1993 年，篇首孙小淳撰写之解题；水口幹記《日本古代漢籍受容の史的研究》第Ⅱ部《〈天地瑞祥志〉の基礎的考察》，東京：汲古書院，2005 年，第 177—406 頁；水口幹記、陈小法《日本所藏唐代佚书〈天地瑞祥志〉略述》，《文献》2007 年

录有"《天地瑞祥志》廿"，①《通宪入道藏书目录》第一百七十柜"月令部"也载有此书②，并且在《日本三代实录》《扶桑略记》《诸道勘文》中频见引用③。现有九卷钞本残存，藏于东京前田育德会尊经阁文库，堪称珍贵的唐代佚籍。

关于《天地瑞祥志》，现在仍有一些争议，比如作者萨守真。萨这个姓在唐人中很少见到，有学者认为萨是薛的讹误④，也有认为萨守真是新罗人⑤。另一个可疑之处是唐"麟德三年"年号的问题，麟德没有三年，可能是信息阻塞，改年号信息未及时送达之故。但是从行文的用例、保留的大量唐代俗字以及其所反映的观念来看，这部书应成立于唐前期无疑。（图 1–1）

（接上页）第 1 期，第 165—172 页。占卜观念、技术的探讨，目前并不多，仅见水口幹記《关于敦煌文书（P2610）中风角关联条的一个考察——参考〈天地瑞祥志〉等与风角有关的类目》，《风起云扬——首届南京大学域外汉籍研究国际学术研讨会论文集》，北京：中华书局，2009 年，第 578—589 页；名和敏光编《東アジア思想・文化の基層構造－術数と『天地瑞祥志』－》，東京：汲古書院，2019 年。

① 孙猛《日本国见在书目录详考》，上海古籍出版社，2015 年，第 1336—1339 页。相关考证颇具功力，可参看。

② 長沢規矩也、阿部隆一编《日本書目大成》第 1 卷，東京：汲古書院，1979 年，第 85 页。

③ 前揭太田晶二郎《〈天地瑞祥志〉略説——附けたり、所引の唐令佚文》，第 1—2、8—9 页。

④ 中村璋八首倡此说，太田晶二郎承袭之，前揭二氏文。

⑤ 權惪永《『天地瑞祥志』：日本天文地理書一例》，《白山學報》第 52 號，1999 年，第 402—381 页。又，前引名和敏光编《東アジア思想・文化の基層構造－術数と『天地瑞祥志』－》一书收录此文，题作《『天地瑞祥志』の編纂者に関する新しい見方－日本へ伝来された新羅の天文地理書の一例－》。赵益、金程宇接受此说，并进一步发挥，见赵益、金程宇《〈天地瑞祥志〉若干重要问题的再探讨》，《南京大学学报》（哲学・人文科学・社会科学版）2012 年第 3 期，第 123—132 页。

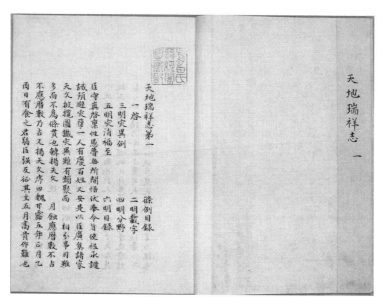

图 1-1　前田尊经阁文库藏《天地瑞祥志》写本卷首

二、《天地瑞祥志》的版本

尊经阁本虽抄写年代较晚，为江户时代贞享三年（1686），但应属皇家阴阳道世家土御门家据唐钞本过录。此外，还有两个本子：

其一为京都大学人文科学研究所藏有昭和七年（1932）钞本。此本实为尊经阁文库本之临本，察其书风，似出自著名天文学史研究者新城新藏之手笔。京大本的字体和行款悉同于尊经阁本，即使是后者有误之处仍照录，但对部分讹误则以朱色笺纸加以校正，有一定参考价值。但毕竟是"影钞本"，距原卷远矣①。（图 1-2）

① 文本译注方面成果有：金容天、李京燮、崔贤花《〈天地瑞祥志〉第一》，《中国史研究》第 25 辑，2003 年，第 253—286 页；金容天、崔贤花《〈天地瑞祥志〉译注（2）》，《中国史研究》第 45 辑，2006 年，第 387—416 页。然而此译注所用底本不佳，即京都大学人文科学研究所藏本（文中误为东京大学），录文错误甚多，注释亦无甚发明。

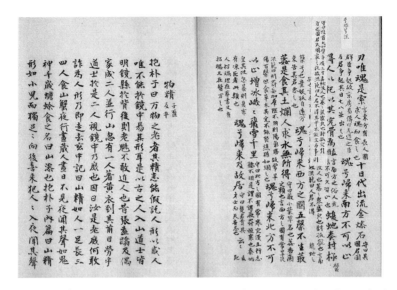

图1-2　京都大学人文科学研究所藏《天地瑞祥志》抄本卷一四中的朱墨二色浮签

其二为金泽市立玉川图书馆藏加越能文库文化七年（1810）钞本，但将其与《天文要录》《六关记》并为一册，仅存15行。

国内还有两种影印本：《中国科学技术典籍通汇·天文卷四》[1]《稀见唐代天文史料三种》[2]，均据国家图书馆所藏京大钞本之复印本再影印，离尊经阁本原貌较远。

所以真正的版本系统其实只有一个，即尊经阁本。

三、《天地瑞祥志》的学术价值

关于《天地瑞祥志》的学术价值，可以从四点来谈：

1. 本书汇集了祥瑞、灾异方面的许多资料。符命祥瑞，由于被视为荒诞不经的迷信，长期以来为国内治史者所忽视。中国古代祥瑞的整

---

[1]　薄树人主编《中国科学技术典籍通汇·天文卷四》，郑州：河南教育出版社，1993年。

[2]　高柯立选编《稀见唐代天文史料三种》，北京：国家图书馆出版社，2011年。

体研究工作，并未真正深入而系统地展开。尤其是符瑞之说极为流行的中古之世，无论是政治文化史还是学术思想史的相关讨论，仍然未有充分展开。除了问题意识之外，另一个重要原因是关于祥瑞的系统的古籍，存世稀少。本书将为祥瑞以及中古政治史研究的深入拓展，提供新材料和新问题。

2. 从学术史角度来看，盛唐兴起对知识、信仰与礼制进行总结创制以"垂及方来"的潮流，高宗以降巨制迭出，尤其是在玄宗时期达到高峰。诸如《大唐开元礼》《大唐郊祀录》《唐六典》《文馆词林》《三教珠英》《新修本草》《开元占经》，玄宗御注《孝经》《金刚经》《道德经》，都可以被看作问世于这样的学术背景之下[1]。这是中古社会与学术发展到临界阶段的产物，《天地瑞祥志》也是生发于此洪流之一环[2]。

3. 书中征引了大量古佚天文、杂占著作，涉及星占分野、名词术语、天占、地占、月占、日占、五星占、恒星占、流星占、客彗星占、云气风雨雷电霜雪等气象杂占、梦占、物怪占等，其中有不少可以与《史记·天官书》《晋书·天文志》《开元占经》等传世古籍，《天文要录》（同为尊经阁所藏）等日本残存唐代佚存书，以及马王堆帛书《五星占》、银雀山汉简星占书、敦煌本《占云气书》《瑞应图》及星占文书等出土文献相互印证，对于研究中国古代术数史、天文学史具有重要意义。

---

① 所谓盛世修典，制礼作乐，是历朝历代都存在的现象，但唐代前期所表现出的在各个领域进行总结以继往开来的雄略，不仅体现了一种政治需求，更表现为学术上的自觉，这是不见于其他时代的气象。当然上述概括，只是粗略的趋向性判断，我们无意于建构宏大理论，并从细节上加以论证。

② 笔者在硕士生阶段的习作《〈唐六典〉修纂考》中曾提出，唐代前期，中古中国在所有层面都已达到临界状态，安史之乱不过是突围不成的反动。此文十余年后修改刊于朱凤玉、汪娟编《张广达先生八十华诞祝寿论文集》，台北：新文丰出版公司，2010 年，第 1161—1200 页。

4. 书中还征引了与封禅、郊祀有关的唐代祠令。唐令在研究唐代法制史上的价值不言自明，但却散佚殆尽。日本学者虽然做了一些辑佚工作，但仍然不够充分。近年来，天一阁藏明钞本《天圣令》的刊布，使得唐令研究进入新的阶段[①]。本书所存唐令佚文与《天圣令》、俄藏唐代令式残卷的综合研究，必将为唐代法制史研究注入新的活力。

四、《天地瑞祥志》的知识体系与观念结构

1. 编辑缘起

萨守真自述编纂缘起：

> 臣百姓守真启：禀性愚瞽，无所开悟。伏奉令旨，使祇承谴诫，预避灾孽。一人有庆，百姓又（乂）安。是以，臣广集诸家天文，披揽图谶灾异，虽有类聚，而□□相分。事目虽多，而不为条贯也。……今钞撰其要，庶可从口（之）也[②]。

这里讲到的"广集诸家天文，披揽图谶灾异""今钞撰其要"，便反映了其撰述缘起，这类表述在中古同类知识论著中十分常见，尤其是在类书和"要抄"中[③]。

2. 萨守真所述天文符应之观念结构与学术脉络

主要体现在《天地瑞祥志》萨守真所上之启：

> 昔在庖羲之王天下也。观象察法，始画八卦，以通神明之德，以类天地之情。故《易》曰："天垂象，圣人则之。"此则观乎天文以示变者也。《书》曰："天聪明，自我民聪明。"此明观乎人文

[①] 天一阁博物馆、中国社会科学院历史研究所天圣令整理课题组校证《天一阁藏明钞本天圣令校证》，北京：中华书局，2006 年。

[②] 《天地瑞祥志》卷一《条例目录》，尊经阁文库本。

[③] 写本时代有不少杂取群书、摘录要点、重新汇编的"杂抄""要抄"存在，是中古时期撰述的主要形式之一。这种撰述中的文本通常不是照搬原文，而是有所删略或改写，在编写体例和行文风格上，都体现了编撰者的意图和潜在受众的需求。对于这些书籍的创作过程和传播途径的研究，应该成为重要课题。

以成化者也。然则政教兆于人理，瑞祥应乎天文。是故三皇迈德，七曜顺轨，日月无薄蚀之变，星辰靡错乱之妖。高阳乃命南正重司天，北正黎司地，帝□（喾）序三辰。唐虞命羲和，钦若昊天。夏禹应《洛书》，而陈之《洪范》是也。至于殷之巫咸，周之史佚，格言遗记，于今不朽。其诸侯之史，则鲁有梓慎，晋有卜偃，郑有裨灶，宋有子韦，齐有甘德，楚有唐昧，赵有尹皋，魏有石中（申），皆掌著天文。暴秦燔书，六经残灭，天官星占，存□（而）不毁。及汉景武之际，好事鬼神，尤崇巫觋之说，既为当时所尚，妖妄因此浸多。哀平已来，加之图谶，檀（擅）说吉凶。是以司马谈父子继著《天官书》，光禄大夫刘向，广《鸿（洪）范》，作《皇极论》。蓬莱士得海浮之文，著《海中占》。大史令郗萌、荆州收（牧）刘表、董仲舒、班固、司马彪、魏郡太守京房，大史令陈卓、晋给事中韩杨等，并修天地灾异之占。各羡雄才，互为干戈。臣案，《晋志》云，巫咸、甘石之说，后代所宗，皇世三坟，帝代五典，谓之经也。三坟既陈，五典斯炳，谓之纬也。历于三圣为淳，夫子已后为浇，浇浪荐臻，淳风永息。故坟典之经，见弃于往年；九流之纬，盛行乎兹日。纬不如经，既在典籍，庶令泯没，经文遂昭晰于圣世①。

我们注意到，这里的叙述，先引《易》《书》等经典，体例格局和《汉书·五行志》《五行大义》等阴阳五行、祥瑞灾异相关论著十分相近，文字上也有明显袭自《晋书·天文志》的痕迹，但表述上颇费苦心，目的是通过向具有强大神圣性的经典靠拢，从而提升自身的神圣性。从启文中我们大致可以窥探萨守真所理解的传统天文符应观念的学术脉络。其中讲到的《海中占》，其书名极具误导性。中国海上交通史

---

① 《天地瑞祥志》卷一《条例目录》，尊经阁文库本。

和科技史研究者，都把它理解为一部用作航海天文导航术的占书[1]，甚至李零在讲解《汉书·艺文志》时亦作此解[2]，实际上完全不确。《海中占》因方士故神其术而称为海中仙人所授而得名，即启文所云"蓬莱士得海浮之文"，观其遗文，实与海上占验无关[3]。启文还提到了京房，其实京房传世著作，大多可疑，京房的形象也有很多后世建构的成分[4]。启文还说"纬不如经"，事实上，汉以后，经学、纬学纷杂，有的时候，纬的地位反而超越了经。

3.《天地瑞祥志》之编纂体例

关于《天地瑞祥志》的编纂体例，萨守真也讲得很清楚：

> 守真凭日月之光耀，观图牒于前载，言涉于阴阳，义开于瑞祥，纤分之恶无隐，秋毫之善必陈。今拾明珠于龙渊，抽翠羽于凤穴，以类相从，成为廿卷。物阻山海，耳目未详者，皆据《尔雅》《瑞应图》等，画其形包（色），兼注四声，名为《天地瑞祥志》也。所谓瑞祥者，吉凶之先见，祸福之后应，犹响之起空谷，镜之写质形也[5]。

据此我们不难得知，《天地瑞祥志》编纂体例的模板得自于两个传统的合成：名物声训出自《尔雅》，祥瑞图文则源于《瑞应图》。

4.《天地瑞祥志》的文本结构

---

[1] 例如孙光圻《中国古代航海史》，北京：海洋出版社，1989 年，第 170—172 页；章巽《中国航海科技史》，北京：海洋出版社，1991 年，第 78—81 页。

[2] 李零《兰台万卷：读〈汉书·艺文志〉》，北京：生活·读书·新知三联书店，2011 年，第 177 页。

[3] 近见日本学者已完成辑佚及相关文献研究工作，前原あやの《〈海中占〉の輯佚》，《関西大学東西学術研究所紀要》第 46 卷，2013 年，第 73—124 页；前原あやの《〈海中占〉関連文献に関する基礎の考察》，《關西大學中國文學會紀要》第 34 卷，2013 年，第 73—93 页。

[4] 参看翟旻昊《中古时期的纳甲占：以西陲出土写本为中心》，复旦大学硕士学位论文（指导教师：余欣），2015 年 6 月。

[5] 《天地瑞祥志》卷一《条例目录》，尊经阁文库本。

我们以《天地瑞祥志》对"鸾"的刻画为例，看看其文本结构是怎样的：

〇鸾力官反，平

《孙氏瑞应图》曰："鸾鸟，赤神之精，凤皇之佐。鸣中五音，喜则鸣舞。人君行出有客（容），进退有度，祭祠宰人（民）咸有敬让礼节，亲疎有序，则至。"一曰："心识钟律，调则至，至则鸣舞以知之。"郭璞曰："形如鸡。"见则天下安宁。《春秋孔演图》曰："天子官守以贤举，则鸾在野。"《孝经援神契》曰："德至鸟兽，则鸾舞。"《尚书中候》曰："周公归政于成王，太平，则鸾鸟见也。"诗。魏嵇叔夜《赠秀才诗》曰："双鸾匿景耀，戢翼太山崖。抗首嗽朝露，晞阳振羽仪。长鸣戏云中，时下息兰池。"魏王粲诗曰："翩翩飞鸾鸟，独游无所因。毛羽照野草，哀鸣入清云。我尚假羽翼，飞睹尔形身。愿及春阳会，交颈遘殷勤。"①

基本上是先引《瑞应图》，进而引各种纬书（尤以《孝经援神契》《春秋运斗枢》《尚书中候》为多）②，然后是诗文。这一结构，应当亦承袭类书而来。

第三节 图像与文本：瑞应图的视觉文献系谱

写本中的文本与图像制作，以往关注比较少。在拙著《博望鸣沙：中古写本研究与现代中国学术史之会通》中，曾讨论过写本时代图与文的关系③。瑞应图可看作一类典型且传承有序的视觉文献传统。对这一问题的探讨有助于我们理解写本的制作流布与知识传习的关系，从而加

---

① 《天地瑞祥志》卷一八《禽总载》，尊经阁文库本。
② 残存九卷合计，《孝经援神契》征引凡 14 条、《春秋运斗枢》凡 8 条、《尚书中候》凡 7 条。
③ 余欣《博望鸣沙：中古写本研究与现代中国学术史之会通》，上海：上海古籍出版社，2012 年，第 15—28 页。

深对知识成立过程的理解。

一、早期的瑞应图书

在汉代正史、文赋中，我们能找到一些早期瑞应图书的痕迹，兹举几例：

《汉书·武帝本纪》：

> 六月，诏曰："甘泉宫内中产芝，九茎连叶。上帝博临，不异下房，赐朕弘休。其赦天下，赐云阳都百户牛酒。"作芝房之歌①。

此处所描述的"芝房之歌"撰作缘起，即是颂扬祥瑞之歌。

《汉书·礼乐志》：

> 齐房产草，九茎连叶，宫童效异，披图案谍。玄气之精，回复此都，蔓蔓日茂，芝成灵华②。

"披图案谍"，即是查证案验某类瑞应图书。

《后汉书·肃宗孝章帝纪》：

> 论曰……在位十三年，郡国所上符瑞，合于图书者数百千所。乌呼懋哉③！

"合于图书"，显然也是指郡国上报之符瑞与瑞应图书相合。

司马相如《子虚赋》：

> 臣闻楚有七泽，尝见其一，未睹其余也。臣之所见，盖特其小小者耳，名曰云梦。云梦者，方九百里，其中有山焉。其山则盘纡岪郁，隆崇嵂崒，岑岩参差，日月蔽亏。交错纠纷，上干青云。罢池陂陀，下属江河。其土则丹青赭垩，雌黄白坿，锡碧金银。众色炫耀，照烂龙鳞。其石则赤玉玫瑰，琳珉琨珸，瑊玏玄厉，瑌石武夫。其东则有蕙圃衡兰，芷若射干，穹穷昌蒲，江离麋芜，诸蔗猼

---

① 《汉书》卷六《武帝纪》，第 193 页。
② 《汉书》卷二二《礼乐志》，第 1065 页。
③ 《后汉书》卷三《肃宗孝章帝纪》，北京：中华书局，1965 年，第 159 页。

且。其南则有平原广泽，登降陁靡，案衍坛曼，缘以大江，限以巫山。其高燥则生葴蔪苞荔，薛莎青薠。其卑湿则生藏茛蒹葭，东蔷雕胡，莲藕觚芦，庵蔄轩芋，众物居之，不可胜图。其西则有涌泉清池，激水推移；外发芙蓉蔆华，内隐钜石白沙。其中则有神龟蛟鼍，瑇瑁鳖鼋。其北则有阴林巨树，楩楠豫章，桂椒木兰，蘗离朱杨，楂梸梬栗，橘柚芬芳。其上则有赤猿蠷蝚，鹓鸰孔鸾，腾远射干；其下则有白虎玄豹，蟃蜒貙豻，兕象野犀，穷奇獌狿[①]。

“众物居之，不可胜图”，说的是云梦泽祯祥之物极多，不可尽述。《子虚赋》虽竭尽铺陈夸张之能事，但此处所描绘祯祥物象品类之繁复，或与瑞应图书制作之盛有某种关联。

《后汉书》卷四〇《班固传》引班固《典引篇》：

是以（凤皇）来仪集羽族于观魏，肉角驯毛宗于外囿，扰缁文皓质于郊，升黄晖采鳞于沼，甘露宵零于丰草，三足轩翥于茂树。若乃嘉谷灵草，奇兽神禽，应图合牒，穷祥极瑞者，朝夕坰牧，日月邦畿，卓荦乎方州，羡溢乎要荒[②]。

唐章怀太子李贤注：

《尚书》曰：“凤皇来仪。”元和二年诏曰：“乃者凤皇鸾鸟比集七郡。”羽族谓群鸟随之也。观魏，门阙也。肉角谓麟也。伏侯《古今注》曰：“建初二年，北海得一角兽，大如麕，有角在耳间，端有肉。又元和二年，麒麟见陈，一角，端如葱叶，色赤黄。”扰，驯也。缁文皓质谓驺虞也。《说文》曰：“驺虞，白虎，黑文，尾长于身。”《古今注》曰：“元和三年，白虎见彭城。”黄晖采鳞谓黄龙也。建初五年，有八黄龙见于零陵。《古今注》曰：“元和二年，甘露降河南，三足乌集沛国。”轩翥谓飞翔上下。

---

① 《史记》卷一一七《司马相如列传》，点校本二十四史修订本，北京：中华书局，2013年，第3816—3817页。

② 《后汉书》卷四〇下《班固传下》，第1382页。

　　嘉谷，嘉禾。灵草，芝属。《古今注》曰："元和二年，芝生沛，如人冠大，坐状。"章和九年诏曰："嘉谷滋生，芝草之类，岁月不绝。"奇兽神禽谓白虎白雉之属也。建初七年，获白鹿。元和元年，日南献生犀、白雉。言应于瑞图，又合于史牒也。垌牧，郊野也。卓荦，殊绝也。羑音以战反①。

　　这里的"应图合牒""应于瑞图""合于史牒"讲得很清楚，就是一些判断符瑞的图牒。（图1-3）

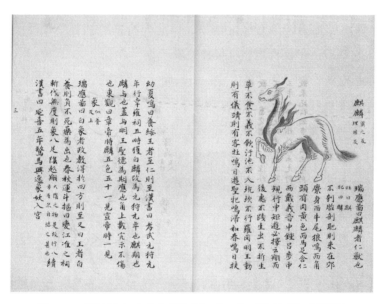

图1-3　尊经阁本《天地瑞祥志》卷一九《兽总载》"麒麟"

同传又引班固《白雉诗》云：

　　启灵篇兮披瑞图，获白雉兮效素乌。（灵篇谓河洛之书也。《固集》此题篇云"白雉素乌歌"，故兼言"效素乌"。）发皓羽兮奋翘英，容洁朗兮于淳精。（皓，白也。翘，尾也。《春秋元命包》

----

① 《后汉书》卷四〇下《班固传下》，第1383页。

曰："乌者阳之精。"）章皇德兮侔周成，永延长兮膺天庆。（章，
明也。侔，等也。《孝经援神契》曰："周成王时，越裳献白雉。"
庆读日卿。）①

这里的"启灵篇兮披瑞图"道理和前面一样，都是供人披检勘验
的瑞应图书。

我们要注意，符瑞往往出现于统治合法性不那么确定的时候。所以
汉唐间王莽、孙吴、武周是符瑞最多的几个时期。

二、祯祥图像的表现形式

祯祥图像的表现形式主要有以下几类：

1. 石刻画像

祯祥图之渊源当追溯至《河图》《洛书》，为石刻灵异动物图像，
惜乎其详已不可考。最早之祯祥图，推想或镂于金石，或书于竹帛，希
冀将来考古发掘于万一。现存早期祯祥图像，则以汉代武梁祠为代
表②。武梁祠的祥瑞刻石，大都只有榜题，偶有简略说明文字，但从无
引经据典者，远较《天地瑞祥志》为简。以神鼎、麒麟等画像为例，
可领略二者之异同。叶德辉所撰《瑞应图记叙》论及《瑞应图》与武
梁祠所刻祥瑞图的关系，据此指出《瑞应图》之类撰述源于汉儒之学，
并推测"孙氏当生梁代，其图确有师承"③。虽所论有失偏颇，然为最
早注意到汉代画像石中祥瑞图像者。此后，松元荣一亦曾注意到孝堂
山、武梁祠、李翕碑等石刻瑞应图资料，认为这是瑞应图的发足④。此

① 《后汉书》卷四〇下《班固传下》，第1373页。
② 巫鸿《武梁祠：中国古代画像艺术的思想性》，柳扬、岑河译，北京：生
活·读书·新知三联书店，2006年，第91—124页。
③ 叶德辉《辑孙柔之瑞应图记一卷》，《观古堂所著书》，光绪辛丑（1901）
夏六月长沙叶氏郋园刊本。
④ 松本榮一《燉煌本瑞應圖卷》，《美術研究》第184號，1956年，第113—
115頁。

论或可商。

祯祥图像之生发，如前所述，当祖于河图洛书，远较汉代为古，惟今之所存最早者仅有汉代画像石而已。汉画像石与瑞应图书之关系，因史料所阙，难以确论。推测当有以下可能：

一、画像石之图像、榜题据瑞应图书而来，由于重在图像，文字当有省略；

二、恰好相反，瑞应图书之编撰，受画像石之启发。

前者可能性稍大，然二者亦有往复交相作用之可能。总之，至孙柔之编定《瑞应图》，标志此种图书大致定型。

与写本瑞应图书一样，石刻祯祥图像，不仅包括祥瑞，也包括凶兆。武梁祠"征兆石三"："有鸟如鹤，□□□喙，名□□，其鸣自（叫）。□有动矣"，又"有□□□身长尾□□□□名曰法□□（行）则衔其尾，（见）之则民凶矣"[1]。皆为凶兆图像。

2. 琉璃屏风

《古今注》卷下《杂注第七》："孙亮作流离屏风，镂作瑞应图，凡一百二十种。"[2]

马国翰《玉函山房辑佚书》引此考瑞应图之条目[3]。孙亮命刻一百二十种，应是虚指，此数含有"万物"之意，或只是选刻而已，不可刻板地理解为三国时期祥瑞的全部确切类目。

崔豹《古今注》虽非信史，但所发散出的历史信息，可以重绘当时之历史情境，当无可置疑。譬如，《汉武洞冥记》所载汉武帝元封三

---

[1] 巫鸿《武梁祠——中国古代画像艺术的思想性》，第 262—263 页。

[2] 崔豹撰，王根林校点《古今注》卷下《杂注》，本社编《汉魏六朝笔记小说大观》，上海：上海古籍出版社，1999 年，第 247 页。

[3] 马国翰《玉函山房辑佚书》，扬州：广陵书社，2004 年，影印版，第 2866 页。

年大秦国贡花蹄牛事①，张星烺《中西交通史料汇编》收录于"两汉时期中国与欧洲之交通"，且加按语云："宪此节记事，仅为旧史所弃，至其真确，可无疑也。……元封三年，大秦国贡使，安知其非与汉使俱来之人耶？……语似不经，然未必皆为无稽虚构也。"② 孙亮镂作瑞应流离屏风事，亦可循此理求之：

一、制作琉璃屏风之原料及雕刻技术，或由海外传入。孙吴时期航海技术和对外交通甚为发达③，其显例如遣康泰、朱应出使海南诸国，归国后撰有《吴时外国传》《扶南异物志》等，书虽皆已亡佚，残存片段仍可见当年盛景④。考古发掘所见中国早期玻璃，虽多为琉璃珠或琉璃器皿⑤，然未可断言不存在可用于制作较为大型的屏风的琉璃。

二、正是由于琉璃是珍贵的舶来品，孙亮才以之制作屏风，刻画瑞应图，以彰显政权之合法性与自身的威德，因此这件屏风实际上是宣示工具性质的政治艺术品。

――――――――――

① 《汉武洞冥记》："元封三年，大秦国贡花蹄牛。其色驳，高六尺，尾环绕，角端有肉，蹄如莲花，善走，多力。〔饴以木兰之叶，使方国贡此叶。此牛不甚食，食一叶，则累月不饥〕。帝使挈铜石，以起望仙宫，迹在石上，皆如花形，故阳关之外〔有〕花牛津。时得异石，长十丈，高三丈，立于望仙宫，因名龙钟石。武帝末，此石自陷入地，唯尾出土上，今人谓龙尾墩〔是〕也。"王国良《汉武洞冥记研究》，台北：文史哲出版社，1989 年，第 67—68 页。

② 张星烺《中西交通史料汇编》，朱杰勤校订，北京：中华书局，1977 年，第 16—17 页。

③ 章巽主编《中国航海科技史》，北京：海洋出版社，1991 年，第 112 页。

④ 上述中国海外交通史重要史料已有两种辑佚本：渡部武《朱应・康泰の扶南見聞録輯本稿：三国呉の遣カンボジア使節の記録の復原》，《東海大學紀要文學部》第 43 辑，1985 年，第 7—28 页；康泰、朱应撰，陈佳荣辑《外国传》，香港海外交通史学会，2006 年。

⑤ 参看安家瑶《中国的早期玻璃器皿》，《考古学报》1984 年第 4 期，第 413—447 页；安家瑶《镶嵌玻璃珠的传入及发展》，《十世纪前的丝绸之路和东西文化交流》，北京：新世界出版社，1996 年，第 351—367 页；干福熹等《中国古代玻璃技术的发展》，上海科学技术出版社，2005 年；干福熹《中国古代玻璃的起源和发展》，《自然杂志》第 28 卷第 4 期，2006 年，第 187—193 页。

三、镂刻为琉璃屏风之瑞应图，必须考虑观瞻效果，因为有些瑞应可能不适合图像表现，只能图其可图者，如鸟兽草木虫鱼之类。至于天象瑞异之类，其事琐碎，而且单调，难以表现，当不在镂刻之列。

3. 壁画

后汉王延寿《鲁灵光殿赋》云：

> 尔乃悬栋结阿，天窗绮疎。……神仙岳岳于栋间，玉女窥窗而下视。忽瞟眇以响像，若鬼神之髣髴。图画天地，品类群生。杂物奇怪，山神海灵。写载其状，托之丹青。千变万化，事各缪形。随色象类，曲得其情[1]。

赋文描写灵光殿壁上绘有各种神仙灵异之图，其性质可归入祯祥变怪壁画。由于汉唐长安、洛阳等都市中的宫殿、寺观中的壁画今皆不存，保留壁画较为著名者，往往是石窟寺，给人以壁画皆在石窟之错觉，其实最辉煌的壁画应在宫殿中，而宫殿中壁画题材为祯祥图者，盖不在少数。

贺世哲曾对莫高窟佛教壁画中的瑞应图像进行考察，指出第290窟佛传图中的祥瑞表现，体现了顾野王《符瑞图》的流传，是目前仅见从图像学角度考察北周瑞应思想的论著[2]。这一研究表明，佛教题材壁画也是瑞应图的载体之一，显示了中国传统瑞应图和佛教瑞像结合的迹象。

4. 绢纸绘画

张彦远《历代名画记》卷三：

> 《符瑞图》十卷，行日月杨廷光，并集孙氏、熊氏图[3]。

"行日月杨廷光"当为"起日月扬光"，《天地瑞祥志》卷一"目录"中载卷二中有"天"，卷三中有"光"，虽然此二卷今已不存，可

---

① 萧统编，李善注《文选》卷一一《宫殿·鲁灵光殿赋》，上海：上海古籍出版社，1986年，第514—515页。

② 贺世哲《莫高窟第290窟佛传画中的瑞应思想研究》，《敦煌研究》1997年第1期，第1—5页。

③ 张彦远著，俞剑华注释《历代名画记》，上海：上海人民美术出版社，1964年，第82页。

绘以为图之瑞应及其排列顺序，当与张彦远所见《符瑞图》一致。此论文可为写本时代辗转抄写致误之典例。又，此画卷帙达十卷之多，或作为绘画之符瑞图，与作为图书之符瑞图有所不同。推测画作当描绘更为精细，而赞文则较为简略，或仅榜题而已。

三、敦煌本《瑞应图》

法国国家图书馆藏敦煌文献 P. 2683《瑞应图》，上半幅为彩绘图像，下半幅为画像解说，即所谓"图经"或"图赞"之类。存图二十三帧，或有目无图，或有文无图，不一一对应。主要内容为龟、龙、凤凰之部。文中征引经史诸子典籍及古佚谶纬、符瑞之书甚夥，如《礼记》《大戴礼》《文子》《淮南子》《月令章句》《魏文帝杂事》《括地图》《春秋演孔图》《龙鱼河图》《尚书中候》《春秋运斗枢》《春秋元命苞》《孝经援神契》《礼斗威仪》《礼稽命征》《孙氏瑞应图》等，极富辑佚和校勘价值。（图 1-4）

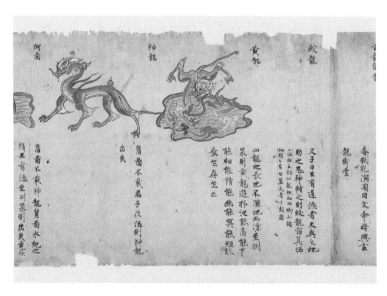

图 1-4　法藏敦煌文献 P. 2683《瑞应图》

　　关于敦煌本《瑞应图》，小岛佑马、王重民、陈槃、张铁弦、松本荣一、饶宗颐、戴思博（Catherine Despeux）、窦怀永、郑炳林等中外学者都做过研究①，但尚未有学者将之与《天地瑞祥志》进行比较研究。显而易见，敦煌本《瑞应图》绘画水平较高，引书种类也更多，除此之外，简而言之，还具有如下特点：

　　1. 残卷所存每一类皆像赞数目颇多，其原书当卷帙繁巨。

　　2. 图多有前后复出，当系杂采众说，欲为汇总，然多依旧书，稍加增饰，加之辗转传抄，久而失实，且未加整饬，以致失之于芜杂。例如龙之部列有"交龙""天龙""青龙""赤龙""黄龙""玄龙""蛟龙""神龙""黑龙""白龙"等。以黄龙条目最多，且颇为难得的是，保存了两幅构图不同的画像，绘画精妙，神姿俨然，但图下赞文大同小异，之所以重出，估计抄自不同底本之故。

　　3. 有赞无图或图文位置参差现象所在多有，这表明或者是文字写

---

　　①　小岛祐馬《巴黎國立圖書館藏敦煌遺書所見録》（六），《支那學報》7 卷 1 號，1933 年，第 107—120 页；王重民《巴黎敦煌残卷叙录》，北平图书馆，1936 年，叶四背至叶五背，收入氏著《敦煌古籍叙录》，北京：商务印书馆，1958 年，第 167—169 页；陈槃《敦煌钞本〈瑞应图〉残卷》，原载《"中央研究院"历史语言研究所集刊》第 17 本，1948 年，第 59—64 页，收入氏著《古谶纬研讨及其书录解题》，第 609—628 页；张铁弦《敦煌古写本丛谈》，《文物》1963 年第 3 期，第 9—11 页；松本榮一《燉煌本瑞應圖卷》，《美術研究》第 184 號，1955 年，第 113—130 页；饶宗颐《敦煌本〈瑞应图〉跋》，《敦煌研究》1999 年第 4 期，第 152—153 页；Catherine Despeux, "Auguromancie", Marc Kalinowski（ed.）, *Divination et société dans la Chine Médiévale. Une étude des manuscripts de Dunhuang de la Bibliothèque nationale de France et de la British Library*, Paris：Bibliothèque nationale de France, 2003, P. 432–436, 458–461；窦怀永《敦煌本〈瑞应图〉谶纬佚文辑校》，张涌泉、陈浩主编《浙江与敦煌学——常书鸿先生诞辰一百周年纪念文集》，杭州：浙江古籍出版社，2004 年，第 396—406 页；郑炳林、郑怡楠《敦煌写本 P. 2683〈瑞应图〉研究》，樊锦诗、荣新江、林世田主编《敦煌文献·考古·艺术综合研究：纪念向达先生诞辰 110 周年国际学术研讨会论文集》，北京：中华书局，2011 年，第 493—514 页。郑炳林认为敦煌本即庾氏《瑞应图》，恐难以确证。不过，此论虽不中亦不远，此图书当出自六朝人之手，想来没有问题。

好以后，由于时间或经济因素，未能再找合适的画手来配图，或者是写赞文者和画图者沟通不畅。中古作一图书，往往先写文本，再配图画，常常会出现预留绘图空间不足、位置不准的情况，以致有此失。

四、敦煌本《白泽精怪图》

敦煌本《白泽精怪图》为彩绘物怪图赞，由 S. 6162 和 P. 2682 组成。P. 2682 由七纸装裱成卷，前四纸分两栏排列，每栏左图右文，后三纸有文无图。S. 6162 与 P. 2682 前七纸类似。诸家考释均集中于文本，而对于图文关系鲜有论及。《白泽精怪图》的先行研究者为松本荣一①，近年则有游自勇、佐佐木聪、夏德安（Donald Harper）多篇论文集中讨论②。现在看来，此卷之定名、缀合、内容尚有可商之疑点，此类祯祥变怪图书的图与文的制作实态，有待今后展开进一步探索。（图 1-5）

目前可以判定的是：这一类带图的祯祥变怪图书，自六朝至唐宋，一直非常流行。其制作流程应该是先写文字，留出位置，由画师完成彩绘，因此会出现有文无图的现象。无论是敦煌本《瑞应图》还是《白

① 松本榮一《敦煌本白澤精怪圖卷》，《國華》第 65 编第 5 册，1956 年，第 135—147 页。

② 游自勇《敦煌本〈白泽精怪图〉校录——〈白泽精怪图〉研究之一》，《敦煌吐鲁番研究》第 12 卷，上海古籍出版社，2011 年，第 429—440 页；游自勇：《〈白泽图〉与〈白泽精怪图〉关系析论——〈白泽精怪图〉研究之二》，《出土文献研究》第 10 辑，北京：中华书局，2011 年，第 336—363 页，修订稿《〈白泽图〉与〈白泽精怪图〉关系析论》，收入余欣主编《存思集：中古中国共同研究班论文萃编》，上海：上海古籍出版社，2013 年，第 248—282 页；游自勇《〈白泽精怪图〉所见的物怪——〈白泽精怪图〉研究之三》，黄正建主编《中国社会科学院敦煌学研究回顾与前瞻学术研讨会论文集》，上海：上海古籍出版社，2012 年，第 200—220 页；佐佐木聪：《法藏〈白泽精怪图〉（P. 2682）考》，《敦煌研究》2012 年第 3 期，第 73—81 页，修订稿收入余欣主编《存思集：中古中国共同研究班论文萃编》，第 283—299 页；Donald Harper, "The Other *Baize tu* 白泽图 from Dunhuang and Tang Popular Culture"，未刊稿。

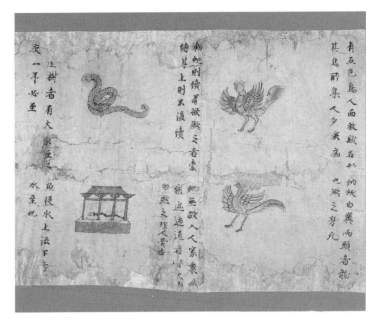

图 1-5　法藏敦煌文献 P. 2682《白泽精怪图》

泽精怪图》，绘图者与抄写者皆非一人，甚至可能是不同时代的产物。钞本的年代为唐代，《瑞应图》的图像成型年代有可能较早，或为六朝时期的作品，文本则可能是六朝至唐迭经改编。《白泽精怪图》钞本在流传过程中散页，晚唐五代的收藏者曾根据己意重新装裱，因此目前的顺序并非原貌。撰作精怪图书的目的不是为了"志怪"，也不完全是先秦"诘咎"巫术的中古衍变，而应理解为"五行志"的具象化，在性质上与《瑞应图》其实并无二致。

第四节　瑞应图的功能：神经瑞牒的实际运用与政治合法性的构建

符应是一种政治性方术，关于符应与政治的关系，可从以下三点论之：

1. 《洛书》曰："王者之瑞则图之。"① 瑞应图书之经典性和权威性之获得，当从此语求之。

2. 符应经由国家祭祀、历史书写、天命宣扬等方式，融入制度化构架，其实质可谓一系政治方术。故符应成为系统化学说之过程，实与国家政治合法性构建互为表里，在民间则以祯祥变怪之杂学形式流传。

3. 符应不仅为政治文化之重要组成，亦为时代风气之表征，一时代之气息和脉动，可缘此求之。在认识并揭示制度与社会变迁之进程与趋向之外，应当更为活性化地探求中国历史深层波澜之源和天数世道潜运默移之故，庶几可循此途径切问而近思。

当下的政治文化史研究，往往将某一类祥瑞灾异与特定历史事件进行关联论证，力图揭示政治背后的各种"力量"，但这样做往往是解说越圆满越令人心生疑窦。我们应该探求一种观念是如何影响了政治生活，未必要强为解人，织成一说。本节尝试以制度化—非制度性设置—新制度的形成这样往复的过程，讨论符应与政治的互动关系②。

一、《瑞应图》作为官方判定是否为瑞应依据的传统

瑞应图书最主要的功能是作为勘验瑞应的依据。这一功能在《吴禅国山碑》中就有非常直接的体现：

> 其余飞行之类，植生之伦，希古所观，命世殊奇，不在瑞命之篇者，不可称而数也③。

---

① 此语原始出处不可考，唐代广为征引，例如《全唐文》卷八六三《龙门重修白乐天影堂记》。

② 孟宪实《略论唐朝祥瑞制度》，氏著《出土文献与中古史研究》，北京：中华书局，2017 年，第 22—43 页。孟氏此文主要讨论了祥瑞分等、上报、确认和表贺程序，祥瑞数据的保存等问题，偏重于制度程序论考，与本文侧重于制度与非制度的往复关系及实际政治运作有所不同，敬请读者一并参看。

③ 赵彦卫撰，傅根清点校《云麓漫钞》，北京：中华书局，1996 年，第 118 页；赵明诚撰，金文明校证《金石录校证》，桂林：广西师范大学出版社，2005 年，第 342 页。

碑文讲道"不在瑞命之篇者，不可称而数也"，表明《瑞应图》之类的图书是官方判断瑞应的凭借。

二、唐代律令体制下的制度化

唐代前期最主要的特点有两个：一是世界帝国性；二是形成了完备的律令体制，文牍主义十分盛行。事实上，安史之乱前，中国历史趋向达到一个临界状态，唐帝国在制度、经济和文化领域均面临着"自我突围"的困境，"开元"这一年号颇有深意，只可惜"开元"并未能开辟新的纪元。然而天宝十四载（755）之前的律令制社会架构仍是唐朝留下的最可珍贵的遗产。

依《瑞应图》进行符瑞判断，在唐帝国律令体制背景下逐渐制度化。贞观之初，对于祥瑞的分等以及具体祥瑞的上报内容即已作出清晰的规定。此后，《仪制令》又对程序作了进一步的完善，令文云：

> 诸祥瑞若麟凤龟龙之类，依图书大瑞者，即随表奏。其表惟言瑞物色目及出处，不得苟陈虚饰。告庙颁下后，百官表贺。其诸瑞并申所司，元日以闻。其鸟兽之类，有生获者，放之山野，余送太常。若不可获，及木连理之类，有生，即具图书上进。诈为瑞应者，徒二年。若灾祥之类，史官不实对者，黜官三等①。

通过这段材料，我们大致可以总结出依据瑞应图书对重要祥瑞（大瑞）进行认证的流程及制度规定：发现→依瑞应图书认定→地方官表奏→皇帝确认→告庙颁下→百官表贺→修入国史。令文还特地提到，若"诈为瑞应"，还会依情节轻重受到不同程度的刑罚，这也是制度化的体现。此外，在《全唐文》中，我们会看到很多士大夫关于祥瑞的上

---

① 王溥《唐会要》卷二八上《祥瑞上》，北京：中华书局，1955年，第531页。此节亦见于《唐六典》（李林甫等撰，陈仲夫点校：《唐六典》，北京：中华书局，1992年，第114—115页），文字略有差异，当系《唐六典》引录时所改易。

表，这并非谄媚之举，因为百官上表是祥瑞认证流程中的重要一环，也是制度化的规定。

我们可以看一些关于献瑞上表的材料。如崔融《为泾州李刺史贺庆云见表》云：

> 臣某言：伏奉诏书，上御武殿，有庆云映日，见于辰巳之间，肃奉休征，不胜抃跃。中贺。臣闻诸《瑞应图》曰："天下太平，则庆云见。大子大孝，则庆云见。"伏惟皇帝陛下早朝宴坐，忧劳庶政，远无不肃，迩无不怀，神感潜通，至诚上格。凉秋中月，滞雨移旬，天心合而喜气腾，阳德动而愁阴歇。文章郁郁，惠日照而成彩；花花蓬蓬，晴风摇而不散。虽复紫云来汉皇殿，白云入殷帝房，校其优劣，畴以为喻。臣运奉休明，荣沾刺举，千年多幸，已逢河水之清；百辟相欢，重偶丛云之曲。不任悚跃之至，谨遣某官奉表称庆以闻[①]。

上表征引《瑞应图》，体例严格整齐，说明当时瑞应制度的完备。

又如《沙州都督府图经》（P. 2005）卷三有李无亏关于五色鸟瑞应的上表：

> 右，大周天授二年一月，百姓阴嗣鉴于平康乡武孝通园内见五色鸟，头上有冠，翅尾五色，丹觜赤足。合州官人百姓并前往看见，群鸟随之，青、黄、赤、白、黑五白色具备，头上有冠，性甚驯善。刺史李无亏表奏称："谨检《瑞应图》曰：'代乐鸟者，天下有〔道〕则见也。'止于武孝通园内，又阴嗣鉴得之。臣以为，阴者母道，鉴者明也，天显……"[②]

这一瑞应和武周代唐的政治合法性构建紧密相关。发现地点为"平

---

① 《全唐文》卷二一八，北京：中华书局，1983 年，第 2203 页下至 2204 页上。

② 李正宇《古本敦煌乡土志八种笺证》，兰州：甘肃人民出版社，2008 年，第 56—57 页。"天显"下疑有夺文。

康乡武孝通园"内的"安排",对发现者"阴嗣鉴"姓名的诠释,均大有深意存焉。地方行政当局与地方大族势力互相配合,迎合朝廷的政治需求,并从中得到政治回报,社会能量得以交换,各方利益得以保全[1]。这一点在归义军时期并没有实质性的变化,只是政治合法性的构建对象从朝廷转成了地方最高统治者"令公大王"[2]。(图1-6)

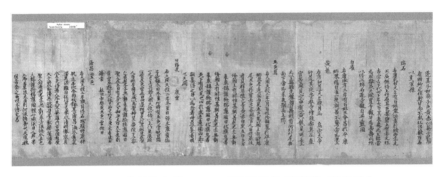

图1-6　法藏敦煌文献 P. 2005《沙州都督府图经》祥瑞部分

通过解读上述两篇进表,我们可以做出小结:在祥瑞的实际认定过程中,必须依据《孙氏瑞应图》等权威性的"瑞牒","案验非虚",方能奏上。这也就是不论是中央还是地方,尽管在制造祥瑞的过程中心照不宣,奏进祥瑞的表文必引经据典的原因。通常引用的典籍,包括《白虎通》《瑞应图》《晋中兴书》以及《孝经援神契》等各种纬书。在归

①　详细的阐论,参看孟宪实《沙州祥瑞与沙州地方政治》《武则天时期的"祥瑞"及其历史书写》,氏著《出土文献与中古史研究》,第43—85页。此外,相关成果还有介永强《武则天与祥瑞》,赵文润、李玉明主编《武则天研究论文集》,太原:山西古籍出版社,1981年,第160—167页;林世田《武则天称帝与图谶祥瑞——以 S. 6502〈大云经疏〉为中心》,《敦煌学辑刊》2002年第2期,第64—72页;金滢坤、刘永海《敦煌本〈大云经疏〉新论——以武则天称帝为中心》,《文史》2009年第4辑,第31—46页。

②　关于归义军时期的祥瑞与政治文化,本书第二章有详细讨论,其中也涉及《沙州都督府图经》中的祥瑞问题。曹丽萍在此基础上做了进一步的研究,参看曹丽萍《敦煌文献中的唐五代祥瑞研究》,兰州大学硕士学位论文,2011年。

义军时代之前，沙州亦不例外。武周时期，刺史李无亏所上每一道祥瑞奏表，必称"谨按《孙氏瑞应图》"。

三、制度规定以外的运作

在瑞应认定程序中，常有一些非制度固化为制度的做法，或可称为"制度的凝聚态过程"。

若是"瑞牒"不载者，有变通的办法，一般需要通过追加认定的方式，著于典册。例如权德舆《中书门下贺兴庆池白鸬鹚表》：

> 臣某等言：伏承陛下以去月九日幸兴庆池龙堂，为人祈雨。忽有一白鸬鹚见于池上，众鸬鹚罗列前后，如引御舟。明日之夕，甘雨遂降者。伏惟陛下子惠元元，躬勤庶政。念兹时泽，虔于祷祈。以陛下如伤之诚，上感元贶；在列祖发祥之地，下降灵禽。洁白异姿，翻飞成列。若应天意，以承宸衷。簇阴云于一夕，洒沛泽于千里。捷均影响，庆浃公私。昔周致白翟，徒称遐迩；汉歌赤雁，亦荐郊庙。岂比今日，感于至诚！瑞牒所无，蒸人何幸？伏望宣付史册，昭示将来。臣等备位鼎司，倍百欢贺。无任欣庆抃跃之至！谨奉表陈贺以闻[1]。

礼部每季将祥瑞录送史馆，修入国史，本是制度规定的内容[2]。但哪些"堪入史者"，需要依据瑞应图书来判定。不过，即便是"瑞牒所无"，仍可以通过大臣表奏，皇帝"从之"的方式加以认定，并"宣付史册，昭示将来"。从这个意义上来说，"宣付史册"即是将制度外的祥瑞作为定制的手段之一。

又，张说《为留守奏庆山醴泉表》：

> 臣某言：臣闻至德洞微，天鉴不远，休征秘景，时和则见。是

---

[1] 《全唐文》卷四八四，第 4948 页下至 4949 页上。
[2] 《唐会要》卷六三上《史馆上》，北京：中华书局，1955 年，第 1089—1090 页。

知绵代旷历，庆牒祥经，帝王有必感之符，神灵无虚应之瑞。伏惟天册金轮圣神皇帝陛下金镜御天，璇衡考政，钦若元象，宏济苍氓。茂功将大造混成，纯化与阳和俱扇，朝百神之乐职，宅万国之欢心。嘉气内充，淫雨外息，岂止摇风纪月之草，列苻于阶除；仪箫衔篆之禽，相鸣于户阁而已！固有发祯厚载，抽贶泉源，表元德之潜通，显黄祇之昭报。臣于六月二十五日得所部万年县令郑国忠状，称去六月十四日，县界霸陵乡有庆山见，醴泉出。臣谨差户曹参军孙履直对山中百姓检问得状：其山平地涌拔，周回数里，列置三峰，齐高百仞。山见之日，天青无云：异雷雨之迁徙，非崖岸之骞震。欻尔隆崇，巍然蓊郁，阡陌如旧，草树不移。验益地之祥图，知太乙之灵化。山南又有醴泉三道，引注三池，分流接润，连山对浦，各深丈余，广数百步。味色甘洁，特异常泉，比仙浆于轩后，均愈疾于汉代。

臣按《孙氏瑞应图》曰："庆山者，德茂则生。"臣又按《白武（虎）通》曰："醴泉者，义泉也。可以养老，常出京师。"《礼斗威仪》曰："人君乘土而王，其政太平，则醴泉涌。"《潜潭巴》曰："君臣和德，道度协中，则醴泉出。"臣窃以五行推之，六月土王，神在未母之象也。土为宫君之义也；水为智，土为信，水伏于土，臣之道也；水相于金，子之佐也。今土以月王而高，水从土制而静，天意若曰：母王君尊，良臣善相，仁化致理，德茂时平之应也。臣又以山为镇国，水实利人，县有万年之名，山得三仙之类：此盖金舆景福，宝祚昌图，邦固不移之基，君永无疆之寿。自永昌之后，迄于兹辰，地宝屡升，神山再耸，未若连岩结庆，并泌疏甘，群瑞同区，二美齐举，高视古今，曾无拟议。信可以纪元立号，荐庙登郊，彰贲亿龄，愉衍万宇。臣忝司京尹，忝寄留台，牧西夏之疲人，荷东蕃之余宠，游泳鸿露，震悚明神。禧祉有归，光启兹部，喜睹殊观实百恒流，踊跃一隅，驰诚双阙。伏请宣付史馆，颁示朝廷。无任凫藻之至，谨遣某官绘图奉进①。

这里讲到"醴泉出"瑞应，和古代神泉治病信仰有关。表文讲到"臣谨差户曹参军孙履直对山中百姓检问得状"，确认无误后，继而"伏请宣付史馆，颁示朝廷"，还要"谨遣某官绘图奉进"，这也是一种从制度外固着化为制度的设计。

此类设计有自下而上和自上而下两种模式：除了臣下"绘图奉进"，将原本不在神经瑞牒之内的祥瑞正式列入之外，还有帝后命画工图之，以示百僚者：

（景龙二年二月）皇后自言衣箱中裙上有五色云起，令画工图之，以示百僚，乃大赦天下。……乙酉，帝以后服有庆云之瑞，大赦天下。内外五品已上母妻各加邑号一等，无妻者听授女；天下妇人八十已上，版授乡、县、郡等君②。

这两种模式的共同点在于：都是以模仿瑞应图书的制作方式，将新的祥瑞图之，并颁示天下，从而使之获得等同于《瑞应图》的效力。

---

① 《全唐文》卷二二二，第 2241 页下至 2242 页上。
② 《旧唐书》卷七《中宗本纪》，第 145—146 页。

第二章　符瑞与地方政权的合法性构建：归义军时期敦煌瑞应考

符瑞，又称祥瑞、瑞应、祯祥、嘉祥、吉兆、嘉应、庆瑞、灵瑞、瑞征等，即显示上天意志的吉祥征兆。[①] 在今天的人们看来，无非是被赋予强烈意识形态符号性的各种自然异象或虚拟灵物，但是在传统中国，符瑞是王道的象征。《春秋繁露》云：

> 《春秋》何贵乎元而言之？元者，始也，言本正也。道，王道也。王者，人之始也。王正则元气和顺、风雨时、景星见、黄龙下。王不正则上变天，贼气并见。五帝三王之治天下，不敢有君民之心……故天为之下甘露，朱草生，醴泉出，风雨时，嘉禾兴，凤凰麒麟游于郊[②]。

由于祥瑞被认为是"受命之符，天人之应"，不仅是政权合法性和政治行为正当性的直接呈现，而且关乎王朝运命、天下安危与苍生幸福，因而深为历代统治者所重。故《宋书·符瑞志上》云：

> 夫体睿穷几，含灵独秀，谓之圣人，所以能君四海而役万物，使动植之类，莫不各得其所。百姓仰之，欢若亲戚，芬若椒兰，故

---

① 大体而言，这些词语具有互文性，并没有明确的概念区分。但是王莽时期较为特殊，符命、吉瑞、福应各有所指。

② 董仲舒《春秋繁露》卷六《王道》，苏舆《春秋繁露义证》，北京：中华书局，1992 年，第 100—103 页。

为旗章舆服以崇之，玉玺黄屋以尊之，以神器之重，推之于兆民之上，自中智以降，则万物之为役者也。性识殊品，盖有愚暴之理存焉。见圣人利天下，谓天下可以为利；见万物之归圣人，谓之利万物。力争之徒，至以逐鹿方之，乱臣贼子，所以多于世也。夫龙飞九五，配天光宅，有受命之符，天人之应。《易》曰："河出《图》，洛出《书》，而圣人则之。"符瑞之义大矣①。

然而符命祥瑞，由于被视为荒诞不经的迷信，长期以来为国内治史者所忽视。中国古代祥瑞的整体研究工作，并未真正深入而系统地展开。② 尤其是符瑞之说极为流行的中古之世，无论是政治文化史还是学术思想史的相关讨论，都非常匮乏，其史料之丰富与研究之滞后，不可不谓是强烈的反差。至于从博物学整体研究理念出发，对这些奇幻的瑞象和异物本身进行考镜源流的，更是鲜见。以往仅有的一些研究，除通论性论著外，③ 主要集中于帝王祥瑞，④ 关注的热点如武则天与谶纬祥瑞的关系，尤其是利用《大云经疏》制造祥瑞为武周革命的政治正当性进行舆论宣传。⑤ 此外，汉画像石的研究著作，偶尔有涉及祥瑞图像

---

① 《宋书》卷二七《符瑞·上》，北京：中华书局，1974 年，第 759 页。

② 本文所指的是祥瑞本身的研究，而不是指相关的纬书和纬学研究。关于谶纬研究学术史概况，可参看杨权《谶纬研究述略》，《中国史研究动态》2001 年第 6 期，第 12—22 页。近年方法论反思则有曹建国《〈河图括地象〉考论——兼谈纬书文献的整理问题》，《国学研究》第 39 辑，北京：北京大学出版社，2017 年，第 203—236 页；张峰屹《安居香山、中村璋八〈纬书集成〉的辑佚问题——以〈孝经纬〉为例》，《南开学报（哲学社会科学版）》2019 年第 5 期，第 149—160 页。

③ 于爱成编著《祥瑞动物》，北京：中国社会出版社，2008 年。

④ 牛来颖《唐代祥瑞与王朝政治》，郑学檬、冷敏述主编《唐文化研究论文集》，上海：上海人民出版社，1994 年，第 535—543 页。

⑤ 介永强《武则天与祥瑞》，赵文润、李玉明主编《武则天研究论文集》，太原：山西古籍出版社，1998 年，第 160—167 页；林世田《武则天称帝与图谶祥瑞——以 S.6502〈大云经疏〉为中心》，《敦煌学辑刊》2002 年第 2 期，第 64—72 页；金滢坤、刘永海《敦煌本〈大云经疏〉新论——以武则天称帝为中心》，《文史》2009 年第 4 辑，第 31—46 页。

者，但往往未加深论。

相比之下，日本学界在此领域有不俗的业绩。但由于研究取向使然，大体上聚焦于文献学的基础研究。例如汉代祥瑞资料的整理①，《宋书·符瑞志》的构成研究②，《南齐书·祥瑞志》的内容分析③，《魏书·灵征志》的考证④，前田育德会尊经阁文库所藏唐代佚籍《天地瑞祥志》抄本的介绍与文本结构的初步探讨等⑤。近年来，水口幹記的研究颇为引人注目，他的着眼点是日本文化史研究，侧重于通过对《天地瑞祥志》《稽瑞》等相关文献在日本的流传和影响，考察中国典籍在日本的"受容史"⑥。还有一些偏重于思想史研究，如《论衡》的瑞应和灾异的思想渊源⑦，唐代中期的天命、祥瑞思想与士大夫的政治

①　役重文範《漢代瑞祥考——皇帝・政治との関係》，《立命館東洋史學》第31號，2008年，第69—167页。

②　谷内祖道《宋書符瑞志の構成に関する一考察》，《大倉山論集》第8號，1960年，第102—115页；平秀道《宋書符瑞志について》，《龍谷大學佛教文化研究所紀要》第15集，1976年，第62—76页；安居香山《祥瑞思想の展開と宋書符瑞志》，《大正大學大學院研究論集》第9號，1985年，第17—41页。

③　平秀道《南齐書祥瑞志について》，《龍谷大學論集》第400、401卷合并號，1973年，第625—635页。

④　平秀道《魏書靈徵志について》，《龍谷大學論集》第413卷，1978年，第23—44页。

⑤　太田晶二郎《〈天地瑞祥志〉略説：附けたり，所引の唐令佚文》，《東京大學史料編纂所報》第7號，1972年，第1—15页。收入《太田晶二郎著作集》第一册，東京：吉川弘文館，1973年，第152—182页；水口幹記、陈小法《日本所藏唐代佚书〈天地瑞祥志〉略述》，《文献》2007年第1期，第165—172页。

⑥　水口幹記2005年前发表的系列论文已收入其专著《日本古代漢籍受容の史的研究》，東京，汲古書院，2005年。此后他又发表了《類書〈稽瑞〉と祥瑞品目——唐礼部式と延喜治部省式祥瑞条に関連して—》，《延喜式研究》第24號，2008年，第24—46页。

⑦　樺澤亜呂《〈論衡〉における"災變"と"瑞應"》，《東アジア：歴史と文化》第15號，2006年，第33—51页。

立场①。关于墓葬石刻中的祥瑞图像的艺术史研究，也有力作问世②。试图从政治史的角度切入的也有一些，但与中国学界有些相似，大多仍是个别帝王的个案研究。用力最勤的是平秀道，他陆续撰写了一系列关于王莽、汉光武帝、魏文帝、蜀昭烈帝与符命关系的论文③。松浦千春主要从禅让仪礼的思路考察了武周革命、王莽禅让以及汉魏时代的禅让，涉及一些与符命相关的问题④。中谷由一发表的对于与汉宣帝时代祥瑞与政治事件的研究⑤，可以看作是平秀道研究理路的继承与发展。针对某一具体瑞物的观念进行考证的，主要有松嶋隆裕对白雉改元与天的观念之间关系的考察⑥。对于祥瑞相关的制度层面的运作实态，茂木直人有所论列⑦。津田资久则独辟蹊径，通过对曹魏至唐"玄石图"类符瑞的特征的考察，检讨了在司马懿辖区内所出"张掖郡玄石图"的政治背景，揭示了司马懿的政治姿态，认为这是司马懿利用符瑞证明曹明帝政策的全面

① 戶崎哲彥《唐代中期における儒教神學への抵抗：天命・祥瑞の思想をめぐる韓愈・柳宗元の對立とその政治的背景》，《滋賀大學經濟學部研究年報》第 3 卷，1996 年，第 81—122 頁。

② 菅野惠美《墓葬裝飾における祥瑞圖の展開》，《東洋文化研究》10 號，2008 年，第 229—284 頁。

③ 平秀道《王莽と符命》，《龍谷大學論集》第 353 卷，1956 年，第 311—321 頁；《後漢光武帝と圖讖》，《龍谷大學論集》第 379 卷，1967 年，第 66—85 頁；《魏の文帝と圖緯》，《龍谷大學論集》第 404 卷，1974 年，第 104—116 頁；《蜀の照烈帝と讖緯》，《龍谷大學論集》第 409 卷，1976 年，第 57—66 頁。

④ 松浦千春《武周政權論——盧陵王李顯の召還問題を手がかりに》，《集刊東洋學》第 64 號，1990 年，第 1—20 頁；《禪讓議禮試論：漢魏禪讓儀式の再檢討》，《一關工業高等專門學校研究紀要》第 40 號，2005 年，第 106—92 頁；《王莽禪讓考》，《一關工業高等專門學校研究紀要》第 42 號，2008 年，第 38—27 頁。

⑤ 中谷由一《漢宣帝の祥瑞における政治學》，《人間文化學研究集錄》第 11 號，2001 年，第 53—64 頁。

⑥ 松嶋隆裕《祥瑞の主體としての天——白雉改元における天観念の受容》，《倫理思想研究》第 5 集，1980 年，第 43—53 頁。

⑦ 茂木直人《祥瑞に關する制度の實態》，《駒澤史學》第 63 號，2004 年，第 58—82 頁。

正确性，从而获取曹魏帝室的信任。因此，从本质上而言，司马懿势力的抬头，并非通过与曹魏帝室抗争而获得①。此文对于我们了解符瑞在政治生活中的实际运作及其在实现政治意图中所发挥的特殊作用，很有帮助。西方学界也有个别学者关注这个领域，但成果不多②。

　　然而，不论海内外学界的研究，我觉得都存在着一个缺失的维度，那就是地方政权与祥瑞的关系，而这一点对于我们理解区域性政治实体的权力基础及其特殊的政治生态，有时候是至关重要的。归义军时期的敦煌，恰恰为我们提供了殊为难得的观照的基盘。另一方面，百年敦煌学研究，虽然学术积淀极为深厚，但是以往亦未能从政治史和博物学角度入手对祥瑞及其周边资料进行整合探讨。因此，本章拟在汇集归义军时期相关史料的基础上，结合正史、诸子、诏令、奏议、类书、诗赋以及《天地瑞祥志》、《稽瑞》、汉画像石、魏晋墓葬壁画等新旧史料，对其进行考辨和分析，并提出新的诠释。希望这一尝试不但能开拓中古史具体研究的深度和广度，促进史学理论的本土化和自主创新，而且对于敦煌学研究方法论建设能有积极的贡献。

第一节　"膺命归义"：张议潮之符瑞

　　荣新江先生曾精辟地指出："归义军在唐朝是一个边远的藩镇，五代、宋初则成为实际的外邦，这是归义军在中国历史上的特性之一。"③

---

① 津田資久《符瑞"張掖郡玄石圖"の出現と司馬懿の政治的立場》，《九州大學東洋史論集》第 35 號，2007 年，第 33—68 頁。

② 例如 Thomas Thilo 著，池田温译《唐史における帝王符瑞の一例とその背景》，《東方學》第 48 輯，1974 年，第 12—27 頁；Antonino Forte, *Political Propaganda and Ideology in China at the End of the Seventh Century* (2nd edition), Kyoto: Italian School of East Asian Studies, 2005.

③ 荣新江《归义军史研究——唐宋时代敦煌历史考索》，上海：上海古籍出版社，1996 年，前言第 2 页。

这一观点对于我们理解归义军时期敦煌的祥瑞的性质及其背景，也有很大的启发性。归义军兴起之初即与谶纬符瑞结下不解之缘，并且与整个归义军时期的重大历史事件相始终，这是非常耐人寻味的。

归义军的肇兴，始于张议潮起事。大中二年（848）四月某日①，张议潮率众被甲噪于州门，安景旻、阎英达等群起响应。吐蕃守将节儿匆忙逃奔，于是张议潮夺取沙州控制权，并率军东征吐蕃瓜州大军镇，与蕃军作战，破其重围，遂得以进据瓜州。大中五年至十二年间，陆续收复瓜、沙、伊、甘、肃五州。十二年八月，张议潮遣兄议潭奉十一州图籍入献，十一月，唐廷正式设置归义军，以张议潮为节度使，授以旌节②。P.3770《张族庆寺文》记载了张议潮召集宗人，重修族寺之举③，极有可能为庆贺这件大事而作。（图 2-1）

P.3554V《谨上河西道节度公德政及祥瑞五更转兼十二时共一十七首并序》，题"敕授沙州释门义学都法师兼摄京城临坛供奉大德赐紫悟真谨（撰）"，是一件与这一背景紧密相关的重要史料。郑炳林根据序文中张议潮、悟真结衔和"当今大中皇帝"句，确定此文写于大中五

---

① 张议潮率众起义，光复沙州，原来只知在大中二年。李正宇根据 P.3967 所载佚名及《初夏登金光明寺钟楼有怀奉呈》两首诗词，提出应在三、四月之间一说。参看其撰《张议潮起义发生在大中二年三、四月间》，《敦煌学辑刊》2007 年第 2 期，第 25—28 页。又参《法藏敦煌西域文献》（30），上海：上海古籍出版社，2003 年，第 294 页下，295 页下。下简称《法藏》。今暂系于四月。

② 《新唐书》卷二一六下《吐蕃传下》，北京：中华书局，1975 年，第 6101—6108 页；S.6161V+S.3329V+S.11564+S.6973+P.2762《敕河西节度兵部尚书张公德政之碑》，录文参荣新江《归义军史研究——唐宋时代敦煌历史考索》，第 400—405 页。相关史事编年考证，参看荣新江、余欣《归义军时期敦煌史事系年示例》，"华学"编辑委员会编《华学》第七辑（饶宗颐教授米寿志庆），广州：中山大学出版社，2004 年，第 223—233 页。

③ 录文参郑炳林《敦煌碑铭赞辑释》，兰州：甘肃人民出版社，1992 年，第 258—260 页；齐陈骏、寒沁（郑炳林）《河西都僧统唐悟真作品和见载文献系年》，《敦煌学辑刊》1993 年第 2 期，第 7—8 页。

图 2-1　莫高窟第 156 窟张议潮统兵出行图（局部）

年或稍后①。荣新江则认为据 P. 3720《悟真文书集》所收第一、二件告身，悟真于大中五年（851）入朝时，受封为沙州义学都法师京城临坛大德并赐紫衣，至大中十年（856）四月二十二日，又在"大德"之上加"供奉"二字，并充任沙州都僧录。本序悟真衔中有"供奉"二字而无"都僧录"，疑"供奉"二字妄加，以自高名望，而都僧录则为无法冒称之实职。故此该序作成之确切年代，当在公元 851—856 年间，正与序文内容相合②。今通盘考虑，似大中九年（855）可能性较大。不论其确切创作年代为何，此诗为唐朝授予归义军节度使旌节后，追述颂扬张议潮早年出逃逻娑（拉萨）的神异事迹和种种祥瑞而作。序文云"先述尚书（张议潮）殊特之功，后录尚书祥瑞之应"，不难推知其中大半诗作应该是专题吟咏张议潮所感应的祥瑞。可惜的是仅有序文，原诗不存。尽管有学者将 P. 3500V《二月仲春色光辉》诗比定为十七首诗作之一③，但想要辑复作品原貌，了解祥瑞细节恐怕是不可能了。不过仅凭序文，我们也可以得知大中时期张议潮所感祥瑞的丰富信息。

---

① 郑炳林《敦煌碑铭赞辑释》，第 125 页。
② 荣新江《归义军史研究——唐宋时代敦煌历史考索》，第 67 页。
③ 施萍亭《敦煌随笔之二：有关张议潮的一条新资料》，《敦煌研究》1987年第 1 期，第 49 页。参《法藏》（24），上海：上海古籍出版社，2002 年，第 362页上。

序文不长，全文引录如下：

　　窃以巨唐驭宇，累圣重光。英声跨于百王，盛烈毌（贯）于千古。加以众灵叶庆，瑞牒牒①昭彰，凤篆于是重臻，龟书以②迭暎。一人奏南风之咏，万姓忻东户之春。总六合以③家，笼八荒而建国。武丁感梦，求获板筑之宾；文王卜兆，而得垂钩（钓）之士者，则我当今大中皇帝有天也。既有非常之主，必有非常之臣，善政犹传，君臣同德，劬劳百载，经营四方。争亡吐蕃，终基汉室者，则我尚书之美也。伏惟我尚书涯（渥）洼龙种，丹穴凤雏，禀气精灵，生便五色。讨凭陵而开一道，奉献明王；封秘策而通二庭，安西来贡。天憍旧族，辄伏④而归。吐谷羌浑，自投戮力，誓为肱股，讨伐犬戎，请拔沉埋，引通唐化。尚书量同海〔阔〕，智等江深，遂申一统之图，兼奏九戎之使。既彻天听，圣主忻欢，十道争驰，一时庆贺。于是君唱臣和，鱼水同心。勅命百司，豁开左藏，琼林上库，广出缯缣，白笏紫兰，金鱼杯，绫衣锦袭，擎举不胜。书诏勅封，云屯〔表〕里，加官给告，赞叹多勋，迁任尚书河西节度，拣择专使，讨⑤日星奔，令向沙州，殷勤宣赐者，则我尚书之德政也。昔尚书曾逃逻娑，引道神人，祭水河边，龙兴紫盖，池现圣鸟，气运冲星，阵上回风，击添雷電。嘉禾合颖，麦莠（秀）两岐；苽瓠同心，梨杏孪结；野蚕成茧，长幼歌谣。草上阳晞，变成甘露；观音独煞，助济人民；佛晃神光，呈祥表瑞。如斯盛美，人俱尔瞻（瞻），此则尚书之感应也。先述尚书殊特之功，后录尚书祥瑞之应，凡一十七咏。韵乏宫商，上题序云，下申其

---

① 下"牒"字当为衍文。
② 据文意，"以"后似夺一字，疑为"此"之类。
③ 据文意，"以"后似夺一字，疑为"成""为""立"之类。
④ "辄伏"不辞，疑当校读为"奢服"，指因畏惧而臣服。
⑤ 原卷字形如此，但据文意，疑为"计"字之形讹。"计日星奔"，言其紧急迅速。

咏，篇篇钩镂，句句连环，君子赠言，列之于左[①]。

序文起首部分为对大中皇帝诸祥瑞的颂扬，瑞牒、凤篆、龟书云云，只是泛而言之，并未详细描述，其实只是起一个比兴的作用，目的是为真正要歌功颂德的主角——"非常之臣"张议潮做一个铺垫。

"引道神人"，拙著《神道人心》已加考订，认为有可能是掌管出行吉凶的行神[②]。其他未见前贤有所论列者，略考如下：

1. 神佛

张议潮所感祥瑞的最大特征是佛教色彩浓重。"观音独煞"之后，紧接着是"佛晃神光"。独煞神，王惠民认为即千手千眼观音，《张族庆寺文》所载营修之寺即莫高窟第一区上方第156、161窟及其上方泥塔，窟及塔即所谓独煞神堂，窟之兴建即为表现此祥瑞[③]。"神光"通常指奇异的光气，作为祥瑞之一，史籍中并非罕见。"佛晃神光"者，语焉不详，不知确指何佛，[④] 但显然佛教的重要神祇都成了张议潮的祥

---

① 《法藏》（25），上海：上海古籍出版社，2002年，第235页上至236页上。本件文书有不少学者曾加以校录：Chen Tsu-lung, *La vie et les œuvres de Wou-Tchen*, 816-895: *contribution à l'histoire culturelle de Touen-houang*, Paris：École française d'Extrême-Orient, 1966, P.101-104；Paul Demiéville et Jao Tsong-yi, *Airs de Touen-houang*（Touen-houang k'iu 敦煌曲）：Textes à chanter des VIIIᵉ-Xᵉ siècles, Paris：Centre National de la Recherche Scientifique, 1971, P.195-196；任半塘编著《敦煌歌辞总编》，上海：上海古籍出版社，1987年，第1345—1346页；齐陈骏、寒沁《河西都僧统唐悟真作品和见载文献系年》，第8页；施萍亭《敦煌随笔之二：有关张议潮的一条新资料》，第47—48页；徐俊纂辑《敦煌诗集残卷辑考》，北京：中华书局，2000年，第342—343页。今据原卷图版重录，兼取诸家，择善而从。

② 余欣《神道人心——唐宋之际敦煌民生宗教社会史研究》，北京：中华书局，2006年，第312—313页。

③ 王惠民《独煞神与独煞神堂考》，《敦煌研究》1995年第1期，第128—133页。

④ 一个大胆的推测，可能是指炽盛光佛。炽盛光与千手千眼观音同属密教神祇，在归义军时期受到热烈的崇信。关于炽盛光佛信仰与图像的研究，参看孟嗣徽《炽盛光佛变相图图像研究》，《敦煌吐鲁番研究》第二卷，北京：北京大学出版社，1997年，第101—148页；廖旸《炽盛光佛再考》，《艺术史研究》第五辑，2003年，广州：中山大学出版社，第329—369页。

瑞。无论是根据惯常的祥瑞定义，还是唐代的律令规制，这些都是不合于法式的。

《论衡》卷一七《是应篇》：

> 儒者论太平瑞应，皆言气物卓异，朱草、醴泉、翔凤（风）、甘露、景星、嘉禾、萐脯、蓂荚、屈轶之属。又言山出车，泽出舟，男女异路，市无二价，耕者让畔，行者让路，颁白不提挈，关梁不闭，道无虏掠，风不鸣条，雨不破块，五日一风，十日一雨；其盛茂者，致黄龙、骐驎、凤皇。

> 夫儒者之言，有溢美过实。瑞应之物，或有或无。夫言凤皇、骐驎之属，大瑞较然，不得增饰；其小瑞征应，恐多非是[①]。

所谓"大瑞较然"，小瑞"恐多非是"，不过是王充的一厢情愿罢了。此处"黄龙""骐驎""凤皇"并列作为大瑞，小瑞虽未罗列，但二者对举，可见东汉之世虽然尚未建立严整的祥瑞等级序列，但大致的级差观念已经存在。

汉魏六朝以来，统治者和反乱者，莫不借助谶纬符瑞来宣扬自己为天命所属。隋末群雄并起，符瑞亦层出不穷。唐高祖、太宗在争夺政权过程中都曾运用谶瑞，深知其利害，即位以后，为防止他人利用，加以严格控制[②]，所以在祥瑞等级和表奏程序上的管制也趋于严格。贞观二年（628）九月，唐太宗还特为此下《诸符瑞申所司诏》：

> 自昔帝王受天明命，其有二仪感德，百灵效社，莫不君臣动色，歌颂相趋。朕恭承大宝，情深夕惕，每见表奏符瑞，惭恧增怀。且安危在乎人事，吉凶系于政术。若时主昏虐，灵贶未能成其美；如治道休明，咎征不能致其恶。以此而言，未可为恃。今后

---

① 黄晖《论衡校释》，北京：中华书局：1990年，第752—754页。
② 丁煌《唐高祖太宗对符瑞的运用及其对道教的态度》，原刊《成功大学历史学报》第2期，1975年。此据《汉唐道教论集》，北京：中华书局，2009年，第54—72页。

麟、凤、龟、龙大瑞之类，依旧表奏。自外诸瑞，宜申所司。奏者惟显在物色目及出见处，更不得苟陈虚饰，徒致浮词①。

从诏书可知，列入禁奏名单的，并不是所有祥瑞，麟、凤、龟、龙等大瑞，则不在禁限，而是依旧表奏。此后，武宗下《令诸道不得奏祥瑞诏》，令"三等祥瑞，并不得更有闻奏"②；宪宗亦曾下《禁奏祥瑞及奇禽异兽诏》，令"自今已后，所有祥瑞，但令准式申报有司，不得上闻"③，主导思想仍秉承太宗诏。所谓"三等祥瑞"及所依之"式"，即见于《唐六典》之规定。唐代对祥瑞的物名、等级的划分以及认定的程序，是有法典明文规定的。《唐六典》卷四《尚书礼部》中的条文，对于我们理解文献中出现的祥瑞品目、等第以及评估其政治意义，非常有用，具引如下：

> 凡祥瑞应见，皆辨其物名。若大瑞，（大瑞谓景星、庆云、黄星真人、河精、麟、凤、鸾、比翼鸟、同心鸟、永乐鸟、富贵、吉利、神龟、龙、驺虞、白泽、神马、龙马、泽马、白马赤髦、白马朱鬣之类，周印、角端、獬豸、比肩兽、六足兽、兹白、腾黄、驹骎、白象、一角兽、天鹿、鳖封、酋耳、豹犬、露犬、玄珪、明珠、玉英、山称万岁、庆山、山车、象车、乌车、根车、金车、朱草、屈轶、蓂荚、平露、蕈莆、蒿柱、金牛、玉马、玉猛兽、玉瓮、神鼎、银瓮、丹甄、醴泉、浪井、河水清、江河水五色、海水

---

① 《唐大诏令集》卷一一四，北京：商务印书馆，1959 年，第 594 页。

② 此道诏书，《唐大诏令集》已收，但未注时代（第 594 页）。今据《册府元龟》卷六五《帝王部·发号令第四》，系于开成三年（838）五月（王钦若等编纂、周勋初等校订《册府元龟》，南京：凤凰出版社，2006 年，第 690 页）。李希泌主编《唐大诏令集补编》（上海古籍出版社，2003 年，第 1407 页，1410 页）以为未收而辑入，改标题为《祥瑞不须闻奏并申牒所司诏》，且误注为开元三年，盖编者失检，致有此谬。

③ 《全唐文》卷五九，影印本，北京：中华书局，1990 年，第 637 页上。《唐大诏令集》题为《不许奏祥瑞诏》（第 594 页），盖标题略异，李希泌主编《唐大诏令集补编》误以为二，复加辑入。

不扬波之类，皆为大瑞。）上瑞，（谓三角兽、白狼、赤罴、赤熊、赤狐、赤兔、九尾狐、白狐、玄狐、白鹿、白麋、白兕、玄鹤、赤乌、青乌、三足乌、赤燕、赤雀、比目鱼、甘露、庙生祥木、福草、礼草、萍实、大贝、白玉赤文、紫玉、玉羊、玉龟、玉牟、玉典、玉瑛、黄银、金藤、珊瑚钩、骇鸡犀、戴通璧、玉瑠璃、鸡趣璧之类，皆为上瑞。）中瑞，（谓白鸠、白乌、苍乌、白泽、白雉、雉白首、翠鸟、黄鹄、小鸟生大鸟、朱雁、五色雁、白雀、赤狐、黄罴、青燕、玄貉、赤豹、白兔、九真奇兽、流黄出谷、泽谷生白玉、琅玕景、碧石润色、地出珠、陵出黑丹、威绥、延喜、福并、紫脱常生、宾连阔达、善茅、草木长生，如此之类，并为中瑞。）下瑞，（谓秬秠、嘉禾、芝草、华苹、人参生、竹实满、椒桂合生、木连理、嘉木、戴角麕鹿、驳鹿、神雀、冠雀、黑雉之类为下瑞。）皆有等差①。

虽然祥瑞的类目不是一成不变的。但佛教的神祇，因为与传统祥瑞思想不合，即使是非常佞佛的皇帝，无论是令式还是"瑞牒"，都是不可能列入的。不过，归义军却不理会这些规矩，公然把神佛作为"尚书祥瑞之应"大肆宣扬，充分展示了归义军不仅在政权组织上具有很强的独立性，在意识形态领域也是自说自话，自成一格。至于是否敦煌经历吐蕃统治之后，由于胡人或胡化汉人对于符瑞这种汉文化系统的政治话语，已完全感到陌生，因而需要借助佛教作为奥援，是一个值得思考的问题。可惜目前没有任何材料支持这一假说。

2. 龙兴紫盖

"龙兴紫盖"一般用作象征帝王车驾，悟真用于张议潮身上，难免有僭越之嫌。龙作为祥瑞最为常见的一大门类，史籍中记录比比皆是。

---

① 《唐六典》，北京：中华书局，1992年，第114—115页。核以广池本，第89页下至90页下。其中"周印""角端""玉典""流黄出谷"，据牛来颖《唐代祥瑞名物辨异》（《世界宗教研究》1999年第2期，第128—129页）意见校改。

敦煌所出 P. 2683《瑞应图》，上半幅为彩绘图像，下半幅为画像解说，即所谓"图经"或"图赞"之类。存图二十二帧，或有目无图，或有文无图，不一一对应。主要内容为龟、龙、凤凰之部。文中征引经史诸子典籍及古佚谶纬、符瑞之书甚夥，如《礼记》《大戴礼》《文子》《淮南子》《月令章句》《魏文帝杂事》《括地图》《春秋演孔图》《龙鱼河图》《尚书中候》《春秋运斗枢》《春秋元命苞》《孝经援神契》《礼升威仪》《礼稽命征》《孙氏瑞应图》等，极富辑佚和校勘价值。龙之部列有"交龙""天龙""青龙""赤龙""黄龙""玄龙""蛟龙""神龙""黑龙""白龙"等。以黄龙条目最多，且颇为难得的是，保存了两幅构图不同的画像，绘画精妙，神姿俨然，但图下赞文大同小异，之所以重出，估计抄自不同底本之故。图赞之一校录如下：

　　黄龙

　　四龙之长也。不洒池而渔，〔德〕至渊泉，则黄龙游于池。能高能下，能细能精，能幽能冥，能短能长，乍存乍亡[①]。

　　在敦煌历史上，曾经出现的祥瑞记录，以《沙州都督府图经》收录最为集中。此图经写本有 P. 2005、P. 2695、P. 5034 三号。其中以 P. 2005，即卷三保存较为完整[②]。诸家录文中以李正宇校注者最为精审并便于使用[③]。辑录卷三中的白龙和黄龙条目如下：

　　白龙

　　右，唐武德五年夏四月癸丑，白龙见于平河水边，州司录奏。

　　黄龙

　　右，唐弘道元年腊月，为高宗大帝行道。其夜，崇教寺僧徒都

---

① 《法藏》(17)，上海：上海古籍出版社，2001 年，第 238 页下。按，此与《宋书》(796 页) 文字几乎完全相同，可见此类瑞应图赞有共同的母本。

② 写本概况及学术史介绍，参看张弓主编《敦煌典籍与唐五代历史文化》，北京：中国社会科学出版社，2006 年，第 504—508 页。

③ 李正宇《古本敦煌乡土志八种笺证》，兰州：甘肃人民出版社，2008 年，第 42—144 页。

集及直官等，同见空中有一黄龙见，可长三丈以上，髯须光丽，头目精明，首向北斗，尾垂南下。当即表奏，制为上瑞。[①]

其中亦以黄龙一条描述最详，不仅细述其长度、状貌、头尾朝向，较之《瑞应图》"乍存乍亡"之类的抽象叙述，要具体得多，而且还强调这是崇教寺僧徒都集及直官等共同见证[②]，言之凿凿。表奏之后，制为上瑞，也是严格遵照令式执行的。不过，在《唐六典》中，龙是大瑞，此处却认定为上瑞，可能是高宗至玄宗时期祥瑞等级划分标准有所调整之故。张议潮"龙兴紫盖"之龙究竟为何等模样，或许诗中另有描述，但序文连颜色都未提及。

3. 圣鸟

"池现圣鸟"，没有明言是什么样的鸟。幸而另有沙州文人作诗颂此事，诗云：

> 圣鸟庚申降此间，正在宣宗习化年。从□（此）弃蕃归大化（大中二年也），经营河陇献唐天。继嗣秉油（献）还再至，羽毛青翠泛流泉。□诗必有因承雨，□□（教）天子急封禅[③]。

从此诗我们可以得知，圣鸟羽毛青翠，并且能泛游流泉，似乎是一种水鸟，出现的时间是在庚申之日，似乎又与道教庚申信仰有关[④]。

---

① 《法藏》（1），上海：上海古籍出版社，1995 年，第 59，60—61 页；李正宇《古本敦煌乡土志八种笺证》，第 55—56 页。

② 崇教寺，敦煌僧寺，在莫高窟。参看李正宇《敦煌地区古代祠庙寺观简志》，《敦煌史地新论》，台北：新文丰出版公司，1996 年，第 71—72 页。

③ S. 3329V，《英藏敦煌文献》（5），成都：四川人民出版社，1992 年，第 45 页。下简称《英藏》。录文参徐俊纂辑《敦煌诗集残卷辑考》，第 179 页。

④ 有关庚申信仰的研究，参看窪德忠《庚申信仰》，東京：山川出版社，1956 年；另，同氏编《庚申·民間信仰の研究》，京都：同朋舍，1978 年。其在敦煌的流行，参看游佐昇《敦煌文献より見た唐五代における民間信仰の一側面》，《東方宗教》第 57 號，1981 年，第 55—70 页；姜伯勤《敦煌所见的道教庚申信仰》，《敦煌艺术宗教与礼乐文明——敦煌心史散论》，北京：中国社会科学出版社，1996 年，第 310—311 页。

这很有可能是附会神话传说中的"青鸟"。《山海经·西山经》："又西二百二十里，曰三危之山，三青鸟居之。"郭璞注："三青鸟，主为西王母取食者，别自栖息于此山也。"[①] 三危山，本神话传说之山，但后来被附会为敦煌附近的山峰，青鸟为西王母取食，因而被视为祥瑞[②]。青鸟既然栖息于敦煌三危山，归义军由此导入青鸟祥瑞，可谓"顺理成章"。又，《艺文类聚》卷九一引《汉武故事》："七月七日，上（汉武帝）于承华殿斋。正中，忽有一青鸟从西方来，集殿前。上问东方朔，朔曰：'此西王母欲来也。'有顷，王母至，有二青鸟如乌，侠侍王母旁。"[③] 归义军"弃蕃归大化"，可与西王母朝见汉武帝相比拟，因而以青鸟为征应，可谓甚为相宜。

在十六国时期酒泉丁家闸五号墓壁画中，西壁第二层，盈月下为西王母，坐于若木树上，座下左侧绘九尾狐，右侧为三足乌，下部为山峦，山峦间有三只青鸟，或立或飞[④]。画面所展示的应该就是这一神话的图解。（图2-2）

4. 嘉禾

"嘉禾合颖，麦秀两岐"，自汉代以来，便是最为常见的祥瑞。画像石中也有不少表现此类题材的图像[⑤]。史志中，一般还会注明一茎几穗，如有一茎五穗、六穗、七穗、九穗，乃至二十三穗者[⑥]。尽管在后来的祥瑞的等级序列中，嘉禾只是位居末等的"下瑞"，但有唐立国之

---

① 袁珂《山海经校注》，上海：上海古籍出版社，1980年，第54页。
② 松田稔《〈山海經〉における瑞祥》，《漢文學會會報》第27辑，1981年，第20—30页。
③ 《艺文类聚》，上海：上海古籍出版社，1985年，第1577—1578页。又，《宋本艺文类聚》，上海：上海古籍出版社，2013年，第2340页。
④ 甘肃省文物考古研究所编《酒泉十六国墓壁画》，北京：文物出版社，1989年，文字描述，第5页；彩色图版，见书后所附西顶部分。
⑤ 周保平《汉代画像石中的吉祥植物》，《农业考古》2008年第1期，第130—131页。
⑥ 《南齐书》，北京：中华书局1972年，第362页。

图 2-2 甘肃酒泉丁家闸五号墓西壁的西王母、九尾狐、三足乌和青鸟

初，对于嘉禾之瑞还是颇为重视的。高祖皇帝还曾特下《献嘉禾教》，授献嘉禾人朝散大夫。文曰：

> 嘉禾为瑞，闻诸往策。逮乎唐氏，世有兹祥。放勋获之于前，叔虞得之于后。孤今纠合，复逢灵贶。出自兴平，来因善乐。休征伟兆，何其美欤！顾循虚薄，未堪当此。呈形之处，须表天休。送嘉禾人兴平孔善乐，宜授朝散大夫，以旌嘉应[①]。

敦煌献嘉禾的记录，见于 P. 2005《沙州都督府图经》卷三引《西凉录》："凉王庚子五年六月，燉煌献嘉禾、木连理，柳树生杨牧（枚）。"[②]嘉禾等级虽低，张议潮之瑞应却须提及，大概是因为根据权威的孙氏《瑞应图》："王者德茂嘉禾生。一本云：世太平则生。又曰：德茂则二苗共秀而生。"[③]

---

① 《全唐文》卷一，第 17 页下。
② 《法藏》（1），第 59 页；李正宇《古本敦煌乡土志八种笺证》，第 55 页。
③ 刘庚《稽瑞》引，丛书集成本，702 册，第 18 页。

5. 同心苽梨

嘉瓜两体同蒂，甚至八瓜共蒂，亦见于《宋书·符瑞志下》[①]。但梨并不是一般祥瑞书的常见类目，最著名的例子也是出自敦煌。P. 2005《沙州都督府图经》卷三引《西凉录》："同心梨：右，《后凉录》：吕光麟庆（嘉）元年，燉煌献同心梨。"[②] 沙州本以盛产瓜果著称，归义军既然以归义为名，为表示"竭诚输忠"，"葵心向阳"，"苽瓠同心，梨杏李结"的"同心"之果，自然成了最佳的符号。

6. 野蚕成茧

"野蚕成茧"，是"瑞牒"应有条目。《稽瑞》"蚕则野茧，谷则田稻"条下收录了三则事例：

> 《东观汉记》曰：光武建武二年，野谷自生，野蚕自茧，披于山阜，民收其利。其后耘蚕稍广，二物渐息。

> 《吴书》曰：黄龙二年，野蚕成茧，大如卵。

> 《齐书》曰：高帝建元二年，郢州监利县天井湖水色忽澄清，山（出）绵，百姓采以为纩。武帝永明三年，护军府门外檽树一株，并有蚕丝绵被茎。[③]

《稽瑞》所载唐以前的例证未言其数量，亦未提及可用野蚕茧织成丝绢。贞观十一年（637）以降和文宗开成二年（837）的野蚕之瑞则迈超前代：

> （贞观）十一年六月六日，滁州言，野蚕成茧，遍于山阜。至十三年，野蚕又食槲叶成茧，大如奈，其色绿，凡收六千五百七十石。至十四年六月，又收八千三百石。

> 开成二年十月，陈许蔡界内，野蚕自生桑上，三遍成茧，连绵

---

① 《宋书》卷二九，第 833—834 页。

② 《法藏》（1），第 58 页；李正宇《古本敦煌乡土志八种笺证》，第 55 页。

③ 刘庚《稽瑞》，第 44 页。所引《齐书》文字，"山绵"，《南齐书·祥瑞志》，作"出绵"；"树"，作"桑树"。见第 365 页。

九十里。百姓收拾，并得抽丝得丝绵，并织成紬绢。①

贞观十一年滁州所言"野蚕成茧，遍于山阜"，显然承袭《稽瑞》所述《东观汉记》所载光武帝故事，只是大而化之的报告，尚不敢举具体数量。至贞观十三年竟言达"六千五百七十石"；贞观十四年，攀升至"八千三百石"；开成二年则"连绵九十里"，一个比一个夸张，可见地方州县竞相表奏祥瑞风气之甚。

有意思的是，野蚕成茧之所以成为祥瑞，可能还与野蚕丝可以织成珍贵舶来品"氍毹"有关。唐末著名博物学著作段公路《北户录》"香皮纸"条崔龟图注引《魏略》云："大秦国以野茧织成黄、白、黑、绿、紫、绛、绀、金黄、缥、留黄十种氍毹。"② 龚缨晏利用国外考古资料考证古代地中海地区确实曾用野蚕丝进行纺织，即西文文献中的"科斯丝绸"，中国家蚕所产蚕丝织成的丝绸，是公元前 6 世纪可能沿着草原之路传入西方的③。假如其结论无误，则《魏略》所载并非传闻虚语。不少舶来品，由于"物以稀为贵"及其所承载的异域圣境的瑰丽想象，得以列入祥瑞。④ 前文所引《唐六典》所举"骇鸡犀""璧琉璃"等，均属此类。祥瑞的发现和类目的增加，其实与博物学著作所塑造的自然观有很大的关系。⑤ 大秦国野蚕丝织成的氍毹很有可能促成了

① 王溥《唐会要》卷二八，二九，上海：上海古籍出版社，1991 年，第 619页，627 页。

② 《北户录》卷三，十万卷楼丛书本，叶 8B。

③ 龚缨晏《西方早期丝绸的发现与中西文化交流》，《浙江大学学报》（人文社会科学版）第 31 卷第 5 期，2001 年，第 76—84 页。

④ 薛爱华（E. H. Schafer）曾讲过一段意味深长的话："舶来品的真实活力存在于生动活泼的想象的领域之内，正是由于赋予了外来物品以丰富的想象，我们才真正得到了享用舶来品的无穷乐趣。"谢弗《唐代的外来文明》，吴玉贵译，北京，中国社会科学出版社，1995 年，第 2 页。另，拙文《屈支灌与游仙枕：汉唐龟兹异物及其文化想象》对此有较为详细的阐发。见《复旦学报》（社会科学版），2010 年第 6 期，第 30—41 页。

⑤ 铃木正弘《段公路撰〈北户录〉について——唐末期の嶺南に關する博物學の著述》，《立正史學》第 79 號，第 27—28 页。

中国的"野蚕成茧"被视为珍异现象，从而成为祥瑞之一。

7. 甘露

甘露降，也是常见的祥瑞[①]。甘露所代表的含义，按照《孝经援神契》的说法："王者德至于天，则甘露降。"[②] 此前敦煌的记录，一次是在武德六年（623），还有一次是垂拱四年（688）。《沙州都督府图经》卷三：

> 甘露
>
> 右，武德六年六月己酉，甘露降，弥漫十五里。
>
> 甘露
>
> 右，唐垂拱四年，董行靖园内，[③] 甘露降于树上，垂流于地，昼夜不绝。[④]

垂流于地，或弥漫多少里云云，也多少还是有点故弄玄虚的味道。崔融《为百官贺断狱甘露降表》则较为写实，虽然仍是文学化的语言，但详细形容了甘露的物质形态，并且除了具引《稽命征》《孙氏瑞应图》《白虎通》《鹖冠子》的说法外，提出还有诸书未备之义，那就是断狱均平，恤刑施德：

> 巽风未行，甘露频降，亦何止言善而星退，躬祷而云来？夫其素液繁洒，芳滋丰溢，丛骈六气之英，摇动二仪之粹。匝园林而并润，溥郡邑而同沾，汉宫无假于玉杯，魏殿不劳于琼爵。臣等谨按：甘露者，美露也，一名膏露，一名天酒。其凝如脂，其甘如饴，盖神灵之精，仁瑞之泽。《稽命征》云："称谥正名，则苇竹

---

① 宋天瀚《帝制中国前后"甘露"物质文化想象之研究》（台北：致知学术出版社，2017 年）专门论述"甘露祥瑞"，可参看。

② 安居香山、中村璋八辑《纬书集成》，石家庄：河北人民出版社，1994 年，第 973 页。

③ 董行靖，一作董行端，据同卷记载，调露元年（679）报告园内木生连理者，亦是此敦煌乡董行端。

④ 《法藏》（1），第 60 页；李正宇《古本敦煌乡土志八种笺证》，第 56 页。

受甘露。"《孙氏图》云："王者和气茂，则降于草木，食之寿。"
《援神契》云："天子刑于四海，德洞沦溟，则甘露降。"《鹖冠子》
曰："圣人之德，上及太清，下及太宁，中及万灵，则膏露下。"
《白武（虎）通》云："甘露之降，则百物无不盛也。"陛下俯回冲
眷，亲定律文，必也正名，果符稽命。是使孟坚持论，谈功德而未
详；抱朴裁书，称太平而不尽①。

《沙州都督府图经》只说甘露降于树上，没有说是什么树。不如
《南齐书·祥瑞志》言之较详，除了明确指出时间、地点外，还指明了
树种，例如松树、石榴树、桐树、李树、桃树等②。不过，武德九年
（626）所降甘露，虽然也降于桐树，但与前代颇有不同之处："甘露降
于中华殿之桐树，凝泫如冰雪，以示群臣。"③奏进祥瑞，因为颇具地
方向中央显示忠诚的政治表演的色彩，并掺杂了实际利益，于是地方官
吏和士民百姓莫不望风承旨，伺机而动，故而"野人献瑞"之类，史
不绝书。但反过来，皇帝将祥瑞以示群臣，实属特例。如冰雪状，大概
就是为了便于晓示而设置。

由于甘露不易用画面表现，因此图像资料比较少见。《李翕黾池五瑞
图》摩崖刻石为我们提供了一则很好的例证。五瑞之一的甘露降临图像是
用一棵树和树下人物共同表现的，画像旁还加了"甘露降"和"承露人"
的榜题④。构思十分朴素直观，大概是为了便于识别⑤。（图 2-3）

《白虎通》云：

> 天下太平，符瑞所以来至者，以为王者承天统理，调和阴阳，
> 阴阳和，万物序，休气充塞，故符瑞并臻，皆应德而至。德至天，

---

① 《全唐文》卷二一八，第 2205 页上。
② 《南齐书》卷一八，第 361—362 页。
③ 《唐会要》卷二八，第 619 页。
④ 笔者调查之拓片原件为中研院史语所藏本，登录号 19806。图版可见林巳奈夫
《漢代の神々》，京都：临川书店，1989 年，附图 45。
⑤ 参看张从军《两汉祥瑞与图像》，《民俗研究》2008 年第 1 期，第 115—116 页。

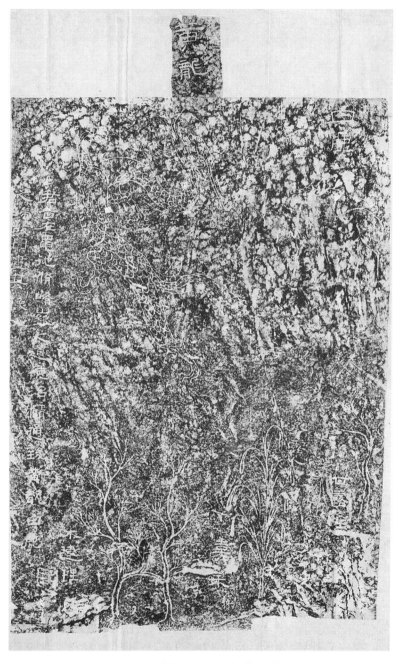

图 2-3 《李翕黾池五瑞图》拓本

则斗极明，日月光，甘露降。德至地，则嘉禾生，蓂荚起，秬鬯出，太平感。德至文表，则景星见，五纬顺轨。德至草木，则朱草生，木连理。德至鸟兽，则凤皇翔，鸾鸟舞，麒麟臻，白虎到，狐九尾，白雉降，白鹿见，白乌下。德至山陵，则景云出，芝实茂，陵出黑丹，阜出蓂莆，山出器车，泽出神鼎。德至渊泉，则黄龙见，醴泉涌，河出龙图，洛出龟书，江出大贝，海出明珠。德至八方，则祥风至，佳气时喜，钟律调，音度施，四夷化，越裳贡①。

钟肇鹏指出，谶纬里吸取了大量的今文经说，而《白虎通》则吸取了大量的谶纬神学。《白虎通》的这段文字，实出自《孝经援神契》。因为《白虎通》是汉代钦定的经学权威著作，所以被奉为后世的典范，从而使得谶纬的神学体系和神学内容得以继承和肯定②。此节关于"符瑞并臻"的神学仪范，随《白虎通》经典地位的确立和流行，更加深入人心。例如，王充《论衡》提到各种祥瑞同时出现，"众瑞重至"，即《白虎通》所谓"符瑞并臻"，是非常难得的稀有之事：

凡诸众瑞，重至者希。汉文帝黄龙、玉棓（杯）。武帝黄龙、麒麟、连木。宣帝凤皇五至，麒麟、神雀、甘露、醴泉、黄龙、神光。平帝白雉、黑雉。孝明麒麟、神雀、甘露、醴泉、白雉、黑雉、芝草、连木、嘉禾，与宣帝同，奇有神鼎、黄金之怪。一代之瑞，累仍不绝，此则汉德丰茂，故瑞祐多也③。

从以上分析可知，不同的符瑞，各有其象征意义，如此集中地制造并组合各式各样的祥瑞，是为了制作一幅齐备的众瑞重至的"瑞应图"，为当时立足未稳的归义军树立威权，提供神学和舆论上的支撑。

---

①　陈立《白虎通疏证》卷六，北京：中华书局，1994 年，第 283—285 页。
②　钟肇鹏《谶纬论略》，沈阳：辽宁教育出版社，1991 年，第 140—146 页。
③　《论衡校释》卷一九，第 830 页。

第二节 "绍圣继统"：金山国立国与祥瑞制造

敦煌制造祥瑞达到登峰造极的地步，是在张承奉称帝，建立金山国前后。如荣新江教授所言："从宗教信仰来看，张承奉不能算是一位佛教徒，他大概更迷信于阴阳五行谶纬之说。"[①] 五凉一直流传"白衣自立为主"践祚称帝的谣谶，传布极广[②]。张承奉得知唐已亡的消息后，即执此谶言为天命在己，图谋履九五之尊。登基之前，节度左都押衙安怀恩，州县僧俗官吏，二州六镇耆老及通颊、退浑十部落，三军蕃汉百姓一万人上表劝进[③]。为制造声势，各种符瑞应时而生。

1. 青光赤符

辛未年（911）春正月，官方举行四门结坛仪式，中间建佛顶之场，令缁素转经七日，祈愿国泰民安，五稼丰登，卫护疆场，刀兵永罢。在此仪式上宣读的《四门结坛转经文》[④]，第三篇中有"如斯恳仰，谁知（之）作焉，则我令公圣文神武，先奉为国泰人安，刀兵永罢"，

① 荣新江《归义军史研究——唐宋时代敦煌历史考索》，第 276 页。

② P.2632《手决一卷》，《法藏》（17），第 8 页下。相关研究参看王重民《金山国坠事零拾》，原载《北平图书馆馆刊》第 9 卷第 6 期，收入《敦煌遗书论文集》，北京：中华书局，1984 年，第 85—115 页；Carole Morgan, "Mayhem on the Northwest Frontier", Jean-Pierre Drège ed., *Cahiers d'Extrême-Asie*, Vol. 11: *Nouvelles études de Dunhuang Centenaire de l'École française d'Extrême-Orient*, 2000, P. 183 – 215.

③ S.4276《管内三军百姓奏请表》，《英藏》（6），成都：四川人民出版社，1992 年，第 18 页上。录文参唐耕耦等《敦煌社会经济文献真迹释录》（4），北京：全国图书馆文献缩微复制中心，1990 年，第 386 页。

④ P.2838《转经文》三篇，无纪年，据笔者关于金山国史事编年考证，系于911 年。正月转经之习俗，隋初即已形成，有唐承之。此三篇《转经文》，想是七日城上转经中间三日所讽颂。其一"厥今霞开玉殿，敦（敷）备琼宫，太岁金容，与日月争辉"；其三"是时也，三春首朔，四序初分"云云，可证必为正月事。见《法藏》（19），上海：上海古籍出版社，2001 年，第 65 页上、66 页上。

第二篇中有"遂请十方大士，遍弘愿以护疆场，三世如来，传慈悲以安万姓"，可知为金山国立国不久，即征战不息，故举行四门结坛仪式，祈愿安宁。但即使在这样的场合，歌颂的主体并非佛法，而是金山天子的符瑞。现节引第一篇关键段落如下：

> 伏惟我令公，膺天明命，握符而理金浑，运属璇枢，启天心而承霸业。是以圣人诞世，必候时而膺图；睿哲降祥，亦盘桓而独秀。况上标文星，深藏武德；乘时御宇，岂不休哉！

> 如斯弘阐，谁知（之）作焉，则我金山圣文神武天子，先奉为国泰人安，无闻征战之名；五稼风（丰）登，保遇尧年之乐。次为己躬福庆，延寿于万龄，合宅宫人，愿宁清吉诸（之）所建也。伏惟我金山圣文神武天子，抚运龙飞，乘乾御宇，上膺青光赤符之瑞，下被流虹绕电之祯，按图而广运睿谟，理化而殊方款塞。①

按，青光，指汉光武帝刘秀居处之地所见"郁郁葱葱"之气。《后汉书·光武帝纪》之史臣论曰：

> 后望气者苏伯阿为王莽使至南阳，遥望见春陵郭，唶曰："气佳哉！郁郁葱葱然。"……初，道士西门君惠、李守等亦云刘秀当为天子。其王者受命，信有符乎？不然，何以能乘时龙而御天哉②！

赤符，则指刘秀受命之赤伏符。见《后汉书·光武帝纪上》③。据黄复山所考，直至刘秀即位，并不存在赤伏符，只是称为"谶记"④。但后世多以为此谶出于刘秀出生之前，因而享有盛名，以至用来泛指帝

---

① 《法藏》（19），第65页下、65页上；录文参王重民《金山国坠事零拾》，《敦煌遗书论文集》，第110—114页。

② 《后汉书》卷一下，北京：中华书局，1965年，第86页。

③ 《后汉书》卷一上，第21—22页。

④ 黄复山《东汉图谶赤伏符本事考》，《东汉谶纬学新探》，台北：学生书局，2000年，第21—68页。

王受命的符瑞。《转经文》亦援引此例以比拟张承奉当握符膺命即金山国天子之位。在另一首文学作品《龙泉神剑歌》中，张承奉所应之"天符"系影射光武帝刘秀的赤伏符的意味也很明显：

> 龙泉宝剑出丰城，彩气冲天上接辰。不独汉朝今亦有，〔金〕鞍山下是长津。天符下降到龙沙，便有明君膺紫霞。天子犹来是天补，横截河西作一家。堂堂美貌实天颜，□德昂藏镇玉关。国号金山白衣帝，应须早筑拜天坛。日月双旌耀虎旗，御楼宝砌建丹墀。出警从兹排法驾，每行青（清）道要先知。我帝金怀海量□（宽），目似流星鼻笔端。相好与尧同一体，应知天分数千般。一从登极未逾年，德比陶唐初受禅。百灵效社贺鸿寿，□（足）踏坤维手握乾。明明圣日出当时，上膺星辰下有期。……①

2. 流虹绕电

"流虹"者，出《诗含神雾》："握登见大虹，意感而生帝舜。"②绕电者，《河图始开图》："黄帝名轩，北斗黄神之精，母地祇之女附宝，之郊野，大电绕斗，枢星耀，感附宝，生轩，胸文曰：'黄帝子'。"③总之，以上都是套用纬书中所载上古圣君感生神话，④表明张

---

① P.3633，《法藏》（26），上海：上海古籍出版社，2002年，第158页下；徐俊纂辑《敦煌诗集残卷辑考》，第807—808页。

② 安居香山、中村璋八辑《纬书集成》，第462页。

③ 安居香山、中村璋八辑《纬书集成》，第1105页。

④ 关于纬书中记录的"皇帝"传说及其感生事迹的精微论考，有周予同《纬谶中的"皇"与"帝"》，朱维铮编校《周予同经学史论》，上海：上海人民出版社，2010年，第289—334页。圣王神话的结构，尤其是感生类型的分析，参看冷德熙《超越神话——纬书政治神话研究》，北京：东方出版社，1996年，第97—102页。以《尚書中候》为中心的个案研究，可参看間嶋潤一的一系列成果：《〈尚書中候〉における殷湯の受命神話について》，《中國文化：研究と教育：漢文學會會報》第54號，1996年，第16—28頁；《〈尚書中候〉における周の受命神話について》，《香川大學教育學部研究報告》第I部，1996年，第99，81—110頁；《〈尚書中候〉の受命神話—皋陶・秦の穆公の場合》，《香川大學國文研究》31，2006年，第18—25頁。

承奉与先代圣王一样，是生而为"膺天承命"之天子。这种手法与汉高祖如出一辙。汉高祖出身卑贱，但既然为汉帝国的始祖，必须确立绝对权威。纬书通过对先代帝王血统系谱的建立，将高祖神权化，对于神权统一国家的形成和万民统治体制的确立，功不可没。[①] 张承奉不过是后世众多的效法者之一而已。

3. 白雀

金山国新立，张承奉锐意恢复归义军旧地，欲御驾亲征，为百僚劝谏乃止，遂命罗通达率兵讨鄯善之璨微部落，开通于阗道路。楼兰之役，开始进展尚算顺利，收复两城，又乘胜追击，回师北征伊吾。然已师劳兵疲，与敌军相接，初战不利，又接回鹘侵疆之消息，于是退兵，无功而还。尽管如此，还师之日，金山国仍作为重大战绩，朝会庆功，大宴群臣。席间，张永进作《白雀歌》献纳以贺。张承奉时所造之具体祥瑞，主要见于这首《白雀歌》，序云：

> 伏以金山天子殿下，上禀灵符，特受玄黄之册；下副人望，而南面为君。继五凉之中兴，拥八州之胜地。十二冕旒，渐睹龙飞之化；出警入跸，将城（成）万乘之彝。八备箫韶，以像尧阶之儛，承白雀之瑞，膺周文之德。……[②]

诗云：

> 白雀飞来过白亭，鼓翅翻身入帝城。深向后宫呈宝瑞，玉楼高处送嘉声。白衣白韝白纱巾，白马银鞍佩白缨。自古不闻书不载，一剑能却百万兵。王母本住在昆仑，为贡白环来入秦。汉武遥指东方朔，朕感白霞天上人。紫亭南岭白狼游，为效祯祥届此州。昔日周王呈九尾，争似如今耀斗牛。白旗白绂白旄头，白玉雕鞍白瑞鸠。筑坛待拜天郊后，自有金星助冕旒。白岩圣迹俯王都，玉女乘

---

① 安居香山《緯書》（第三版），東京：明德出版社，1982 年，第 131—137 页。

② 《法藏》（16），上海：上海古籍出版社，2001 年，第 170 页上。

虚定五湖。白广三巅云缭绕，人歌圣德满长衢。金鞍山上白牦牛，摆撼霜毛始举头。绕泉百匝腾空去，保王社稷定徽猷。白山堤下白澄津，一道长河挟岸春。白悉尼花连万朵，王向东楼拥白云。东苑西园池白苹，白渠流水好阳春。六宫尽是名家子，白罗婵约玉颜新。平河北泽白龙宫，贺拔为王此处逢。昨来再起兴云雨，为赞君王瑞一同。嵯峨万丈耸金山，白雪凝霜古圣坛。金鞍长挂湫南树，神通日夜助王欢。山出西南独秀高，白霞为盖绕周遭。山腹有泉深万丈，白龙时复震波涛。……楼兰献捷千人喜，敕赐红袍与上功。文通守节白如银，出入王宫洁一身。每向三危修令得，惟祈宝寿荐明君。寡词陈白未能休，笔势相摧白汗流。愿见金山明圣主，延龄沧海万千秋。

颂曰：

白银枪悬太白旗，白虎双旌三戟枝。五方色中白为上，不是我王争得知。楼成白璧耸仪形，蜀地求才赞圣明。自从汤帝升霞后，白雀无因宿帝廷。今来降瑞报成康，果见河西再册王。韩白满朝谋似雨，国门长镇在燉煌。[①]

关于《白雀歌》之创作年代，诗前小序已明确提及金山天子，且诗文中之造词遣句，非帝王不能用之，所以不应像王重民先生《零拾》所云，是劝进之作，而应撰于建国之后。诗中极力渲染征楼兰之事，故疑为师还献捷，朝会庆功之时进上，成文当在同年八月至年末之间。

又，关于《白雀歌》的作者问题，卢向前以为《龙泉神剑歌》之作者题江东张进，而《白雀歌》之作者题三楚渔人张永进，比较此二歌，不但思想感情无异，遣词造句亦多相似，两歌作者应是同一人[②]。

---

① P. 2594+P. 2864+李海舟藏卷，《法藏》（16），第 170 页上至页下；《法藏》（19），第 180 页上至 181 页上。《白雀歌》录文，参颜廷亮《〈白雀歌〉新校并序》，《敦煌学辑刊》1989 年第 2 期，第 60—69 页；徐俊纂辑《敦煌诗集残卷辑考》，第 771—774 页。

② 卢向前《金山国立国之我见》，《敦煌学辑刊》1990 年第 2 期，第 22 页。

据李正宇观察，《龙泉神剑歌》标题之下署"吏部尚书臣张某乙撰进"，款署上方偏左，又有"大宰相江东"五字，字形较大，书体有别，当为后来添加者。李正宇云，以情理度之，此歌既为呈献"金山国天子"之作，署"宰相"则可，前冠"大"字则不可，岂有对天子而妄诩"大"之理？"大宰相"云云必非当时所题。金山国期间，身为宰相兼御史大夫而更姓张者，唯有张文彻。故《龙泉神剑歌》、《张安左邈真赞》等之作者非张文彻莫属。吏部尚书相当于古之"冢宰"，为百官之长。冢者，大也，敦煌称"大宰相"殆亦古习之遗①。若然，则永进可能为名，文彻可能为字。

《白雀歌》中罗列了多达数十种的白色瑞物，其思想亦当远袭"殷人尚白"的观念而来。在甲骨刻辞中有一片非常著名的"小臣墙刻辞"，内容为一次战争的俘获与赏赐的记录。最近，刘钊先生重新进行了释读，认为刻辞中的"白麟"是出土文献中最早而且是目前仅见的关于"白麟"祥瑞的记录，同时也是中国历史上最早的祥瑞记录，并进而指出，后世认为晚出的许多古代的思想观念，其实既不晚出，也非伪造，而是有着非常深厚的背景和久远的来源②。这一论断是很有启发性的。

作为诗作主题的白雀，在南朝以来的祥瑞志中极为多见。《宋书·符瑞志》即有数十条③。《南齐书·祥瑞志》中有十余条，自永明元年（483）至十年间，几乎每年都有"获白雀一头"的记录，甚至有一年二度者。④ 敦煌此前的记载，是在高宗咸亨二年（671）。

《沙州都督府图经》卷三：

---

① 李正宇《敦煌文学杂考二题》，中国敦煌吐鲁番学会语言文学分会编纂《敦煌语言文学研究》，北京：北京大学出版社，1988年，第96—99页。

② 刘钊《"小臣墙刻辞"新释——揭示中国历史上最早的祥瑞记录》，《复旦学报》（社会科学版）2009年第1期，第4—11页。

③ 《宋书》卷二九，第843—847页。

④ 《南齐书》卷一八《祥瑞志》，第357页。

白雀

右，按《西凉录》：凉王李暠庚子〔三〕年，白雀翔于靖恭堂。

白雀

右，唐咸亨二年，有百姓王会昌，于平康乡界获白雀一双，驯善不惊。当即进上。①

获白雀的地点和人物，有可能是编造或刻意安排的。平康乡，虽是沙州实有的乡镇，但特地点明，当取其平安康乐之意；"王会昌"，则喻指王道隆昌。同卷"野谷""五色鸟"等条，用来颂扬武周革命的用意更为明显：

野谷

右，唐圣神皇帝垂拱四年，野谷生于武兴川。其苗藜高四尺已上，四散似蓬，其子如葵子，色黄赤；似葵子肥而有脂，炒之作粆，甘而不热。收得数百石以充军粮。

五色鸟

右，大周天授二年一月，百姓阴嗣鉴于平康乡武孝通园内见五色鸟，头上有冠，翅尾五色，丹觜赤足。合州官人百姓并往看，见群鸟随之，青、黄、赤、白、黑五白色具备，头上有冠，性甚驯善。刺史李无亏表奏称："谨检《瑞应图》曰：'代乐鸟者，天下有〔道〕则见也。'止于武孝通园内，又阴嗣鉴得之。臣以为，阴者母道，鉴者明也，天显……"②

"武兴川"这一地名不见于其他文献，可能是临时虚构的，其意无非是武氏当兴。代乐鸟、平康乡、武孝通、阴嗣鉴，这一切显然绝非巧合，"阴者母道，鉴者明也"，这类赤裸裸的曲意附会之辞，更是表明

---

① 《法藏》（1），第 59、60 页；李正宇《古本敦煌乡土志八种笺证》，第 55—56 页。

② 《法藏》（1），第 60、61 页。

目的就是赞颂女主临朝，武周革命。[1]

既然白雀并非珍祥，且在唐代祥瑞等级中仅仅是中瑞，那为何金山国在众多祥瑞中挑选白雀作为立国的祥瑞，并在朝会的盛大场合中作为赋诗歌颂的主题呢？我认为应该是与白雀为大唐以及建都敦煌的西凉均曾以此为开国之祥瑞的象征意义紧密关联。[2]《大唐创业起居注》卷一《起义旗至发引凡四十八日》：

> 其平旦，有僧俗姓李氏，获白雀而献之。至日未时，又有白雀来止帝牙前树上，左右复捕获焉。明旦，有紫云见于天，当帝所坐处，移时不去。既而欲散，变为五色，皆若龙兽之象。如此三朝，百姓咸见，文武谒贺，帝皆抑而不受[3]。

此后，白雀作为李渊应该称帝的瑞应，不断地出现在劝进表中。《大唐创业起居注》卷三《起摄政至即真日凡一百八十三日》：

> 于是文武将佐裴寂等二千人，不谋同辞，并不肯奏诏，乃相率上疏劝进曰：……白雀呈祥，丹书授历。名合天渊，姓符桃李。君尧之国，靡不则天。星纪云周，奉时图始。……
>
> 裴寂等又依光武长安同舍人强华奉赤伏符故事，乃奏神人太原慧化尼、蜀郡卫元嵩等歌谣诗谶。慧化尼歌词曰："东海十八子，八井唤三军。手持双白雀，头上戴紫云。"[4]

因此，金山国以白雀为国瑞，首要是袭唐高祖立国之故事，以彰显上承大唐王朝之正统，为自己割据瓜沙二州自立称帝，"横截河西作一家"的合法性辩护。唐高祖之白雀呈祥及谶言，又是裴寂等依光武时强华奉赤伏符故事，这与前面所述张承奉的刻意模仿赤伏符也是遥相呼

---

① 参看李玉珉《敦煌莫高窟第三二一窟壁画初探》，《美术史研究集刊》第16期，2004年，第70—71页。

② 关于李渊称帝之瑞应，高明士先生有考证，见其《刘邦的斩蛇起义与李渊的绛白旗》，载《庆北史学》（21），1998年，第695—707页。

③ 温大雅《大唐创业起居注》，上海古籍出版社，1983年，第13页。

④ 温大雅《大唐创业起居注》，第54—56页。

应的。

其次，金山国白雀之瑞也有效法西凉李暠的成分。靖恭堂白雀祥瑞之始末，《十六国春秋·西凉录》所载较前引《沙州都督府图经》为详：

> 壬寅 （庚子）三年，正月，（李）暠于南门外临水起堂，名曰靖恭之堂，以议朝政，阅武事。……是月，白雀翔于靖恭堂，暠观之大悦，颂之①。

《白雀歌》所歌颂的其他白色祥瑞，白马、白狼、白鸠等等，其实亦莫不蹈袭西凉瑞应：

> 戊申 （建初）四年，时白狼、白兔、白雀、白雉、白鸠皆栖其园囿。其群下以为白祥，金精所诞，皆应时雍而至。又有神光、甘露、连理、嘉禾众瑞，请史官记其事。暠从之②。

西方属金，色尚白，白祥乃金精所诞，西汉金山国国号既然依此立意，白色众祥的制作也自然亦步亦趋地追慕李暠旧事。李暠的统治，虽然为时不长，但在河西留下深刻的历史记忆，尤其是曾经作为西凉都城的敦煌，遗音犹在，对李暠的崇仰，仍是地域政治文化的重要组成部分。因此张承奉重新拾取李暠这一颇具感召力的旗帜，以河西正朔自命。

再次，金山国白雀之瑞还与佛教俗讲的附会和宣传有关。P.2955《佛说阿弥陀经讲经文》引《白野鹊鄜州进》："轻毛怗（沾）雪翅开霜，红觜能深练尾长。名应玉符朝北阙，体柔天性瑞西方。不忧云路阗河远，为对天颜送喜忙。从此定知栖息处，月宫琼树是家乡。"③ 此

---

① 《十六国春秋辑补》，济南，齐鲁书社，2000 年，第 630 页。《太平御览》卷一七六《居处部四》引作《三十国春秋·西凉传》，文字夺讹较此为甚。《太平御览》，北京，中华书局影印，1960 年，第 857 页上。

② 《十六国春秋辑补》，第 636 页。

③ 《法藏》（20），上海古籍出版社，2002 年，第 216 页下；黄征、张涌泉《敦煌变文校注》，北京：中华书局 1997 年，第 704 页。

诗即薛能《郿州进白野鹊》，《全唐诗》卷五六〇收，但文字略有异同。项楚认为"因为诗中有'瑞西方'之语，所以为俗讲僧采用，作为西方弥陀的瑞鸟之一了"[①]。此诗随着讲经文而广为传播，白雀祥瑞与西方净土意象，遂播撒于信众心中，很自然地为西汉金山国所利用。

此外，与当时金山国的现实政治局势可能也不无关系。《宋书》卷二九《符瑞志下》："白雀者，王者爵禄均则至。"[②] 楼兰之战，班师回朝，金山国天子对有功将士赐以高官厚禄。或许正是为了迎合这样的时势，经过精心策划，造出白雀之瑞，并在朝会时进献《白雀歌》，作为仪式表演的一部分。

4. 白马

在著名的武梁祠画像石中残存了一条榜题"白马朱鬣，王者任贤良则至"[③]，与《宋书·符瑞志中》所载文字相同，但图已灭失。不过，在和林格尔汉墓壁画的祥瑞图中保存了一幅白马的图像。[④] 这种"白马朱鬣"似乎真的存在，至少在史传中有州县进献的记录。《周书》卷四《明帝纪》："秦州献白马朱鬣。"[⑤] 白马成为祥瑞，除了传统谶纬思想外，可能与佛教有关。白马驮经自天竺来的佛法初传中国的传说，对白马进入画像石、壁画的祥瑞图系统和祥瑞志文本系统，起了引领与助成

① 项楚《敦煌诗歌导论》，成都：巴蜀书社，2001年，第69页。

② 《宋书》，第843页。

③ 关于武梁祠中祥瑞图的榜题考释、其文本来源及相关的图像学研究，参看巫鸿著，柳扬、岑河译《武梁祠——中国古代画像艺术的思想性》，北京：生活·读书·新知三联书店，2006年，第253—263、94—124页。

④ 内蒙古自治区文物考古研究所编《和林格尔汉墓壁画》，北京：文物出版社，2007年，彩色图版，第94页；黑白摹本，第139页；文字说明，第25页。白马位于中室北壁祥瑞图的第二行，榜题存，图像剥落模糊，而且由于图版印刷较小，很难辨认。

⑤ 《周书》，北京：中华书局1971年，第56页。

的作用。[①] 敦煌本为佛教兴盛之地，会很自然地吸纳这一意象。

5. 白狼

白马之后的重要祥瑞是"为效祯祥届此州"而出现在紫亭南岭的白狼。《沙州都督府图经》卷三对武周时期的沙州白狼祥瑞，有非常详细的描述：

> 白狼
>
> 右，大周天授二年，得百姓阴守忠状称："白狼频到守忠庄边，见小儿及畜生不伤，其色如雪者。"刺史李无亏表奏："谨检《瑞应图》云：'王者仁智明哲即至，动准法度则见。'又云：'周宣王时，白狼见，犬戎服'者，天显陛下仁智明哲、动准法度、四夷宾服之征也。又见于阴守忠之庄边者，阴者臣道，天告臣子并守忠（悁）也。前件四端，诸州皆见，并是天应陛下开天统、殊征（徽）号、易服色、延圣寿，是以阳乌迭彩，暎澄海以通辉；瑞鸟擒祥，对景云而共色；胡戎唱和，识中国之有圣君；退迩讴谣，嘉大周之应宝命[②]。

李无亏所引《瑞应图》，亦见于《艺文类聚》，文字稍异，作"《瑞应图》曰：'白狼，王者仁德明哲则见。'一本曰：'王者进退、动准法度则见。'"[③] 白狼，并非像凤凰一般是虚构的动物，在生物学上，白狼又称北极狼，属犬科，是灰狼的亚种，曾广泛分布于欧亚大陆北部、加拿大北部和格陵兰北部，今已被列为二级濒危动物。文献中最早见于《山海经·西山经》："又北二百二十里，曰孟山，其阴多铁，其阳多铜，其兽多白狼、白虎，其鸟多白雉、白翟。生水出焉，而东流注于

---

① 土居淑子《古代中國の畫象石》，京都，同朋舍，1986 年，第 59、64 页。

② P. 2005，《法藏》（1），第 62 页；李正宇《古本敦煌乡土志八种笺证》，第 57 页。

③ 《艺文类聚》卷九九《祥瑞部下》，第 1717 页。

河。"① 这应该是在与北方民族接触的过程中获得的地理博物学知识，此处白狼只是作为普通山兽，并无祥瑞的意思。《瑞应图》所云"周宣王时，白狼见，犬戎服"，出《国语·周语上》："穆王将征犬戎，祭公谋父谏曰：'不可。……'王不听，遂征之，得四白狼、四白鹿以归。"韦昭注曰："白狼白鹿，犬戎所贡。"② 因为是征服犬戎所获战利品，开始蒙上一层瑞物的色彩③。汉以后，经《尚书中候》等纬书附益④，真正成为天子有道的征应。郭璞《山海经图赞》曰："矫矫白狼，有道则游，应符变质，乃衔灵钩。惟德是适，出殷见周。"⑤ 恐袭自当时习见纬书之说法。《宋书·符瑞志上》："有神牵白狼衔钩而入商朝。金德将盛，银自山溢。汤将奉天命放桀，梦及天而谒之，遂有天下。商人后改天下之号曰殷。"⑥

唐代地方州县奏进白狼的例证虽不多见，但有意思的是，崔融所撰《为魏州成使君贺白狼表》竟然极为详尽地描述了发现和捕获处置白狼的全过程，有如其亲历，实属罕见：

> 臣某言：某月日，得所部魏县申称，得令孟神符牒称，某日得佐吏长寿乡单守中状称：隆周、长寿两乡界有白狼见。臣等尝恐是虚，未敢即申。因处分诸乡，若有见者，辄令系取。某日，长寿乡致仕前游击将军上柱国朱佛儿，于长寿乡界内逢白狼，驯狎无惧人意，遂以绳络头系得随送者。臣谨按《瑞应图》云："白狼者，金

① 袁珂《山海经校注》，第 60 页。

② 《国语》，上海：上海古籍出版社，1988 年，第 1、8 页。

③ 刘敦愿认为"得四白狼四白鹿以归"并非获得珍异动物，而是应该解释为迫迁或掳掠了犬戎族的白狼与白鹿两个胞族（共八个氏族）东来。参看其撰《周穆王征犬戎"得四白狼四白鹿以归"解——兼论宝鸡茹家庄出土青铜车饰族属问题》，《人文杂志》1986 年第 4 期，第 110—113 页。可备一说。

④ 《艺文类聚》卷九九《祥瑞部下》引《尚书中候》："汤牵白狼，握禹录。"（第 1717 页）。安居香山、中村璋八《纬书集成》据以辑录，第 410 页。

⑤ 郭璞《足本山海经图赞》，上海：古典文学出版社，1958 年，第 12 页。

⑥ 《宋书》卷二七，第 764 页。

狼精也，殷汤时衔钩入于庭，王者仁智明哲即至，动准法度即见，周宣王时见而犬戎服。"伏惟皇帝陛下元期兆朕，灵命氤氲，物类有感而必通，符祥不召而总集。……谨冒死遣官奉表称贺以闻。其白狼既非常兽，臣未敢即放之山野，见令佛儿养饲。伏听进止①。

纬书所确立的白狼为君王明哲而现的上瑞观念，在文学作品中多有体现。欧阳詹《珍祥论》借汉武帝之口，大大发挥了一通：

远人率俾，天降珍祥。殷汤上感，实获白狼；周成旁浃，远致越裳。放勋曰圣，幸祀四方；武乙不淑，出有震亡。予享虞舜于九疑，吊罢民乎盛唐；登名山于华阴，俯大川乎浔阳。天清地谧，符应昭彰。是旷迹交神，致放勋之庆；修身远害，免武乙之殃。紫芝产于甘泉，白麟呈于雍畤；天马生于渥洼之域，宝鼎出于汾水之滨。风云草木，相继于时。头飞鼻饮之长，涅齿穿胸之貌。绝域款塞，无月无之。是多白狼之祉，不少越裳之珍也②。

白狼的图像学资料，我们也可以在和林格尔汉墓壁画中找到③。汉墓壁画所见的祥瑞图，在当时应该是批量生产的程序化的东西④。但是我们今天所能见到的却不是很多，并且很难将它们与文献互相印证，完全考证清楚每幅画像的具体内容、整体的构图程序、寓意及其与文献的关系。

诗中所云白狼所见之紫亭南岭，盖指寿昌县西南一百九十八里之西紫亭山。据李正宇所考，约当今阿克塞哈萨克族自治县西部之大红山，

---

① 《全唐文》卷二一八，第2207页上至页下。
② 《全唐文》卷五九八，第6042页上至页下。
③ 内蒙古自治区文物考古研究所编《和林格尔汉墓壁画》，彩色图版，第94页；黑白摹本，第139页；文字说明，第25页。白狼位于中室北壁第一行，较之白马，残蚀更为严重，基本上无法辨识。
④ 田中有《漢墓畫像石·壁畫に見える祥瑞圖について》，安居香山编《讖緯思想の綜合的研究》，東京：國書刊行會，1984年，第70页。

主峰海拔 2640 米，主峰南麓有通往于阗的故道①。偶尔有白狼自北方草原南下至此处，倒也不是绝无可能之事。

6. 白鸠

白鸠也是"殷人尚白"观念遗响之一。成汤时有白鸠之祥。张纮《为孙会稽责袁术僭号书》云："天下神器，不可虚干，必须天赞与人力也。殷汤有白鸠之祥，周武有赤乌之瑞，汉高有星聚之符，世祖有神光之征，皆因民困悴于桀、纣之政，毒苦于秦、莽之役，故能芟去无道，致成其志。"②

白鸠被与尊老和孝道联系在一起。《瑞应图》曰："白鸠，成汤时来。王者养耆老，尊道德，不以新失旧，则至。"③《晋书》记载了刘殷因孝道而有白鸠来巢的故事。《会稽典录》中甚至还有因此被举为孝廉者："郑弘迁临淮太守，郡民徐宪在丧，致哀，有白鸠巢户侧。弘举为孝廉，朝廷称为'白鸠郎'。"④ 既然白鸠是大孝的瑞应，当然也是有德之君所竭力标榜的。

白鸠在魏晋南北朝时期，也是较为多见的祥瑞。据《宋书·符瑞志下》描绘，白鸠虽毛羽雪白，但眼睛和双足是红色的。最引人注目的一次是在宋文帝元嘉十八年（441），太子率更令何承天还特上表献《白鸠颂》，全文收录于《符瑞志下》，可算颇为难得的例子：

> 宋文帝元嘉十八年八月庚午，会稽山阴商世宝获白鸠，眼足并赤，扬州刺史始兴王濬以献。太子率更令何承天上表曰：

---

① 季羡林主编《敦煌学大辞典》，上海：上海辞书出版社，1998 年，第 311 页。

② 严可均辑《全上古三代秦汉三国六朝文》，影印本，北京：中华书局，1958 年，第 940 页上。

③ 《太平御览》卷九二一引，第 4087 页下至 4088 页上。

④ 以上二条收入旧本《搜神记》，李剑国已考证其非干宝《搜神记》原文，并揭示其真正来源，见其《新辑搜神记 新辑搜神后记》，北京：中华书局，2007 年，第 663、664 页。

谨考寻先典，稽之前志，王德所覃，物以应显。……近又豫白
鸠之观，目玩奇伟，心欢盛烈。谨献颂一篇。……其《白鸠
颂》曰：

三极协情，五灵会性。理感冥符，道实玄圣。……翩翩者鸠，
亦皎其晖。理翩台领，扬鲜帝畿。匪仁莫集，匪德莫归。……①

《三国志》卷四七《吴书·吴主传》赤乌十二年（249）四月“有
两乌衔鹊堕东馆。丙寅，骠骑将军朱据领丞相，燎鹊以祭”。裴松之注
引《吴录》：“六月戊戌，宝鼎出临平湖。八月癸丑，白鸠见于章安。”②
吴国似乎极为重视此祥瑞，以致制作舞曲，编入宫廷乐舞③。唐代白鸠
的瑞应记载虽然很少，但吴朝的白鸠拂舞却保留了下来。李白的《夷则
格上白鸠拂舞辞》，辞曰：

铿鸣钟，考朗鼓。歌《白鸠》，引拂舞。白鸠之白谁与邻，霜
衣雪襟诚可珍。含哺七子能平均。食不噎，性安驯。……白鹭之白
非纯真，外洁其色心匪仁。……凤凰虽大圣，不愿以为臣④。

此诗对白鸠的形貌和性格作了非常细致的刻画，并与其他瑞鸟作了
比较，较之何承天《白鸠颂》的言之无物，确有天壤之别。

7. 白牦牛

白牦牛，出现的地点是在金鞍山。金鞍山，即今阿尔金山，可能

---

① 《宋书》，第848—849页。
② 《三国志》，北京：中华书局，1959年，第1147页。
③ 《通典》卷一四五《乐五》：“白鸠，吴朝拂舞曲也。杨泓《拂舞序》云：
‘自到江南，见《白符舞》曲，或云《白凫鸠》，云有此来数十年。察其词旨，乃
是吴人患孙皓虐政，思属晋也。’隋牛弘请以《鞞》《铎》《巾》《拂》舞陈之殿
廷，帝从之，而去其所持巾拂等。”（北京：中华书局，1988年，第3709页）既是
吴朝舞曲，杨泓所云“察其词旨，乃是吴人患孙皓虐政，思属晋也”，恐是臆度之
辞。所谓“白符”者，白鸠符瑞之舞也，江东方言“符”“凫”音同，故讹称“白
凫鸠”。
④ 《李太白全集》，北京：中华书局，1977年，第209页。

是金山国国号的直接渊源①，因而取代三危山之地位，成为金山国的符瑞之山，笔者此前已有专论详考②。白牦牛，未见诸史籍或祥瑞书，但现今仍存。它是青藏高原型牦牛中的一个地方良种，现在主要产于甘肃省天祝藏族自治县。敦煌的白牦牛可能是吐蕃统治敦煌时期引入的，本是"被占领"留下的文化痕迹之一，但在尚白信仰的作用下，不仅被列入祥瑞名单，而且说"绕泉百匝腾空去"，俨然已化身为神兽了。

白牦牛成为祥瑞，除了是白祥之外，可能还与牦牛尾的神圣用途有关。牦牛尾是唐五代时期敦煌土贡之一。③ 因为牦牛尾被制作成旌、旄、缨帽、拂尘以及贵族车辇的装饰物，是权力和荣誉的象征，所以也被看作是"大祥"。《埤雅》云：

> 牦牛出西域，尾长而劲，中国人以为缨。人或射之，亦自断其尾。左氏所谓雄鸡自断其尾，而庄周以为牛之白额、豚之亢鼻者，巫祝不以适河，乃无用之为大祥也。古者以旌旗干首注牦尾之毛焉，而谓之旄。凡建旄，皆首物者也，示使爱尾也。④

从人类学的角度而言，这实际上是一种挹注权力崇拜的琐物崇拜。⑤ 白色动物信仰与这种特殊的琐物崇拜的结合，大概是白牦牛祥瑞生发的土壤。

---

① 郑炳林《唐五代敦煌金鞍山异名考》，《敦煌研究》1995 年第 2 期，第 127—134 页。

② 余欣《唐宋敦煌民生宗教与政治行为关系研究》，《中国史研究》2005 年第 3 期，第 57—71 页，增订本收入《神道人心——唐宋之际敦煌民生宗教社会史研究》，第 134—158 页。

③ 余欣《唐宋时期敦煌土贡考》，高田時雄编《敦煌寫本研究年報》第 4 號，京都：京都大學人文科學研究所，2010 年，第 98—99 页。

④ 陆周《埤雅》卷四《犹》，早稻田大学图书馆藏本，叶 10B；丛书集成影印本，1171 册，第 98 页。二本有异文，择善而从。

⑤ 关于琐物崇拜，参看林惠祥《天风海涛室遗稿》，厦门：鹭江出版社，2001 年，第 99 页。

8. 白龙

白龙现于两处，一处是平河北泽，另一处为金鞍山腹。前者建有白龙宫，是贺拔王龙兴之所，后者为万丈深泉，出于金山国符命之圣山。后文还提到白龙兴云致雨，为白衣帝新宫洒扫尘埃。白龙与金关联的例证，我们可以找到唐太宗时代的先例。《唐会要》卷二八《祥瑞上》：

> （贞观）二十年十一月，汾州上言："青龙白龙见。白龙吐物，初在空中，有光如火，至地陷入地二尺。掘之，则元金也。"[1]

《白雀诗》中多处言白龙之瑞，除了白龙在敦煌有历史渊源外，还与白龙吐物出金，金山国的尚白、西方属金的理念有关。再者，敦煌本《瑞应图》云："王者精贤有德则白龙见。"白龙所代表的"精贤有德"的王者形象，也正是张承奉所需要的。

第三节 "和同胡汉"：曹议金的
统治基础与白鹰之瑞

归义军史上第三次大张旗鼓地制造祥瑞，是在曹议金执政初期。914 年，曹仁贵代张承奉掌瓜沙政权，去敦煌国号，称归义军节度留后使。仁贵字议金，常以字行，自称郡望出于谯郡，实为西域粟特人之苗裔。P.3239《甲戌年（914）十月十八日敕归义军节度兵马留后使牒》[2]，为目前所见确切属曹仁贵之最早纪年文书，后署"使检校吏部

---

[1] 《唐会要》，第 620 页。《册府元龟》卷二四征引更详。《会要》和《册府》均列入祥瑞门，但《旧唐书》则记入《五行志》，不同的分类方式所体现的观念上的差异，是很有意思的研究课题。

[2] 《法藏》（22），上海古籍出版社，2002 年，第 269 页下；唐耕耦等《敦煌社会经济文献真迹释录》（4），第 293 页；李正宇《曹仁贵名实论——曹氏归义军创始及归奉后梁史探》，《第二届敦煌学国际研讨会论文集》，台北：汉学研究中心，1991 年，第 551 页。

尚书兼御史大夫曹仁贵"。S. 1563《甲戌年五月十四日西汉敦煌国圣文神武王敕》^①，则是目前所见张承奉最晚一件文书。因此，曹仁贵应是本年五至十月间取代张承奉而重建归义军，自任节度留后加吏部尚书衔。首任曹氏归义军节度使究竟为何人？关于这一问题的解决，曾经历一相当长之探究过程。1990 年，贺世哲据 P. 4065《表文》，P. 3556、P. 3718《邈真赞》，P. 3262、P. 3781《河西节度使尚书建窟功德记》以及莫高窟供养人像之排列情况，论证曹仁贵即曹议金，不过是不同时期使用不同名字而已^②。翌年，李正宇刊出二文，除与贺世哲相同之论据和论点外，尚补充 P. 2945 中八件《归义军节度兵马留后使状》，揭橥曹仁贵（议金）首次入朝后梁之重要史事^③。曹仁贵即曹议金之观点，遂为学界广泛认同。但曹议金如何取代张承奉，目前仍无清晰之史料加以说明，一般认为是和平交接，但权力从张氏转移至曹氏，想必不会一帆风顺。近年，荣新江在通盘思考曹氏归义军时期历史之基础上，从敦煌粟特曹姓之来源、粟特人担任归义军要职之情况、曹氏与回鹘及于阗之联姻、粟特人在曹氏政权中之地位诸方面加以论证，提出曹氏统治者出自粟特后裔之假说，从而对曹氏政权之特性及其对敦煌历史之贡献，给予较合理之解释，亦为权力转移提供一新理解途径：曹议金得大批粟特后裔之拥戴，又冒用汉族郡望，从而拉拢汉族大姓，故政权得以顺利交替^④。

---

① 《英藏》（3），成都：四川人民出版社，1990 年，第 94 页下；录文参唐耕耦等《敦煌社会经济文献真迹释录》（4），第 64 页。

② 贺世哲《试论曹仁贵即曹议金》，《西北师大学报》（社会科学版）1990 年第 3 期，第 40—46 页。

③ 李正宇《曹仁贵归奉后梁的一组新资料》，《魏晋南北朝隋唐史资料》第 11 期《唐长孺教授八十大寿纪念专辑》，武汉：武汉大学出版社，1991 年，第 274—281 页；前揭李正宇《曹仁贵名实论——曹氏归义军创始及归奉后梁史探》。

④ 荣新江《敦煌归义军曹氏统治者为粟特后裔说》，《历史研究》2001 年第 1 期，第 65—72 页。冯培红亦从不同角度考察，得出相似之结论，见其《敦煌曹氏族属与曹氏归义军政权》，《历史研究》2001 年第 1 期，第 73—86 页。

我们在此处可以再补充一点的是，权力的平稳交接，祥瑞的制造也是功不可没。曹议金执掌大权后，据称有白鹰见于沙州，为庆贺此祥瑞，曹议金延请僧俗，大设筵席。可以说这次制造的祥瑞，虽然数量不多，但贺瑞的排场不小，规格不低。席间，沙州著名文士杜太初作《白鹰诗》，进献府主：

> 盖闻君臣道泰，所感异瑞呈祥。尚书秉节龙沙，潜膺数彰，多现理人安边之术，万张（章）卒不尽言。且说目下灵通，自古不闻者矣。时当无射之月，感得素洁白鹰。设僧俗中筵，齐声贺之宝。自从五使（史），世上相传，只是耳闻。我尚书道亚先贤，现得白鹰眼见。太初小吏，琐劣不材，奉命驱驰，倍增战汗，谨上白鹰诗一首。
>
> 奇哉白昌（晶）灵圣峰，所感逞（呈）祥世不同。尚书德备三边静，八方四海尽归从。白鹰异俊今来现，雪羽新成力更雄。平源（原）狡兔深藏影，争能路上出其踪。
>
> 又一首
>
> 白鹰玉爪膺灵祇，笔尽难成圣所稀。远眺碧霄鹏鸟动，羽搦落雪花飞。①

鹰一般是作为灾异，而不是祥瑞出现在祯祥书中②。唐代官方从未将白鹰列为祥瑞。唐代对于不同等级和性质的祥瑞的认定，是有特定的程序的。《唐六典》规定：

> 若大瑞，随即表奏，文武百僚诣阙奉贺。其他并年终员外郎具表以闻，有司告庙，百僚诣阙奉贺。其鸟兽之类有生获者，各随其性而放之原野。其有不可获者，若木连理之类，所在案验非虚，具

---

① S.1655，《英藏》（3），第 117 页上；徐俊《敦煌诗集残卷辑考》，第 864 页。

② 《天地瑞祥志》卷一八《鹰》，前田育德会尊经阁文库本，叶 31B—32A。

图画上①。

在祥瑞的实际认定过程中，还必须依据《孙氏瑞应图》等权威性的"瑞牒"，"案验非虚"，方能奏上。这也就是不论是中央还是地方，奏进祥瑞的表文必引经据典的原因。通常引用的典籍，包括《白虎通》《瑞应图》《晋中兴书》以及《孝经援神契》等纬书。在归义军之前，沙州亦不例外。武周时期，刺史李无亏所上每一道祥瑞奏表，必称"谨按《孙氏瑞应图》"。当然，若是"瑞牒"不载者，也有变通的办法，但一般需要通过追加认定的方式，着于典册。例如《中书门下贺兴庆池白鸬鹚表》记皇帝祈雨之时，"忽有一白鸬鹚见于池上"，"甘雨遂降"，但又苦于白鸬鹚"瑞牒所无"，宰相权德舆只好上一道表文，请求"宣付史册，昭示将来②。既然大唐有此先例，那么把"自古不闻"的白鹰列为大瑞，府主举行盛大仪式，僧俗齐集，赴筵朝贺，想来也没有什么违碍。况且曹氏归义军形同化外，更不必拘于前朝旧式。

白鹰被看作是曹议金掌权之瑞应，除了尚白的信仰在沙州尤受尊崇，白鹰被当作白祥之外，恐怕还与开元之际东夷入贡白鹰，以为盛世之兆的观念有关。白鹰本为游猎而进贡，刘禹锡《白鹰》对此有非常传神的描绘："毛羽蝙斓白纻裁，马前擎出不惊猜。轻抛一点入云去，喝杀三声掠地来。绿玉觜攒鸡脑破，玄金爪擘兔心开。都缘解搦生灵物，所以人人道俊哉。"③但苏颋《双白鹰赞》却在序文中赋予其明君"宝贤重谷，尊儒养艾"，所以天下升平，万方入贡的政治意象：

> 开元乙卯岁，东夷君长自肃慎扶余而贡白鹰一双。其一重三斤有四两，其一重三斤有二两。皆皓如练色，斑若彩章，积雪全映，

---

① 《唐六典》卷四，第 115 页。
② 《全唐文》卷四八四，第 4948 页下至 4949 页上。文中"昔周致白翟"，"白翟"当为"白雀"之讹。
③ 《全唐诗》卷三六一，北京：中华书局，1960 年，第 4084 页。

飞花碎点，所谓金气之英，瑶光之精。高髻伟臆，长距秀颈，奋发而锐，坚刚则厉，摩天绝海，电击飙逝。观其行时令，顺秋杀，指挥应捷，顾盼余雄，当落鹏之赏，蔑仇鹞之敌，实稀代之尤也。皇上祇膺圣图，钦若王道，方宝贤重谷，尊儒养艾……然以万方入贡，怀其来也；三年重译，嘉其至也。故仁为之心，有仁则勇；威为之力，有威则重。……①

曹议金上台后，迫切需要平衡胡汉、僧俗各方势力，巩固自身统治基础，因此借助符瑞营造祥和安乐的政治氛围，即诗中所云"尚书德备三边静，八方四海尽归从"景象，无疑是一项高明的策略。如前所述，曹议金是粟特后裔，但是我们从这里看到，在对祥瑞的利用上，种族的差异并没有对政治理念和文化选择产生任何实质性的障碍或影响。

第四节 "赞祐王化"：曹延禄时期之僧人贺瑞

归义军时期再次制造祥瑞是在曹延禄上台初期。太平兴国三年（978）四月，都僧统辩正大师赐紫鎧惠等，称有忻云见于长空，特奉状贺此祥瑞。状云：

应管内外都僧统辩正大师赐紫鎧惠、都僧正赐紫法松、都僧录赐紫道宾等。

右鎧惠等，闻炎皇巡山播植，流千古之高规；舜帝历野耕农，传万龄之善响。伏惟太保上禀三光，下临五郡；阐易俗移风之化，彰宵（宵）衣旰食之能。钤（黔）黎早咏于重衣，品庶久歌于剩食。今乃仰悬明镜，俯照幽盆；鉴东皋之陇亩不均，睹北阜之畦田偏并。昨已神恩匀械（减），长空顿现于忻云；致期车驾添腾，天地俄生于喜色。

---

① 《全唐文》卷二五六，第 2594 页下至 2595 页上。

鏗惠等忝为释品，感庆殊常，谨奉状贺闻，兼伸起居。谨录状上。

牒件状如前，谨牒。

太平兴国三年四月日应管内外都僧统辩正大师赐紫鏗惠等牒。[1]

所谓忻云，即景云、庆云，其形色，《汉书·天文志》云：“若烟非烟，若云非云，郁郁纷纷，萧索轮囷，是谓庆云。庆云见，喜气也。”[2]这一关于庆云的描述及判断标准，被后世奉为圭臬，上表时屡屡征引。例如有唐一代大手笔李峤《为百寮贺日抱戴庆云见表》云：“芝检初开，扶光未徙，即有氤氲传汉，发祥于俯仰之间；萧索浮天，舒彩于折旋之际。于时晬容当宁，嫔仪在列，文物充于紫庭，晖光察于元象。或抱或戴，拱环佩之威仪；非烟非云，夺袆褕之彩色。”[3] 然而与甘露一样，要用图像来表现这种状貌，其实是一件相当困难的事。酒泉十六国时期墓葬壁画是通过背景和附属画像来表达的。它的四顶表现的是天，上部各绘一倒悬龙首，两侧各绘与天地山陵相属的祥云[4]。构图之渊源，大概是据《淮南子·天文训》“虎啸而谷风生，龙举而景云属”[5]。

景云作为大瑞，同样也是天子孝德的象征。《孝经援神契》：“天子孝，则景云出游。”又曰：“德至山陵，则景云出。”宋均注曰：“景云，应间泽不偏也。”[6] 李峤《为百寮贺日抱戴庆云见表》也是引此作为根本理论依据：“臣等谨案《孝经援神契》：‘王者德至于天，则日抱戴。又黄气抱日，辅臣纳忠。’《瑞应图》曰：‘天子德孝，则庆云出。’又曰：‘天下太平，庆云见。’陛下宵衣旰食，至德通于九元；皇帝锡类

① P. 3553《太平兴国三年四月应管内外都僧统鏗惠等牒》，《法藏》（25），第232页上；录文参唐耕耦等《敦煌社会经济文献真迹释录》（5），北京：全国图书馆文献缩微复制中心，1990年，第28页。

② 《汉书》卷二六，北京：中华书局，1962年，第1298页。

③ 《全唐文》卷二四三，第2456页上。

④ 甘肃省文物考古研究所编《酒泉十六国墓壁画》，彩色图版东顶、西顶、北顶、南顶壁画（未标页码）。

⑤ 何宁《淮南子集释》，北京：中华书局，1998年，第174页。

⑥ 安居香山、中村璋八辑《纬书集成》，第974—975页。

推恩，纯孝刑于八表。惟明求道，若金在砺，自物观化，如草从风。属千龄之景业，承肆眚之鸿儒，乾坤合而喜气生，图箓启而祯符作。"①

但是，景云在唐代还被赋予另一种政治意义，那就是作为平定反乱的正当性的证明。李峤《为百寮贺庆云见表》："臣某等言：伏见今月十一日诛反逆王慈征等，乃有庆云见于申未之间。萧索满空，氛氲蔽日，五彩毕备，万人同仰。"②

敦煌的景云之瑞，除了谶纬思想的流传外，可能与高宗乾封元年（666）的封禅活动的影响也有关系。《新唐书》卷一四《礼乐志四》："乃诏立登封、降禅、朝觐之碑，名封祀坛曰舞鹤台，登封坛曰万岁台，降禅坛曰景云台，以纪瑞焉。"③

另外一点值得注意的是，向曹延禄申状贺告景云的为首者的身份非常特殊，是敦煌佛教僧团领袖都僧统鍠惠。佛教与图谶，其实关系甚为密切，此点以往一直为治史者所忽视。佛教传入中国以后，很多高僧便意识到，为了弘通佛法，必须对中国固有的思想和信仰有深入的理解。因此博览六典，贯涉天文图谶之学者不乏其人，著名者有康僧会、佛图澄、法显等。汉魏六朝时期，佛教僧侣对当时的图谶思想和政治事件，有很大的影响，这应该成为中国佛教思想研究的重要课题④。不过，僧人直接向统治者上表贺瑞的例子，似乎未见。但在敦煌，宗教领袖与世俗政权的结合极为紧密。历任都僧统都曾或多或少介入归义军的军政要略，最显著的例子是鍠惠的前任悟真，邈真赞称他是"赞元戎之开化，

---

① 《全唐文》卷二四三，第 2456 页上。
② 《全唐文》卷二四三，第 2456 页下。
③ 《新唐书》，第 351 页。
④ 安居香山、中村璋八《纬书の基础的研究》，东京：国书刊行会，1976 年，第 258—275 页。

从辕门而佐时。军功抑选，勇效驱驰"[1]。归义军晚期，敦煌佛教教团地位日趋低落，都僧统龙辩甚至自称为节度使手下"释吏"。[2] 因此鎯惠等有贺景云之举，也不足为怪。

佛教势力参与祥瑞的制造恐怕并非个别性事件，而是常例。P. 2940《斋琬文》是佛家斋戒所用的发愿文[3]，收录了一件《嘉祥荐祉》愿文范本：

> ……故使昭彰瑞牒，书殚东墩（郭）之豪；郁蔼祥图，纪尽南山之竹。斯乃素麟践野，挺一角以呈祥；丹凤栖同（桐），杨（扬）九色而表瑞。甘露凝珠而缀叶，庆云莹玉而霏柯；连理则合干分枝，嘉和（禾）则殊苗共颖。百（白）狼蹀躞，惊皓质于翻霜；赤雀纷纶，奋朱毛而皎日。河清一代，湛碧浪而浮荣；芝草千茎，擢紫英而绚彩。莫不祥符（符）万古，福应一人；永契璇仪，长阶（偕）宝历（历）。某等忝齐圆（元）首，仰载（戴）皇猷；击壤驰欢，何酬圣泽？敢陈清供，式庆嘉祥。荐轻露于福原，献纤尘于寿岳。惟愿集木（休）征于宇宙，藻佳气于环瀛。契福资宸，共圆穹而等祚；通祥青陆，与轮月而同高。花萼兴徭，〔长〕隆于

---

① P. 4660-6《河西都僧统悟真邈真赞》，《法藏》（33），上海：上海古籍出版社，2005 年，第 25 页；饶宗颐主编《敦煌邈真赞校录并研究》，台北：新文丰出版公司，1994 年，第 189—191 页。

② P. 4638—18《清泰四年（937）十一月都僧统龙辩等上归义军节度使曹元德状》，《法藏》（32），上海：上海古籍出版社，2005 年，第 237 页下。

③ 相关研究参看梅弘理（Paul Magnin）《根据 P. 2547 号写本对〈斋琬文〉的复原和断代》，耿昇译，《敦煌研究》1990 年第 2 期，第 50—55 页，39 页；张广达《"叹佛"与"叹斋"——关于敦煌文书中的〈斋琬文〉的几个问题》，《庆祝邓广铭教授九十华诞论文集》，石家庄：河北教育出版社，1997 年，第 60—73 页；王三庆《敦煌本〈斋琬文〉一卷研究》，《第三届中国唐代文化学术研讨会论文集》，台北：中国唐代学会编辑委员会，1997 年，第 17—67 页；宋家钰《佛教斋文源流与敦煌本〈斋文〉书的复原》，《英国收藏敦煌汉藏文献研究——纪念敦煌文献发现一百周年》，北京：中国社会科学出版社，2000 年，第 314—315 页。

棣屏；肃维成德，永茂于禳辉①。

这件没有确切年代的愿文范本，恰恰说明这是经常要用到的文体。文中提到的祥瑞虽然是概略言之，并非实指，但除了麒麟、丹凤以外，其他大多在归义军的不同时期出现过。在实际应用的场合，只要稍加改写，便可适用。我们从这些例证可以看出，在归义军辖下的敦煌，佛教僧团是如何通过参与祥瑞以及舆论的制造，来表达对世俗政权的忠诚，并显示其作为重要的一支政治力量在敦煌社会中的存在价值的。

第五节　符瑞的下行：地方政权拥有祥瑞的历史进程

东汉之前，似乎只有帝王才有资格享有祥瑞的殊荣。新莽、东汉之际，图谶勃兴，祥瑞似乎有下移的迹象。我们观察到，一些地方长官，如果政绩优异，深孚民望，也能招致祥瑞。与一般地方向中央奏报祥瑞的差异在于，这些祥瑞不仅被看作帝王的祥瑞，也归属为当地州县守令自身德政之瑞应。《艺文类聚》卷九八《祥瑞》引谢承《后汉书》中此类例证颇多：

> 谢承《后汉书》曰：吴郡陆闳为颖川太守，致凤皇、甘露之瑞。
>
> 又曰：吴郡沈丰为零陵太守，到官一年，甘露降泉陵、洮阳五县，流被山林，膏润草木。
>
> 又曰：山阳百里嵩为济南相，甘露降于郡，安帝嘉之，征祥拜大鸿胪。
>
> 又曰：百里嵩为徐州刺史，甘露再降厅事前树。②

---

① 《法藏》（20），第178页上；黄征、吴伟编校《敦煌愿文集》，长沙：岳麓书社，1995年，第70页。

② 《艺文类聚》卷九八，第1697—1698页。

此外尚有：

张堪为渔阳太守，劝民耕种，百姓歌曰："桑无附枝，麦穗两歧，张君为政，乐不可支。"①

琅邪董种，为不其令，赤雀乳厅〔事〕前桑上，民为作歌颂②。

沈丰为零陵守，有三黄龙望府中③。

此外，石刻中也有相关史料，如前述《李翕黾池五瑞图》摩崖刻石分别为黄龙、白鹿、嘉禾、木连理、甘露降。题字注明："君昔在黾（渑）池修崤嵚之道，德洽精通，致黄龙、白鹿之瑞，故图画其像。"④

隋唐之际，地方长官的德政可以招致祥瑞的思想仍被继承，最突出的是令狐熙的例子。《隋书》卷五六《令狐熙传》：

令狐熙字长熙，燉煌人也，代为西州豪右。……拜沧州刺史。……在职数年，风教大洽，称为良二千石。开皇四年，上幸洛阳，熙来朝，吏民恐其迁易，悲泣于道。及熙复还，百姓出境迎谒，欢叫盈路。在州获白乌、白麞、嘉麦，甘露降于庭前柳树⑤。

敦煌令狐氏属沙州汉代以来旧族，汉晋之际，"代为河西右族"，对敦煌的政治、文化有着强大的影响⑥。8—11世纪敦煌附近乡村居民中，前十姓之第十姓为令狐氏。⑦ 在归义军政权中，亦有不少令狐氏名

① 《艺文类聚》卷八八，第1520页。

② 《艺文类聚》卷九九，第1712页。

③ 周天游《八家后汉书辑注》，上海：上海古籍出版社，1986年，第28、154、155页。

④ 录文参王昶《金石萃编》卷一四，影印本，北京：中国书店，1985年，叶2B。

⑤ 《隋书》，北京：中华书局，1973年，第1385—1386页。

⑥ 孙晓林《汉——十六国敦煌令狐氏述略》，《北京图书馆馆刊》1996年第4期，第92—96、24页；冯培红《汉晋敦煌大族略论》，《敦煌学辑刊》2005年第2期，第100—116页。

⑦ 池田温《八世紀初における敦煌の氏族》，《東洋史研究》第24卷第3號，1965年，第28—52页。

士颇为活跃。[①] 令狐熙获众多祥瑞的事迹虽发生在沧州，但在敦煌应有流传。

从上述例证可以看到，地方长官所感应之祥瑞，自凤凰、甘露、黄龙、白鹿、赤雀直至嘉禾，并且甚至有因此得到皇帝的嘉奖而加官晋爵者。一方面，这无疑是祥瑞征应之说在社会上普遍泛滥的结果；另一方面，正常统治机制下的地方太守，仍然被认为是皇帝的政治代理人，太守德政所致祥瑞，基本上仍然归为天子的德化，因而并没有被看作是僭越。但是这些祥瑞与地方官员毕竟存在关联的纽带，可能是中唐以降符瑞下行的先声。或许这可以从"二重君臣关系"的角度来理解：汉代以降，在皇帝与臣民之间的君臣关系之外，官府的长官与属吏之间也存在着某种常常被视为"君臣"的关系。[②] 因此，归义军时期的祥瑞，被确认为"府主"的符命，是有其理论根据和先例可循的。

晚唐五代时期的不少藩镇都有使用符瑞的例子，最有意思并且能和归义军进行类比的是义胜军节度使董昌。董昌出身地方豪强，以组织土团军为晋身之阶，后趁机进据杭州，夺得刺史名位，破刘汉宏后，势力进一步壮大，进义胜军节度使。其经历与张议潮惊人相似。董昌为政之初，尚称廉平，民颇安之。时藩镇割据，贡赋不入朝廷，独董昌赋外献常参倍，为朝廷岁入所赖。这一点与张议潮屡屡遣使入贡，以获取朝廷奖誉，作为提高自身政治威信的手段，在操作手法上如出一辙。后来，董昌求封越王未果，衔怨在心，谋自立为帝，其时周围出现的符瑞、

----

① 姜伯勤《敦煌邈真赞与敦煌名族》，饶宗颐主编《敦煌邈真赞校录并研究》，第29—30页；孙晓林《敦煌遗书所见唐宋间令狐氏在敦煌的分布——令狐氏札记之一》，朱雷主编《唐代的历史与社会》，武汉：武汉大学出版社，1997年，第526—539页。

② 最新的探讨，参看徐冲《漢唐間の君臣關係と"臣某"形式に關する一試論》，《歷史研究》（大阪教育大學）第44號，2007年，第35—62页。

"妖言"，很值得注意①。《新唐书》卷二二五《逆臣传下》：

> 山阴老人伪献谣曰："欲知天子名，日从日上生。"（董）昌
> 喜，赐百缣，免税征。命方士朱思远筑坛祠天，诡言天符夜降，碧
> 楮朱文不可识。昌曰："谶言'兔上金床'，我生于卯，明年岁旅
> 其次，二月朔之明日，皆卯也，我以其时当即位。"客倪德儒曰：
> "咸通末，《越中秘记》言：'有罗平鸟，主越祸福。'中和时，鸟
> 见吴、越，四目而三足，其鸣曰'罗平天册'，民祀以攘难。今大
> 王署名，文与鸟类。"即图以示昌，昌大喜。
>
> 乾宁二年，即伪位，国号大越罗平，建元曰天册，自称"圣
> 人"，铸银印方四寸，文曰"顺天治国之印"。又出细民所上铜铅
> 石印十床及它鸟兽龟蛇陈于廷，指曰"天瑞"。……先是，州寝有
> 赤光，长十余丈；虺长尺余，金色，见思道亭。昌署寝曰明光殿，
> 亭曰黄龙殿，以自神。……或请署近侍，昌曰："吾假处此位，安
> 得如宫禁？"不许。下书属州曰："以某日权即位，然昌荷天子恩，
> 死不敢负国。"②

方士朱思远诡言夜降之天符，与敦煌金山国张承奉所用者，其实是
一类货色。倪德儒所称并图画以示董昌的罗平鸟，其图籍之形制，盖与
敦煌瑞应图相似，与张议潮时期的圣鸟，张承奉时期的白雀一样，都被
看作是所在地域的瑞鸟，炮制手法也是差不多的。鸟兽龟蛇、赤光等符
瑞，在归义军各个时期也可以找到相对应者。尤其有必要指出的是，即
使董昌僭伪位，仍以忠于朝廷自命，如不设宫禁，下书属州称"昌荷天
子恩，死不敢负国"，"分其兵为两军，中军衣黄，外军衣白，铭其衣

---

① 陈登武将此类谋反归为"妖言型"，并强调董昌谋反妖言与江浙一带浓厚
的巫觋氛围、民间信仰之间有关联。参看其著《从人间世到幽冥间——唐代的法
制、社会与国家》，台北：五南图书出版公司，2007年，第127—128页。
② 《新唐书》，第6467—6468页。

曰'归义'"等①。巧合之处在于,敦煌归义军虽然同样具有极强的独立性,也是时时不忘以"归义"自我标榜。有所不同的是,董昌是在与中央对抗的非常状态下,使用了符瑞作为手段,尽管他自己不认为这是叛逆行为,只是"权即位",是对朝廷待其不公的抗议。归义军则因为形同化外,不存在这种悖论和张力,因此历任节度使将符瑞用作强化个人权力的经常性手段,而并不认为这是挑战中央权威的行动。

此外,如前所述,另一在敦煌历史记忆中留下深刻痕迹的是西凉李暠。李暠多次制造祥瑞,为西凉这个割据政权确立合法性的努力,遗响及于后世,对归义军时期的政治文化产生了一定的塑造作用,应该是归义军追慕的直接前例。

结　语

我们对归义军史上四个起承转合的关键阶段的祥瑞的研究表明,祥瑞的大规模制造,一般是在诸统治者掌权之初。其中不但有谶纬学说的理论支撑,官僚、文人和民众的共谋与合作,更不乏佛教观念的渗入和僧团的直接参与。

祥瑞,在政治理念上所要表达的关键词,无非是正统问题。用今天的语言来说,就是统治的合法性。饶宗颐先生对于中国史学之正统论有非常深刻的论断:"自汉以来,史家致力于正统问题之探讨;表面观之,似是重床叠屋,细察则精义纷披,理而董之,正可窥见中国史学精神之所在。正统理论之精髓,在于阐释如何始可以承统,又如何方可以谓之'正'之真理。"② 作为地方性政治实体,不管时人如何看待其政权性质,统治者必须找到其所承之"统"为"正"的依据。祥瑞表面上看

---

① 《新五代史》卷六七《钱镠传》,北京:中华书局,1974 年,第 838 页。
② 饶宗颐《中国史学上之正统论》,上海:上海远东出版社,1996 年,第 76 页。

来虚妄无谓，实为扩大和夯实统治根基之必要政治手段。因此，症结所在并非祥瑞自身之真伪，而是如何炮制和利用祥瑞以求正统的过程。吕思勉先生曾批判道："图谶之作，本由后汉君臣之矫诬，而儒者因之以阿世，自炎祚云亡，而其学渐微，其书亦寖阙佚矣。然握有政权者，其矫诬如故。"① 之所以如此，苟非"矫诬如故"，则难以握有政权也。

归义军的内部政治结构与中晚唐河北的藩镇比较类似，即接受和利用唐王朝的正统叙事，但在自己的内政中保持独立性。唐王朝与藩镇双方对于各自的政治角色存在默契，政治稳定能保持相当长的时间，但当藩镇内部发生权力更迭时，一方面权威来自于朝廷的旌节，另一方面则利用符瑞塑造节度使克里斯玛式的领袖形象，凝聚和强化内部认同。这是符瑞在藩镇一级政区使用时的基本政治逻辑。之所以如此，是因为他们统治合法性的来源，依然植根于皇权。不管中原王朝如何衰微，他们都必须尽可能地将中原王朝的正统性移植到自身来。途径不外有二：一是向中原王朝表示效忠并想方设法请得旌节，二是对构成权力正统的要素进行模仿和映射。

因此，归义军制造大量祥瑞，我认为一方面是实质性的独立王国的政权性质使然；另一方面是地盘有限、周边政治形势复杂，统治很不稳固，因而在建立政权合法性上有着极为迫切的需求。在思想和理论依据上，则远袭东汉以降地方政权拥有祥瑞制造权的观念，而其中一个重要中介环节，就是西凉和令狐家族的政治运作实践。

在具体的操作方面，我们发现文士在其中发挥了关键性的作用。归义军的历任主帅，即便是文化程度较高的张议潮，基本上还是属于军事政治强人。符瑞理念的灌输、制造的策略、程序的谋划、显扬的仪节、"符瑞文学"的创作和传播，这些都有赖于文士来担当。在这个过程中，武人政治集团接受了文人的政治文化价值系统，由此建立起文武互相渗透与协同的较为稳定的统治机制。这一点对于理解仅据有瓜沙二州

---

① 吕思勉《两晋南北朝史》，上海：上海古籍出版社，1983 年，第 1472 页。

的归义军为何能屹立近二百年不堕，恐怕不无裨益。

敦煌是一个深受佛教影响的蕃汉杂糅的社会。在塑造政治正统论方面，佛教发挥了巨大的作用，几乎调集了所有手段：佛教石窟的开凿与重建，倾城士庶聚集的佛教仪式的举行，官方主持下大规模的抄经、写经活动等等。张议潮的祥瑞名单中赫然出现佛教神祇，使我们意识到，即使一向被认为是属于纯粹中国本土政治话语系统的符瑞，也受到了佛教的浸染。佛教神祇与传统瑞应的并行不悖，使我们看到了一种独特的文化共生现象。粟特后裔曹议金对符瑞的运用自如，则使我们认识到，在多语言并用、异文化交错融合的敦煌社会，符瑞思想早已渗入到各族群中，而不再是汉人的专利。

对归义军史上的符瑞进行考辨，揭示了敦煌这样一个深受佛教影响的蕃汉杂糅的社会，在利用符瑞塑造权力正统、强化内部政治结构、凝聚族群认同的过程中，原属汉文化政治话语系统的符瑞如何被改造，佛教思想与符瑞观念如何融合，符瑞的制造策略、仪节和传播如何操作，主帅、官僚、文士、教团、民众如何达成共谋与合作，文武、僧俗、胡汉集团如何结成稳定的统治机制。

对于地方政权的内在政治结构、权力基础以及如何确立其权力合法性的手段和过程，以往我们缺乏真切的把握。近年也有研究者试图作出一些新的求索，例如仇鹿鸣从唐末魏博藩镇《罗让碑》的立碑行动所具有的政治表演功能，探究碑文的作者与读者之间的互动关系以及藩镇自我认同的形成。[①] 我们从祥瑞层面出发，对于归义军时期敦煌作为一个区域性政治实体的权力基础及政治生态进行分析，拓展了地方政权政治格局与权力运作机制的研究，相信对于增进晚唐五代的时代基本性格的理解以及政治—社会史研究新范式的构建，都有积极意义。

---

① 仇鹿鸣《从〈罗让碑〉看唐末魏博的政治与社会》，《历史研究》2012 年第 2 期，第 27—44 页，修订后收入仇鹿鸣《长安与河北之间：中晚唐的政治与文化》，北京：北京师范大学出版社，2018 年，第 261—303 页。

第三章 知来物者：中古时代
阴阳家之学与术

　　阴阳五行之学，为数千年来中国学术与政治之基底。以往学者涉及这一问题时，多以哲学或思想史为研究进路，或视其为一哲学体系与思维模式，重在考察阴阳思想的起源及其发展过程[①]；或循"学术－政治文化研究"之理路，寻章摘句，敷陈附会，意在将阴阳灾异、谶纬谣言与政治事件之间建立起映射关系。详其究竟，仍属外联性研究，故叙事虽颇为引人入胜，却令人难免有"其言论愈有条理统系，则去古人学说之真相愈远"之隐忧[②]。积年以来，笔者致力于重绘阴阳五行学说在中古时代的学术发展脉络及其技艺进化与场域扩张的生成方式，探寻学理和"表象"如何缔结与离散[③]，尝试从知识内核和文本语境出发，原始要终，绀绎其绪，深入把握阴阳观念与占卜实践

---

　　① 20 世纪 90 年代末出版的一部论文集，可以说是从上述向度出发讨论的代表。艾兰、汪涛、范毓周主编《中国古代思维模式与阴阳五行说探源》，南京：江苏古籍出版社，1998 年。

　　② 陈寅恪《冯友兰中国哲学史上册审查报告》，收入《金明馆丛稿二编》，北京：生活·读书·新知三联书店，2001 年，第 280 页。

　　③ 语出《史记》卷一二八《龟策列传》，北京：中华书局，点校本二十四史修订本，2013 年，第 3890 页。然此处所谓"表象"之含义，非仅止于此。在笔者看来，"象"与"数"是传统中国理解一切意义的基本范式，也是"科学"与"迷信"分野之前的复合知识，"表象"即"象"与"数"表征于外者并作用于内之"理"。

如何交织成力量纽带这一核心命题，希冀通过"知识的内圣外王史"和"民生宗教社会史"研究[1]，理解中古中国的知识-信仰-制度结构的"生态过程"。[2]

隋萧吉所著《五行大义》，乃阴阳五行理论之划时代纲领性文件，且萧吉博学多通，阴阳卜筮所有门类皆有专门著述[3]，诚可谓中古时代阴阳家第一人。《五行大义》向为学界所重，然而目前的业绩主要在于文献学的基础研究，对于《五行大义》其书与萧吉其人的实际行事，着墨不多。本章以《五行大义》相关诸篇为基础史料，拟就理论体系的建构过程与萧吉的知识背景、生平行历、占验实践之间的关系展开探讨，并结合敦煌、吐鲁番占卜文献互为印证，论析中古时代风角、九宫、禄命、谢土、物怪诸术如何熔铸于一炉，揭示阴阳五行在信仰生活与政治运作中的应用，讨论汉唐间阴阳五行之"学与术"的知识社会史，希冀对阴阳五行的"行容"，尤其是魏晋隋唐之际的"变容"有新的理解。

第一节　阴阳五行知识谱系再思

阴阳观念起源的确切时间，虽不可考，然由河南濮阳西水坡遗址 M45 号墓中所发掘的蚌塑龙虎、星象图案观之，至晚在仰韶文化时期

---

[1] "民生宗教社会史"的方法论阐释，则请参看拙著《神道人心——唐宋之际敦煌民生宗教社会史研究》，北京：中华书局，2006 年，第 4—26 页。

[2] 此语借自环境科学术语，生态过程是生态系统中维持生命的物质循环和能量转换过程，相关研究是阐明生态系统的功能、结构、演化、生物多样性等的基础。

[3] 《隋书·萧吉传》："著《金海》三十卷，《相经要录》一卷，《宅经》八卷，《葬经》六卷，《乐谱》二十卷，及《帝王养生方》二卷，《相手版要决》一卷，《太一立成》一卷，并行于世。"《隋书》卷七八《萧吉传》，北京：中华书局，点校本二十四史修订本，2020 年，第 1996 页。

已经颇具雏形①。阴阳五行通常被合在一起笼统地讲，实际上存在不同起源。阴阳应是早于五行的，但两种观念互有渗透，因为它们都是解释时空与物质构成的基本理论。阴阳与五行的合流应该在春秋时期。（图3-1）

图3-1　河南濮阳西水坡遗址 M45 号墓蚌塑龙虎、星象图案

战国中晚期，阴阳五行由素朴的观念逐渐推而广之，发展成有关宇宙论以及解释世间万物的知识论，进而又由术数理论衍生出一种政治理论，这跟中国学术在战国秦汉发生关键性转变有关。这一时期是各种师说、书典成立的关键阶段。

阴阳五行作为学说而真正成立，战国晚期整合而使之成型的思想家邹衍无疑是灵魂人物。邹衍创立五德终始说，并在"王公大人"中宣

①　冯时认为，整组图像在墓葬中的含义，是天象的模仿，同时也是墓葬主人升仙意念的表达。阴阳观念表现为以天文星象，并体现在墓葬与生死信仰上。参看冯时《中国天文考古学》，北京：社会科学文献出版社，2001年，第278—301页。

扬，传习邹说的学生在各地从事讲学活动，影响很大，经过他的"范式创新"，五德终始说适用于塑造和解释统治合法性的需要，成为传统中国政治哲学的"直根系"。此为学界之共识，毋庸赘言①。问题在于邹衍虽然著述甚丰，却无一流传至今，其生平事迹及学术旨归的原貌，我们并没有清晰的图景。邹衍言行的吉光片羽主要依赖《史记》的记载而见存，换言之，我们对于邹衍形象的了解，是建立于太史公的历史书写之上。即便如此，《史记》毕竟还是提供了其学根柢所在的一些线索。《史记·孟子荀卿列传》云：

> 邹衍睹有国者益淫侈，不能尚德，若《大雅》整之于身，施及黎庶矣。乃深观阴阳消息而作怪迂之变，终始、大圣之篇十余万言。其语闳大不经，必先验小物，推而大之，至于无垠。先序今以上至黄帝，学者所共术，大并世盛衰，因载其禨祥度制，推而远之，至天地未生，窈冥不可考而原也。先列中国名山大川，通谷禽兽，水土所殖，物类所珍，因而推之，及海外人之所不能睹。称引天地剖判以来，五德转移，治各有宜，而符应若兹②。

传云邹衍"深观阴阳消息而作怪迂之变""禨祥度制"，实堪注意，表明阴阳五行与祥瑞灾异实为同体异相③，而阴阳学说的构建源于天文、律历、占候之术的阴阳家理论化，其基本造作方法为"先验小物，

---

① 李零认为："这种（阴阳五行）学说在战国秦汉之际臻于极盛，虽然遇有新的思想契机，也包含了许多添枝加叶、整齐化和系统化的工作，但他绝不是邹衍一派的怪迂之谈所能涵盖，而是由大批的'日者'案往旧造说，取材远古，以原始思维做背景，从非常古老的源头顺流直下。"参看前揭李零《中国方术考》（修订本），第175页。李零强调大批"日者"的贡献，固然有其合理性，但此与邹衍的灵魂人物作用并非绝然背离。

② 《史记》卷七四《孟子荀卿列传》，第2834页。

③ 陈槃较早注意到谶纬、祥瑞研究的价值，撰有相关解题和考证文字，颇有发明，现在学界的论题、架构及史料运用，基本上不出陈槃的讨论范围。关于诸本《瑞应图》，参陈槃《古谶纬研讨及其书录解题》，上海古籍出版社，2010年，第597—628页。

推而大之，至于无垠"。邹衍的根本方法，就是不断地推演。西方汉学家把阴阳五行理论看成是对应和关联的理论，即不断建立对应关系和关联关系的理论，如五行可能从四方中央不断推演到四时天干地支二十四节气，甚至推演到官制，成为泛术数化的解释机理，用来统摄一切天时、人事、物象。建立对应和关联，由此及彼再不断往外推演，这是中国思维的基本模式，有些学者认为这是当时非常先进的思维，特别是对中国文化很着迷的汉学家，如李约瑟、葛瑞汉等人，都认为阴阳五行理论是非常伟大的发明。

与上述表述相近的还有《史记·历书》：

其后战国并争，在于强国禽敌，救急解纷而已，岂遑念斯哉！是时独有邹衍，明于五德之传，而散消息之分，以显诸侯①。

《汉书·艺文志》：

阴阳家者流，盖出于羲和之官，敬顺昊天，历象日月星辰，敬授民时，此其所长也。及拘者为之，则牵于禁忌，泥于小数，舍人事而任鬼神。

又云：

五行者，五常之形气也。《书》云"初一曰五行，次二曰羞用五事"，言进用五事以顺五行也。貌、言、视、听、思心失，而五行之序乱，五星之变作，皆出于律历之数而分为一者也。其法亦起五德终始，推其极则无不至。而小数家因此以为吉凶，而行于世，窜以相乱②。

小序讲学术源流，代表了当时对阴阳五行学术脉络的最基本看法。阴阳家出于羲和之说，虽属缪幽缘饰之辞，然为时人所遵奉。"敬顺昊天，历象日月星辰，敬授民时"云云，切中要害。阴阳五行概念导源于

① 《史记》卷二六《历书》，第1498页。
② 《汉书》卷三〇《艺文志》，北京：中华书局，1964年，第1734—1735页，第1769页。

上古时序认知，是对时空与人事关系的理解。以月令为代表的时令规制，是以阴阳统摄诸事的政令系统。事不是指一般事物，而是指政事，即根据阴阳时序理论安排好各类政事运作。故须顺阴阳，顺时令，顺五行，否则阴阳乖离，违天不祥。后世流变，只是拘泥于实际的吉凶禁忌，不再注重顺应天道，导民以时，政教意味转淡，杂术性质趋浓，渐渐变为小数，故班固谓之"舍人事而任鬼神""窬以相乱"，在他看来，这是背离阴阳之学主旨的。

以上还表明阴阳五行、祯祥变怪的知识-观念-信仰体系，与早期方术-博物传统具有谱系性渊源，可视为统合于博物之学固有基础之一部分①。有些研究者认为应当区分为祥瑞、灾异和精怪，但是从博物学传统来看，《山海经》所谓"祯祥变怪"是一个集合概念，主要是指征应之物象，并未以吉凶祸福加以分类②。此犹如巫术与占卜，均具黑白两面。故《汉书·艺文志》著录此类图书，书名即题为《祯祥变怪》。博物学实际上是一个关于外部世界图式的整体架构，其中祯祥变怪与博物学知识系统的关系有必要特别指出，博物学本包含祯祥，是博物学知识实用性的一个主要层面，而祥瑞的发现和类目的增加，其实也与博物学著作所塑造的自然观有很大的关系③。

阴阳、占卜、谶纬、祥瑞，应该置于知识谱系中考察，方能窥探其源流同分之胜理④。诸学之渊源，以《后汉书·方术列传》叙之最为精要：

---

① 参看拙著《中古异相：写本时代的学术、信仰与社会》，上海古籍出版社，2011年，第7—22页；《敦煌的博物学世界》，兰州：甘肃教育出版社，2013年，第5—8页。

② 袁珂校注《山海经校注》，成都：巴蜀书社，1993年，第540—541页。

③ 前揭拙著《中古异相》，第10—11页。

④ 金霞主张，祥瑞灾异思想从根本上说起源于占卜。胡晓明则将符瑞思想之渊源归为占卜、物占和图腾崇拜。此二说容有未谛。金霞说，见前揭《两汉魏晋南北朝祥瑞灾异研究》，第11页；胡晓明说，见《符瑞研究：从先秦到魏晋南北朝》，第18—34页。

仲尼称《易》有君子之道四焉，曰"卜筮者尚其占"。占也者，先王所以定祸福，决嫌疑，幽赞于神明，遂知来物者也。若夫阴阳推步之学，往往见于坟记矣。然神经怪牒，玉策金绳，关扃于明灵之府，封縢于瑶坛之上者，靡得而窥也。至乃《河》《洛》之文，龟龙之图，箕子之术，师旷之书，纬候之部，钤决之符，皆所以探抽冥赜，参验人区，时有可闻者焉。其流又有风角、遁甲、七政、元气、六日七分、逢占、日者、挺专、须臾、孤虚之术，乃望云省气，推处祥妖，时亦有以效于事也。而斯道隐远，玄奥难原，故圣人不语怪神，罕言性命。或开末而抑其端，或曲辞以章其义，所谓"民可使由之，不可使知之"①。

《方术传》被视为荒诞不经的正史记述，具有语怪的性格②。不过，诚如吴文学关于《后汉书·方术传》的译注和研究所表明的那样，方术是中国古代制度文化的重要组成部分，对于理解中国知识传统与政治传统具有特殊的意义③。坂出祥伸也指出，《后汉书·方术传》奠定了正史中《方术传》撰写的基本模式，编纂者们是通过礼制秩序去理解术数的，实际上体现的是将术数行为纳入政治支配体系的意图④。

方伎诸学之辨章，源流之考竟，唐人孙思邈仍是极为清楚的，并堪称最为典范之身体力行者。《备急千金要方》卷一《论大医习业第一》云：

---

① 《后汉书》卷八二上，北京：中华书局，1965 年，第 2703 页。

② 山田利明《誕怪不經の正史：〈後漢書〉方術傳の哲學》，《中國研究集刊》第 21 號，1997 年，第 1—15 页。

③ Ngo Van Xuyet, *Divination, magie et politique dans la Chine ancienne*, Presses Universitaires de France, 1976.

④ 坂出祥伸《方術伝の成立とその性格》，山田慶兒編《中國の科學と科學者》，京都大學人文科學研究所，1978 年，第 627—641 页；收入作者《中国古代の占法—技術と呪術の周辺》，東京：研文出版社，1991 年，第 23—44 页。

　　凡欲为大医，必须谙《素问》、《甲乙》、《黄帝针经》、《明堂流注》、十二经脉、三部九候、五脏六腑、表里孔穴、《本草》、《药对》、张仲景、王叔和、阮河南、范东阳、张苗、靳邵等诸部经方，又须妙解阴阳禄命，诸家相法，及灼龟五兆、《周易》、六壬，并须精熟，如此乃得为大医。……至于五行休王，七曜天文，并须探赜。若能具而学之，则于医道无所滞碍，尽善尽美矣①。

　　孙思邈三教兼通，不仅精熟于医巫百术千方，且对密教仪轨亦颇有研究，在医方中频加应用，其将阴阳与禄命、相法、五兆、六壬卜法并称为大医必备之术，甚堪瞩目。又特别提及"五行休王，七曜天文，并须探赜"。结合《张淮深变文》中在兵阴阳（战事占卜）、星占书中的运用②，可知隋唐五代五行四时休王说在占术中的广为习用。是以《五行大义》卷二专设"论四时休王"一章，意欲从学理上阐明，深与时代氛围契合。

　　陈槃认为符应最重要的来源就是"邹衍书"。史官实际上是承袭古代巫觋而来的。邹书符应之说，为阴阳五行学说理论具象化之产物，其造作渊薮或出于古之史官。自古在昔，史官实为一切"知识"之藏府，神怪之说，亦从此说，故载籍中一切人神变怪之说，大都托之史官氏。古史官符应之说，当考之于：一巫祝，二占候，三史典③。李零认为卜赌同源，药毒一家，从另一角度提供了对占卜源流的认识④。笔者在此基础上，提出"中国古代知识-信仰-制度统一场论"：史官为神秘文化、技术之传承者和执掌者，故礼典、博物、方术、阴阳、瑞应之学可

① 孙思邈《备急千金要方》，高文柱、沈澍农校注，北京：华夏出版社，2008 年，序例，第 21 页。
② 参看拙著《神道人心：唐宋之际敦煌民生宗教社会史研究》，第 340—341 页。
③ 陈槃《秦汉间之所谓"符应"论略》，氏著《古谶纬研讨及其书录解题》，第 1—96 页；"符应说源于古代史官"表，见第 96 页。
④ 李零《中国方术续考》，北京：东方出版社，2000 年，第 20—38 页。

统合于史。阴阳之学只有放在这一网格中考察，才能在知识谱系图上有更为清晰的呈现。

这是从学理层面对阴阳五行说的源流，提出一点浅见。从学人层面，我们也可以有一些新的认识。顾颉刚曾提出战国秦汉之际儒生方士化和方士儒生化的命题①。实际上这并非指替代趋向或主流支流的问题，而是互为表里的问题。被目为方士者，仍以"术"为"弘道"之策略与工具。即如被视为阴阳家鼻祖的邹衍，传云："然要其归，必止乎仁义节俭，君臣上下六亲之施，始也滥耳。王公大人初见其术，惧然顾化，其后不能行之。"②邹衍之所以要把这套理论讲得如此玄虚诡奇，实际上只是为了先声夺人、摄人心魄，是吸引受众的策略，他最终的目的是论"道"，讲天道仁义，要推行的还是儒家所讲的人伦和治道。为什么不能行之？因为宣扬的主张，跟孔子的"礼"与"仁"，其实是一套东西，虽为诸侯尊礼，逃脱不了相似命运。也就是说，其显于外的闳大不经和奇谈怪论，只是为了推行其政治教化之"术"而已。邹衍可以看成是将术数理论转化为政治哲学的关键人物。然其自我身份认同不可能为方士，而必以儒者自许。

复次，概而言之，中国传统士人具有复杂而多重的知识结构和人生抱负，既有士大夫一面，显示其儒生性格，也有追求知识、技术与兴味的一面，甚或希求神异功能，二者并非不能"和衷共济"，因为在他们

---

① 顾颉刚先生云："我觉得两汉经学的骨干是'统治集团的宗教'——统治者装饰自己身份的宗教——的创造，无论最高的主宰是上帝还是五行，每个皇帝都有方法证明他是一个'真命天子'；每个儒生和官吏也就是帮助皇帝代天行道的孔子的徒孙。皇帝利用儒生们来创造有利于他自己的宗教，儒生们也利用皇帝来推行有利于他们自己的宗教。皇帝有什么需要时，儒生们就有什么来供应。这些供应，表面上看都是由圣经和圣贤里出发的，实际上却都是从方士式的思想里借取的。试问汉武帝以后为什么不多见方士了？原来儒生已尽量方士化，方士们为要取得政治权力已相率归到儒生的队里来了。"氏著《秦汉的方士与儒生》，上海：群联出版社，1955年，第9页。

② 《史记》卷七四《孟子荀卿列传》，第2835页。

看来，"小术"中蕴含着"大道"。从上述所论对所谓阴阳家进行重新定位，或许对于理解阴阳五行说成立的渊源与"格调"不无裨益。

第二节　萧吉阴阳五行之学的义理与践行

萧吉的生平相当特殊，作为流寓北方的萧梁皇族后裔，其与北方统治者的关系，所涉南北学术的源流分殊，等等，这些问题都很有意思，但不是本文论列的主旨。

《北史·艺术传》述诸术之要义与源流，概括甚为精要，所开列各家名录，尽管此般学术谱系亦是后人追述构建的结果，然正可据此得时人历史记忆中所推重的卓然有成术士之大略：

> 夫阴阳所以正时日，顺气序者也；卜筮所以决嫌疑，定犹豫者也；医巫所以御妖邪，养性命者也；音律所以和人神，节哀乐者也；相术所以辨贵贱，明分理者也；技巧所以利器用，济艰难者也。此皆圣人无心，因人设教，救恤灾患，禁止淫邪，自三五哲王，其所由来久矣。昔之言阴阳者，则有箕子、裨灶、梓慎、子韦。……在隋，则有庾季才、卢太翼、耿询、韦鼎、来和、萧吉、张胄玄、许智藏、万宝常为《艺术传》①。

故萧吉的出现，绝非孤立现象，而是当时学人群体中杰出之一员，其学术渊源与家学传承及"学术共同体网络"之间的关联，不容忽视。关于术数之学传承形态的整体研究还很不够。对技艺习业和家族传承、地域社会、学术思潮、时代风向的关联，以及其与政治实践、佛道的交融，极富研究趣旨。

"象"与"数"，是中国古代理解世界及其存在意义的基本范式。中古时代最为系统而清晰的表述，当推《五行大义序》（图3-2）：

---

① 《北史》卷八九《艺术上》，北京：中华书局，1974年，第2921—2922页。

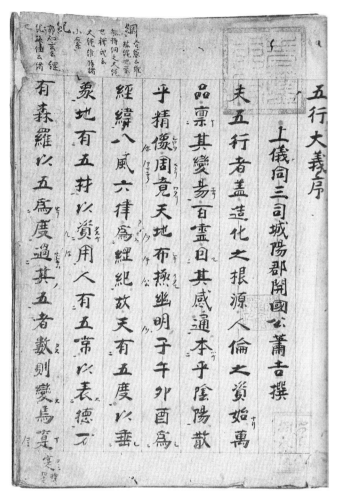

图 3-2　元弘本《五行大义序》

夫五行者，盖造化之根源，人伦之资始，万品禀其变易，百灵因其感通，本乎阴阳，散乎精像，周竟天地，布极幽明，子午卯酉为经纬，八风六律为纲纪。故天有五度以垂象，地有五材以资用，人有五常以表德，万有森罗以五为度，过其五者，数则变焉。寔资五气，均和四序，孕育百品，陶铸万物，善则五德顺行，三灵炳曜，恶则九功不革，六沴互兴，原始要终，靡究萌兆。是以圣人体于未肇，故设言以筌象，立象以显事。事既悬有，可以象知；象则有滋，滋故生数。数则可纪，象则可形。可形可纪，故其理可假而知。……因夫象数，故识五行之始末；藉斯龟筮，乃辨阴阳之吉凶。是以事假象知，物从数立①。

《五行大义》是非常结构化和理论化的，篇章结构设计就是为了符合阴阳五行的观念，用一以贯之的理论和结构把它串起来。萧吉选择哪些文献，为何选择，以何种体例排列，放在什么位置，都是很讲究的。论证说理也是步步为营，务求缜密。文本的选择、排列以及论证方式，也应该是知识–信仰社会史研究的主要层面。此段将事、有、象、数、形、纪、理之筋节，条分缕析，层层推进，要言不烦，诚可谓切中肯綮的"大义之大义"。然则由于《五行大义》高度理论化，以至于李约瑟认为"这本书讨论的科学问题比后来的任何著作都更多，而讨论的算命都更少"。② 事实果真如此吗？萧吉究竟如何践行自我的理论？我们试以《北史·萧吉传》所载占验东宫鬼魅一事分析其技术方法与学理依据：

> 房陵王时为太子，言东宫多鬼魅，鼠妖数见。上令吉诣东宫禳邪气。于宣慈殿设神坐，有回风从艮地鬼门来，扫太子坐。吉以桃汤苇火驱逐之，风出宫门而止。谢土于未地，设坛为四门，置五帝坐。于时寒，有虾蟆从西南来，入人门，升赤帝坐，还从人门而出，行数步，忽然不见。上大异之，赏赐优洽。又上言：太子当不安位。时上阴欲废立，得其言，是之。由此，每被顾问③。

---

① 中村璋八《五行大义校注（增订版）》，東京：汲古書院，1998 年，第 1—2 页。
② 前揭李约瑟书。
③ 《北史》卷八九《艺术上》，第 2954 页。

鼠妖为物精之一，见于《天地瑞祥志》。《天地瑞祥志》卷一九中，鼠类列有专门，仅摘录数条以示例：

　　鼢，扶粉反，上，伯劳所化，作为鼹。又梨鼠地中行。

　　鼫，祖夕反，入形，大头似菟，尾有毛，青黄色，好者日中食粟，关东呼鼠能飞。

　　鼹鼠，胡鸡反，平，有蜇毒。小鼠也。食人及鸟兽，虽至尽不知①。

《天地瑞祥志》中各类鼠的记载，并非为了汇辑动物知识，而是为了辨祯祥，通过"图"与"文"来按图索骥，既要辨别祥瑞，亦要辨别灾异，有些灾异与祥瑞十分相像，故需画图进行区分。（图3-3）

另外一类与鼠有关的灾异，见于敦煌本《白泽精怪图》。此卷为彩绘物怪图赞，由 S. 6162 和 P. 2682 组成。P. 2682 由七纸装裱成卷，前四纸分两栏排列，每栏左图右文，后三纸有文无图。S. 6162 与 P. 2682 前七纸类似。诸家考释均集中于文本，而对于图文关系鲜有论及。现在看来，此卷之定名、缀合、内容尚有可商之疑点，此类祯祥变怪图书的图与文的制作实态，有待今后展开进一步探索。

此处仅征引其鼠妖相关部分。左图画三只老鼠穿行，右文曰："鼠群行者，有大水，不过一年。"讲鼠群行所预兆的灾异。还记载了另外一类与鼠有关的灾异，其渊源乃古代化生观念。例如："子日称社君者，鼠也；称神人者，伏翼也。"这一类精怪化生记述，其原理并不复杂，即将地支与生肖相对，但其观念来源极早，跟阴阳、时序都有关系。（图3-4）

关于各类精怪记录，《白泽精怪图》、《抱朴子内篇》、《天地瑞祥志》物精部分、《金楼子·物怪篇》以及睡虎地秦简《日书》所记驱鬼之术，可互相参证。

---

① 《天地瑞祥志》，东京前田育德会尊经阁文库藏抄本。

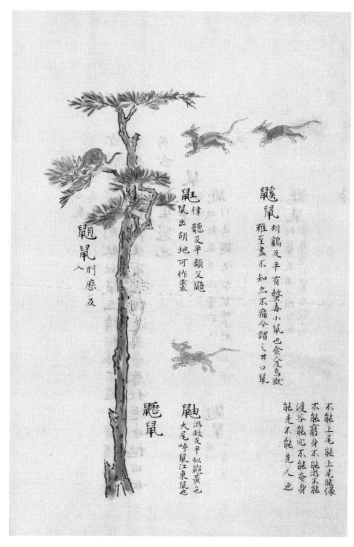

图 3-3　前田尊经阁文库藏《天地瑞祥志》卷一九鼠怪部分

　　以望云气、占风雨的方法来预言行事的吉凶，其理论基础出于"气化宇宙观"，乃是中国古代占卜术中最为古老的传统之一，其渊源可追溯至夏商之际。早在殷商时代，甲骨文中就有殷人祭祀四方风的记载，目的是"求年"，即占察年景的丰荒、水旱，是否有兵革、疾疫的兴

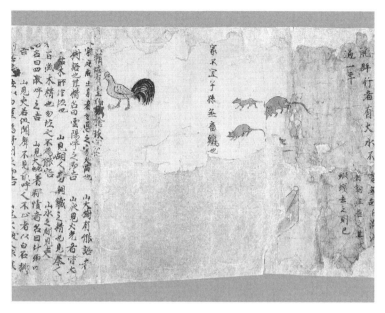

图 3-4　P. 2682《白泽精怪图》鼠妖

起，这表明占风术主要性质是军国占①。

　　作为军国占的占风术，如何移用于占个人政治命运，我们并不清楚，但从《太素·九宫八风》或许可以窥见一些端倪。文中详密记载了方角、风名和伤害部位，并绘有图解。文字部分云："因视风所从来而占之。从其所居之乡来为实风，主生长，养万物；风从其冲后来为虚风，伤人者也，主杀，主害者。谨候虚风而避之，故圣人避邪弗能害，此之谓也。是故太一入徙，立于中宫，乃朝八风，以占吉凶也。"② 山田庆儿提出，"九宫八风说"反映的是中国医学中的少师派的立场，并指出当时的医家之所以在若干流派的占风家中独采九宫占风家之说，是因为九宫占风家将风区别为虚实，而虚实是中国生理学和病理学里不可

---

① 参看拙著《中古异相：写本时代的学术、信仰与社会》，第 140—170 页。

② 杨上善撰注，钱超尘、李云校正《日本仁和寺原钞古卷子本〈黄帝内经太素〉新校正》，北京：学苑出版社，2006 年，第 621—622 页。

缺少的概念，由此沟通了风占通向医学的径路。八风占后虽被医学排除，其技术似乎流于神仙术，向着特异的方向发展，但反过来，这旁证了医学与八风占早期结合的存在①。与此类似，在人体–宇宙论上存在的某种对应关系，正是占星术起源的知识–信仰背景。桥本敬造指出："古代人想预见将来的尝试不久就托付给了更为客观的操作方式。认为围绕着我们的大宇宙，即赋予宏观的宇宙和人或人体这一微观宇宙相对应的精密体系被创立了出来。于是，用宏观世界发生的现象就可以预知微观世界将要发生的事情或命运的占卜，即占星术就产生了。"② 同理，占风术为何可以用于占太子之位置稳固与否可以由此获得理解。

所谓"回风"，即旋风，《尔雅·释天》记载了一种四方风说，云"回风为飘（旋风）"。③《隋书》卷三四《经籍志》：

> 《阴阳风角相动法》一卷梁有《风角回风卒起占》五卷，《风
> 角地辰》一卷，《风角望气》八卷，《风雷集占》一卷④。

六朝时期有回风占的专著存在，表明这一占风术已相当细密化。只是此书隋代之前即已亡佚，无法确知萧吉所用占术是否出自六朝旧法。

萧吉用"桃汤苇火驱逐之"，也是古老方术的新法。以桃木为禳邪之物，至少可以追溯到周初，有可能出自楚文化。最为常见的做法是置桃弧棘矢或桃枝于特定场所，如《左传·昭公四年》："古者日在北陆而藏冰……其出之也，桃弧棘矢，以除其灾。"杜注："桃弓棘箭，所

---

① 山田庆兒《九宫八風說と少師派の立場》，《東方學報》第 52 册，1980 年，第 199—242 页。

② 桥本敬造《中国占星术的世界》，王仲涛译，北京：商务印书馆，2012 年，第 2 页。

③ 郝懿行《尔雅义疏》，郝懿行等《尔雅 广雅 方言 释名 清疏四种合刊（附索引）》，影印本，上海：上海古籍出版社，1989 年，第 190—191 页。

④ 《隋书》，第 1027 页。

以禳除凶邪，将御至尊故。"孔疏引服虔云："桃，所以逃凶也。棘矢者，棘赤有箴，取其名也。盖出冰之时，置此弓矢于凌室之户，所以禳除凶邪，将御至尊，故慎其事，为比礼也。"[①]马王堆汉墓帛书《五十二病方·魅》："魅：禹步三，取桃东枳（枝），中别为□□□之倡而笄门户上各一。"[②]或随身携带，遇见鬼魅时用来投刺，如睡虎地秦简《日书》甲种"诘咎篇"："人毋（无）故鬼攻之不已，是刺鬼。以桃为弓，牡棘为矢，羽之鸡羽，见而射之，则已矣。"[③]其所模仿之兵器也不限于桃弧，还有桃杖、桃戈。《日书》又云："野兽若六畜逢人而言，是票（飘）之气，击以桃丈（杖），绎履而投之，则已矣。"[④]《白玉图》："玉之精，名曰委然，如美女，衣青。人见之，以桃戈刺之而呼其名，则可得也。"[⑤]

苇矛与苇杖，亦为投刺鬼魅之植物。《抱朴子内篇》卷一七《登涉》："山中见吏，若但闻声不见形，呼人不止，以白石投掷之则息矣；一法以苇为矛以刺之即吉。山中见鬼来唤人，求食不止者，以白茅投之即死也。山中鬼常迷惑使失道径者，以苇杖投之即死也。"[⑥]

桃汤和苇火，均为桃木、芦苇禳邪崇拜的转换形式。桃汤即以桃木煮为汤，挥洒于地或饮用以除秽恶。《汉书·王莽传》："又感汉高庙神灵，遣虎贲武士入高庙，拔剑四面提击，斧坏户牖，桃汤赭鞭鞭洒屋

① 阮元校刻《十三经注疏》，影印本，北京：中华书局，1980 年，第 2033—2034 页。

② 马王堆汉墓帛书整理小组编《马王堆汉墓帛书》（肆），北京：文物出版社，1985 年，第 74 页；马继兴《马王堆古医书考释》，长沙：湖南科学技术出版社，1992 年，第 635 页。

③ 刘乐贤《睡虎地秦简日书研究》，台北：文津出版社，1994 年，第 226 页。

④ 释文据刘乐贤《睡虎地秦简日书研究》，第 227 页。

⑤ 李昉等编《太平御览》卷八〇五《珍宝部》引，影印本，北京：中华书局，1960 年，第 3579 页。

⑥ 葛洪著、王明校释《抱朴子内篇校释》（增订本），北京：中华书局，1980 年，第 304 页。

壁，令轻车校尉居其中，又令中军北垒居北寝。"① 《荆楚岁时记》："正月一日，是三元之日也。……于是长幼悉正衣冠，以次拜贺。进椒柏酒，饮桃汤。"② 苇火祛邪之功，亦用于医方。孙思邈《备急千金要方》卷二七《养性》"去三虫丸方"："生地黄汁三斗，东向灶，苇火煎三沸。"③

桃汤苇火并用，未必为萧吉所创，但仅见于隋唐之际。另一著名例子为《资治通鉴》卷一八七："（王世充）遣诸将引兵入清宫城，又遣术人以桃汤苇火被除禁省。"④ 萧吉与王世充所遣术士均用桃汤苇火被除宫中鬼魅，或可视为一种宫廷斗争习用巫术。

谢土就是解土，谢是禳谢之意，谢土即对土地进行祭祀禳正仪式。门是空间控制和社会控制的重要设施，在中国古代社会有极为丰富的象征意味⑤。门户是家的边界象征，祭祀和禳正，设坛于四门，就是要划定一个界限，以确立内与外的区分，建立神圣空间，将邪气摒绝于外。"置五帝坐"，意谓设立五方帝（东方青帝、南方炎帝、中央黄帝、西方白帝、北方黑帝）的神座。这种禳谢之法，吐鲁番出土的一组与祭祀五方神有关的文书，尤以《五土解》文书，可作生动脚注，仅录笔者复原的"南方赤帝"条：（图3-5）

> 谨启南方赤帝土公，驾赤车，乘赤龙，赤功曹，赤主簿，赤伍伯，赤徒从，开赤门，出赤户，赤盖堂，堂君在下，乘君车马从后下，愿君顿马停车，来就南坐，主人再拜，酌酒行觞⑥。

---

① 《汉书》，第 4169 页。

② 宗懔撰，宋金龙校注《荆楚岁时记》，太原：山西人民出版社，1987 年，第 7 页。

③ 孙思邈著，李景荣等校释《备急千金要方校释》，第 584 页。

④ 司马光《资治通鉴》，北京：中华书局，1956 年，第 5851 页。

⑤ 刘增贵《门户与中国古代社会》，《"中央研究院"历史语言研究所集刊》第 68 本第 4 分，1997 年，第 817—897 页。

⑥ 唐长孺主编《吐鲁番出土文书》（图录本）第三册，北京：文物出版社，1994 年，第 152 页。

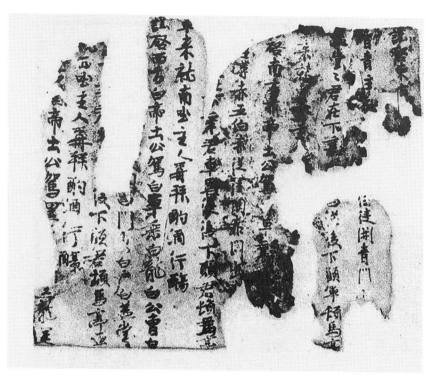

图 3-5　吐鲁番出土唐写本《五土解》

虾蟆也有象征意义。虾蟆既是一种精怪，和月、阴性有关，也与生死观紧密相联。在古人观念中，月由阙而圆再由圆而阙，乃是"生"与"毁"往复过程。有一医学文献题为《黄帝虾蟆经》，系借月中有虾蟆、兔说，据"人气"随月盈亏，逐日推算针灸禁忌，其首篇即为《虾蟆随月生毁图》①。虾蟆在此处，似作为关乎生死而又象征阴私的被驱除的鬼祟。（图3-6）

① 《黄帝虾蟆经》，影印本，北京：中医古籍出版社，1984 年；相关研究参看 Vivienne Lo, "*Huangdi Hama jing*（Yellow Emperor's Toad Canon）", *Asia Major*, Volume 14, part 2（2001）: Essays Contributed in Honor of Michael Loewe（published in Spring, 2004）, P. 61-99.

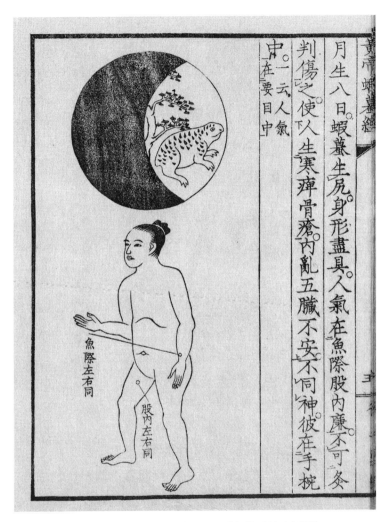

图 3-6 《黄帝虾蟆经》中的《虾蟆随月生毁图》

在这萧吉取得隋文帝信任，由此"每被顾问"的关键性政治事件中，萧吉极为娴熟地运用了各种门类的方术，传称"尤精阴阳、算术""考定古今阴阳书"可从此得实，称之为中古时代阴阳家第一人，诚非虚誉之辞。

第三节　中古时代占卜的理论根柢仍是阴阳五行

阴阳五行理论是理解传统中国政治、思想和社会的重要基础。萧吉所著《五行大义》则是中古时期阴阳五行理论的集大成者。该书的编纂体例、文本结构、概念表述以阴阳五行为条贯，并对所有概念和方法做了缜密的阐发，充分体现了萧吉的学术兴趣和时代氛围。本文首先讨论了阴阳五行学说的源流和嬗变，认为自春秋战国以来，随着中国思想、学术与制度的演进，阴阳五行所包含的内容不断被注入丰富的内涵，容纳于其中的方术—博物传统的呈现方式日趋纷繁多姿，到了中古时代，各类知识、信仰与技术出现了汇流统合的需求与趋势，这既体现了阴阳五行理论发展的内在理路，同时也体现了士人复杂而多重的知识结构和人生抱负。在此基础上，将萧吉和《五行大义》置于这一脉络中加以考察，并以萧吉驱除东宫鬼魅一事作为切入点，探究其学术旨趣之依归。萧吉在关于此事的占验实践中，将风角、九宫、禄命、谢土、物怪诸术熔铸于一炉，充分展示了如何将阴阳五行理论用于信仰生活与政治运作中的实际操弄。笔者希望借由此个案，讨论汉唐间阴阳五行之"学与术"的知识社会史，对阴阳五行的"行容"，尤其是魏晋隋唐之际的"变容"有新的理解。

张广达先生指出："敦煌卷子中大量阴阳五行、五姓、解梦作品的存在也提示，已往研究唐代社会缺少对社会下层的考察，对人数众多、文化层次低、社会地位低的平民百姓着眼甚少。与研究唐代诗人的雅文化相比，对社会下层的俗文化的研究显得非常欠缺。涵盖着人数最广大的平民百姓阶层的俗文化有什么内涵？下层百姓抱有何种价值观？他们是否已经有了某种自我主体意识？《太平广记》中大量的神怪故事、敦煌斋文中大量的祈望乃至颂圣语句产生于何种心理动机？这些都是非常值得研究的题目。现在研究佛教、道教的专著较多，但将这种研究纳入唐代社会的较少，佛、道信仰只是宗教史的组成部分，而不是唐史的组成部分。学术发展有它的路数，今后将会有人填补这些社会史的空白，扭转宗教史研究与社会史和思想史研究脱节的现象。"① 张先生的卓见，是我早年选定敦煌宗教社会史作为博士论文的缘起之一，在将民生宗教置于中古社会变迁的背景下加以考察的过程中获益良多。今重新审视中古时代阴阳五行、干支、星占与禄命关系，再度吟味此语，若有些许领会。

关于传统的星占，尤其是与五行紧密相关的五星占，我有一个大体的概括：汉唐之际，主要还是军国星占为主，但是到唐以后，无论是以传统的七曜的形名，还是以西方的七曜或九曜面目出现，占个人禄命的书大量增加。这与唐以后星占分野灾异说的地方化和具体化有关，此外，星占与道教符箓的结合也更加趋于紧密。这一影响主要是魏晋以来随着密教经典的翻译（有些可能不能说是翻译，其实找不到原典，有些说是编译，实际上就是新造的，有可能是一行或其他人造的，当然有些是连编带译），波斯、粟特、印度的天文术士入华，源自希腊、罗马并且经改造的天文星命技术的传入，进入到一个官方的历法体系，也进入到民众的日常生活。所以我们特别强调它是印本或册页，应该是日常生活中实际运用的文本，主要是在这个意义上来讲的。本土星占渗入了外来影响，大量运用于占卜个人命运的西方星命术在魏晋以后逐渐生成，真正大规模地推演开来，得到广泛崇信，大概要晚到晚唐五代。外来因素深刻地融入五星占以及相关的星曜信仰，成为常识和习俗。新五星占与本土五星占并行不悖，成为中古以降星占学发展的两条主线②。大体

---

① 张广达《关于唐史研究趋向的几点浅见》，《中国学术》2001 年第 4 期，第 286 页。笔者在拙著《神道人心》中曾对此有所发挥，见第 1—4 页。

② Yu Xin, "Personal Fate and the Planets: A Documentary and Iconographical Study of Astrological Divination at Dunhuang, Focusing on the Dhāraṇī Talisman for Offerings to Ketu and Mercury, Planetary Deity of the North." *Cahiers d'Extrême-Asie* 20 (2011): 163-190. 余欣《唐宋之际"五星占"的变迁——以敦煌文献所见辰星占辞为例》，《史林》2011 年第 5 期，第 70—78 页。

来看这样的论述是可以成立的。为什么不从两者的互相渗透来讲？因为很难说哪些成分是固有的，哪些成分是渗透进来的，渗透的过程是怎么样的，彼此是怎么样融合在一起的，均不易清晰界定。所以最终作出这样一个看上去似乎有些保守的论述。

《史记·天官书》"北方，水，太阴之精，主冬，日壬癸"① 云云，《五行大义》所讲与此多有契合。《开元占经》卷八很多文字都与《五行大义》非常相似，比如说"五星者，五行之精也。五帝之子，天之使者，行于列舍，以司无道之国，王者施恩布德，正直清虚，则五星顺度"。后文所举的星有天狗、枉矢、天枪、天棓、欃云、格泽，在《五行大义》里面也都有列举。《五行大义》很少论及灾异，也没有讲到川竭、雨血之类。诸如"主死国灭，不可救也，余殃不尽，为饥旱疾疫"云云，也有提到一些，但并不是太多，而且较为笼统和简略。这是一个值得注意的现象。

总体来看，自汉至唐，传统星占与外来星命术交相辉映，构成了中古时代星占学五色斑斓的图景，不论呈现的光影如何变幻，仍深深植根于阴阳五行之底色。诚如中村璋八所云，中国占卜的根柢在于"根据地球的各种物质（动物、植物、无机物、自然现象、人类）的异常运动和变化，按阴阳五行之间的辩证关系，预测未来"②。

---

① 《史记》卷二十七《天官书》，第 1576 页。
② 安居香山、中村璋八辑《纬书集成》，石家庄：河北人民出版社，1994 年，第 4 页。

第四章　探抽冥赜，参验人区：
萧吉的知行世界

梁启超云："阴阳五行学说，为二千年来迷信之大本营，直至今日，在社会上犹有莫大势力，今当辞而辟之，故考其来历如次。"[1] 不论是否视阴阳五行为迷信，此篇奠基性鸿文，具体论考仍具价值。李零指出："即使在诸子学说经进一步分裂、融合而形成汉以后儒家独尊的上层文化之后，阴阳五行学说也仍然在中国的实用文化（数术、方技、兵学、农学、工艺学）和民间思想（与道教有关的民间宗教）中保持着莫大势力，足以同前者做长期的抗衡。"[2] 上层文化、实用文化、民间宗教等提法，虽不无可商，阴阳五行为基底性要素，无可置疑。

本章以《五行大义》相关诸篇为基础史料，同时利用敦煌所出《七星人命属法》等禄命文书，论析中古时代干支、星占与禄命的关系，揭示其在命理信仰实践中的应用，再论汉唐间阴阳五行之"学与术"的知识社会史。

---

① 梁启超《阴阳五行学说之来历》，顾颉刚编著《古史辨》第五册，上海：上海古籍出版社，1982 年，第 843 页。

② 李零《中国方术考》（修订本），北京：东方出版社，2001 年，第 176 页。

第一节　理论体系的建构与萧吉的知识背景

阴阳五行之学的研究取径，实际上有两种差异甚大的分野存在：作为诸子学说与作为占验理论。前者将其看作诸子百家之一家，以往相关成果多集中于先秦时期阴阳观研究[1]。后者将其看作指导占卜与选择的形而上学，但是对于理论与占验技艺之间究竟存在何等关系，语焉不详。尽管庞朴较早便提出阴阳五行作为深嵌于生活一切方面的图式的观点[2]，但关于阴阳五行的"行容"，尤其是魏晋隋唐之际"变容"的探讨，甚为寂寥[3]。

隋萧吉所著《五行大义》为阴阳五行理论之划时代纲领性文件，向为学界所公认。其中《论七政》一章条贯诸家，纵论星占、干支与禄命，乃汇集董理有关类目之鸿篇巨作，似尚未引起足够之重视。其中述星占者尤多，究其缘由，乃因星辰运移本为阴阳观念产生之重要资源，阴阳五行说即起源于与天文历法有关的知识，而星占又被理解为阴阳义理的实际操作，故亦可借此审视星占与阴阳五行之渊源有自[4]。

---

　　[1]　例如井上聪《先秦阴阳五行》，武汉：湖北教育出版社，1997年。谢维扬指导完井上氏完成此项研究之后，又指导彭华完成同题博士论文，也已经出版，见彭华《阴阳五行研究（先秦篇）》，长春：吉林人民出版社，2011年。

　　[2]　庞朴云："一般都承认，五四以前的中国固有文化，是以阴阳五行作为骨架的。阴阳消长、五行生克的思想，迷漫于意识的各个领域，深嵌到生活的一切方面。如果不明白阴阳五行图式，几乎就无法理解中国的文化体系。"参看庞朴《阴阳五行探源》，《中国社会科学》1984年第3期，第75页。

　　[3]　刘国忠撰有《〈五行大义〉、〈阴阳书〉与隋唐时期的阴阳五行理论》，收入氏著《唐宋时期命理文献初探》，哈尔滨：黑龙江人民出版社，2009年，第31—46页。然此文流于概论。较为专门的论考，有罗桂成《唐宋阴阳五行论集》，台北：文源书局有限公司，1983年。

　　[4]　班大为认为："看起来与五行相关的思想最后被吸收到汉代的理论中以及汉代显赫巨富的反叛运动都可以在极大的程度上归因于由三代星占家和宇宙论者作出的天象观测。"班大为《天命的宇宙——政治背景》，氏著《中国上古史实揭秘——天文考古学研究》，徐凤先译，上海：上海古籍出版社，2008年，第230—231页。

星占与阴阳的"互文关系",唐人对此也有清晰的认识。潘智昭是事瞿昙悉达和一行的历生,墓志中述其学术由来,称:"晓阴阳义,通挈壶术。事瞿昙监,侍一行师,皆称聪了,委以腹心。君之德也,君之能也。掌历生事,习业日久,勤事酬功,授文林郎转吏部选。"①

《论七政》开篇先述"七政"与"治政"之关系,其文曰:

> 夫七政者,乃是玄象之端,正天之度,王者仰之,以为治政,故谓之政。

"七政"之"政",实与"正时"之"正"有关。因为此"正"与政治之"政"有关,故天道与人道可因之对应。星之"正"与治之"正",其理同一。"正"与"政"本字亦通。经典文本亦经常用星之"正"来隐喻人伦治理之"正"。《论语·为政》:"为政以德,譬如北辰。居其所而众星共之。"②即是用"众星共之"来比喻"为政以德"治理之"正"。

继而对"七政"做出详解,综合诸家观点,列出三种解释:

> 七者,数有七也,凡有三解:一云,日月五星,合为七政。二云,北斗七星为七政。三云,二十八宿,布在四方。方别七宿,共为七政。

第一种讲法,即"日月五星合为七政",在中古时代是最为常见的。第二种讲法,即"北斗七星为七政",则兴起比较晚,尤其是受道教兴起以后的影响比较深。北斗崇拜虽然甚古,在中国初民社会,北斗就是时间和空间的指标,由此引发崇祀北斗的信仰,相信北斗是天地造化的枢纽,主宰人间四季变化和人的命运③。前引西水坡遗址 M45 号墓中所发掘的蚌塑龙虎、星象图案,即被认为是北斗崇拜的最早考古学证

---

① 王昶《金石萃编》卷八八,嘉庆十年刻同治钱宝传本,叶一六。

② 阮元校刻《十三经注疏》,北京:中华书局,1980 年,第 2461 页。

③ 萧登福认为中国星斗崇拜,始见于《尚书尧典》,秦汉时,列入国家祀典。参看萧登福《道教星斗符印与佛教密宗》,台北:新文丰出版公司,1993 年,第 5 页。

据。放马滩秦简乙种《日书》"禹须
臾"所谓"向北斗，质画地"，[①] 大
概是面向北斗而画地之意。马王堆
《五十二病方》中还见到直接以瓢象
征北斗的例子[②]。但是真正同北斗相
关的礼拜仪式、信仰仪轨，则是比较
晚的事情了。至于星神供奉以及北斗
出现在道教符箓之中，绝不早于魏晋
之际。[③] 佛教与星命紧密结合的例证，
最早见于北凉时期的石塔，图像由塔
身的七佛一弥勒、龛额的八卦与塔顶
的北斗七星等构成，从中可以看到本
土的周易术数、星斗崇拜与外来的佛
教思想交汇和融合[④]。（图4-1）但是
此时的北斗七星仍是传统的星象图形
式，尚未演变成神像。总之，北斗之
形象、概念出现虽早，但其真正成为
一种崇拜仪式还是和道教兴起有很大
关联的。至于第三种说法，以"二十
八宿布在四方，每方分得七宿"来指

图4-1 吐鲁番出土北凉石塔宋庆塔

① 甘肃省文物考古研究所《天水放马滩秦简》，北京：中华书局，2009年，
第95页。
② 马王堆汉墓帛书整理小组编《马王堆汉墓帛书》（肆），北京：文物出版
社，1985年，第38页。裘锡圭主编《长沙马王堆汉墓简帛集成》（五），北京：中
华书局，2014年，第221—222页。
③ 关于道教与北斗的关系可进一步参看潘崇贤、梁发《道教与星斗信仰》，
济南：齐鲁书社，2014年。
④ 殷光明《北凉石塔上的易经八卦与七佛一弥勒造像》，《敦煌研究》1997
年第1期，第81—88页。

称七政，其兴起应该更为靠后。

萧吉对三种讲法做出总结："此三种七政，皆配五行。"可见萧吉终究是要讲阴阳五行，因此三种讲法均需与五行相配。

萧吉所阐释三种讲法，尤以第一种最为详细，开篇先引纬书《尚书考灵曜》阐明七政内涵：

> 并三辰之首也，日月五星为七政者，《尚书考灵曜》七政曰：日月者，时之主也。五星者，时之纪也。故曰：在璇玑玉衡以齐七政。七政：五政谓五行之政，七政即日月五星也。

《尚书考灵曜》以日月为时之主，即与阴阳五行与时令之关系有关。"五星者，时之纪也。"表明五星在古代是记时的重要工具。

先述日月：

> 日者，《河图汗光篇》云：日为阳精，始日实也。《元命苞》云：阳以一起，故日月行一度，阳成于三，故有三足乌。

关于"三足乌"，有很多研究乌鸦崇拜或者鸟崇拜的学者讨论过这一问题[①]。

> 乌者，阳精，其言偻呼，俗人见偻呼似乌，故以名之。又云：火精阳气，故外热内阴，象乌也。日尊故满，满故施，施故仁。

从此句可以感受到，萧吉时刻把天象与"仁政"联系起来，不脱儒者本色。

> 仁故精，精在外，在外，故大，日外暑，外暑，故阳精外吐。天有三百六十五度四分度之一，布在四方。

---

① 王晖《从曾侯乙墓箱盖漆文的星象释作为农历岁首标志的"农祥晨正"》，《考古与文物》，1994年第2期；飯塚勝重《三足烏原像試探》，《アジア文化研究所研究年報》第48號，2014年，第1—14页；T. Volker, *The Animal in Far Eastern Art: And Especially in the Art of the Japanese Netsuke, with References to Chinese Origins, Traditions, Legends, and Art.* Leiden: Brill, 1975 P. 39.

此语与天文测量有关，古代天文测量重要的一项功能便是测年之度数以定历日，而颁行历日则为王朝正统所在与王化所及之重要象征。①

> 日日一历，无差迟，使四方合如一，故其字四合一也。《白虎通》云：日径千里，围三千里，下于天七千里。

此句援引《白虎通》，乃因《白虎通》为古代总括三纲六纪之书。陈寅恪极重《白虎通》纲纪之说，认为中国古代所有秩序及精华均统摄于此，云："吾中国文化之定义，具于《白虎通》三纲六纪之说，其意义为抽象理想最高之境，犹希腊柏拉图所谓 Eîdos 者。"② 这固然与其遗老情节有关，而事实上所有传统士人无不重视以《白虎通》为代表的三纲六纪之说。

> 《太玄经》云：日一南，万物死；日一北，万物生。《物理论》云：夏则阳盛而阴衰，故昼长而夜短；冬则阴盛而阳衰，故昼短而夜长。

古人没有今人之回归线理论。上述现象对于今人乃为常识，是太阳直射点在南北回归线间移动之缘故，若纬度超过 65 度，则会出现"白夜"现象。古人虽无回归线概念，但对这种天文现象仍有观测，所以夏至定在 6 月 21 日、22 日左右。夏至移动点通常在一两天之间，但是其他的节气有时候会移动得相当大，而夏至和冬至则不会相差太远。萧吉用阴阳消长来解释这一天文现象，说夏天的时候昼长而夜短，这是用阴阳来解释一切的一个表现。

---

① 陈侃理《秦汉的颁朔与改正朔》，余欣主编《中古时代的礼仪、宗教与制度》，上海：上海古籍出版社，2012 年，第 448—470 页。

② 陈寅恪《王观堂先生挽词并序》，陈美延编《陈寅恪集·诗集》，北京：生活·读书·新知三联书店，2001 年，第 12 页。

第二节 《五行大义·论七政》解读

本节续对《论七政》篇之具体文本内容做出解读，近乎章句之学①。

> 行阳道长，出入卯酉之北；行阴道短，出入卯酉之南。春秋阴阳等，故行中道，昼夜等也。《考灵曜》云：春一日。日出卯入酉，昴星一度，中而昏，斗星十二度，中而明；仲夏一日，日出寅入戌，心星五度，中而昏，营室十度，中而明；秋一日，日出卯入酉，须女四度，中而昏，东井十一度，中而明；仲冬一日，日出辰入申，奎星一度，中而昏，氐星九度，中而明。

此段讲四季日出日落方位及日中、夜中星。天文学史和阴阳术数研究者多会计算行星行度，然后制成图表，可供我们参考②。

> 卯酉阴阳交会，日月至此为中道，万物盛衰出入之所，故号二八之门，以当二八月也。故《诗推度灾》云：卯酉之际为改政。《汉书·天文志》云：日者，君之象，君行急，则日行疾；君行缓，则日行迟。迟疾失其常，则蚀。蚀在交道也。蚀者，阴侵阳，

---

① 《五行大义》之影印本，有穗久邇文库藏本，東京：汲古書院，1989 年。整理与译注本众多，主要有中村璋八《五行大義校注》，東京：汲古書院，1998 年；刘国忠《五行大义研究》，沈阳：辽宁教育出版社，1999 年，第 145—301 页；梁湘润《五行大义今注》，台北：行卯出版社，2001 年；钱杭点校《五行大义》，上海：上海书店出版社，2001 年；马新平、姜燕点校《五行大义》，北京：学苑出版社，2014 年；Marc Kalinowski, *Cosmologie et divination dans la Chine ancienne. Le Compendium des cinq agents (Wuxing Dayi*, VIe *siècle*)，Paris：École Française d'Extrême-Orient, 1991. 本文所引《五行大义》文字，皆据影印本并参考中村璋八、刘国忠校注本，校注本释文及标点有误者，一般径改，特殊之处出校说明。为免行文烦琐，不一一出注。

② 例如武田時昌《太白行度考：中國古代の惑星運動論（一）》，《東方學報》（京都）第 85 册，2010 年，第 1—44 页。

臣凌君之象也。故日蚀修德以禳之。

此节以日象人君，而"卯酉之际"的二八月为"改政"的关键时期，此时人君疾迟应与日行相应，若失常，则容易引发日蚀等灾异。日蚀有多重象征，其中之一就是臣凌君，然后有很多禳日蚀法。

> 月者，《春秋元命苞》云：月者阴精，为言阙也。中有蟾蜍与兔者，阴阳两居相附托，抑讪合阳结治，其内光炬中气似文耳。兔善走，象阳动也。兔之言僖呼，僖呼，温暖名也。月，水之精，故内明而气冷。阴生不满者，讪于君也。

"讪于君"之"讪"与"屈"，意思一样。

> 至望而应盈者，气事合也。盈而缺者，讪向尊也。

这些都包含"下凌上"之义。下凌上，还有下服从于上，跟月之盈亏有关系。

> 其气卑。卑，故修表成纬。阴受阳精，故精在内，所以金水内景。内景，故阴精沈执不动。月为阴精，体自无光，籍日照之乃明。犹如臣自无威，假君之势，乃成其威。

此段讲月之光来源于日，同理，臣之光亦来源于君。这一理论也是今人研究政治制度史的一个基本理论。政治史研究有两条主线：第一，官僚体制。第二，皇帝制度。皇帝制度最重要的内容跟内侍有关，朝官最初就是皇帝身边的近侍转化而来的。中国制度史研究的主要关注点，是官僚体系的演变，核心是内廷和外朝的权力分配关系结构，包括权力的互相牵制、侵蚀和消长，权力中枢的流转。这种解释在制度史研究中似乎是常识，《五行大义》中的表述与此十分相近。比如说某一个权臣，他之所以得势，是因为内侍出身，就是皇帝的近臣出身，那么即使他表面上看上去权倾一时，实际上威权来源于皇帝制度，是因君权而获得的，他自身并不具有独立的权力合法性。所以说臣犹如月光，借自皇帝的日光，"犹如臣自无威，假君之势，乃成其威"。

> 月初未政对日，故无光缺；月半而与日相对，故光满；十六日

已后，渐缺，亦渐不对日也。《汉书·天文志》云：月，日行十三
度四分度之一。立春、春分，东从青道；立秋、秋分，西从白道；
立冬、冬至，北从黑道；立夏，夏至，南从赤道；季夏行中道。赤
青出阳道，白黑出阴道。晦而见西方，谓之朓。

这句是对月之行度及运行规律的解释。月暗见于西方，叫作
"朓"。朓这个字主要是用于月日的盈亏，偶尔也用于人名，例如谢朓。

朔而见东方，谓之朒。

"朒"字也是专门用于讲月之盈亏，指朔日前后月见于东方，实际
上是一个同体合成字。"月"和"肉"虽本非一字，但可互通。《正字
通·肉部》："月，'肉'字偏旁之文，本作'肉'，《石经》改作
'月'，中二画连左右，与日月之月异。"[①]

若君舒缓，臣骄慢，故日行迟，而月行疾。

这句话是讲月为臣之象，日为君之象。

君肃疾则臣恐惧，故日行疾，而月行迟，不敢迫近君位也，其
行迟疾失度，亦蚀。

这句话讲日月行度之失度，它与君臣礼法失度有关，君臣失度就会
有日蚀或月蚀发生[②]。

蚀者，当日之冲有暗虚，暗虚当月，则月蚀，当星，则星亡。
月蚀者，阳侵阴也。董仲舒云：于人，妃后、大臣、诸侯之象。月
为刑，故月蚀修刑以禳之。

从这句话可以看出，月象征大臣、妃、皇后、后宫、诸侯之象。

以上讲日月，继而讲五星：

---

① 《正字通·未集下》，《续修四库全书》第 235 册，上海古籍出版社，2002
年，第 299 页。

② 关于日蚀的理论与实践变化，可以参看陈侃理《天行有常与休咎之变——
中国古代关于日食灾异的学术、礼仪与制度》，《"中央研究院"历史语言研究所集
刊》，第 83 本第 3 分，2012 年，第 389—433 页。

五星者，《说文》云：星者，万物之精，或曰，日分为星。故其字日下生。

此句先引《说文》讲"星"之构字，以"星"为"日下生"，认为星是从日分出来的。不过《说文》的说法正误难断，只能代表东汉以后的解释。

《史记》云：星，金之散精，星陨为石，此金是也。《春秋》云：陨石于宋，陨星也。又云：星者，阴精，金亦阴也。别而言之，各配五行，不独主金。

本段是讲五星与五行相配。

岁星，木之精，其位东方，主春，苍帝之子，人主之象，五星之长，司农之官，主福庆。凡有六名：一名摄提，二名重华，三名应星，四名缠星，五名纪星，六名修人星。其所主国，曰吴、齐。超舍而前为盈，退舍为缩。

"岁星"即木星，五行中为木之精。"舍"为停留之意，乃天文星占专有名词。实际上"舍""传舍"，就是一个停留之地。还有包括成语退避三舍，都是停留之义，用来记程，可以记陆地上的行程，也可以记天上星之行程。

行邪则主邪，行正则主正。政急则行疾，政缓则行迟。

这句话把治政和岁星运行完全对应起来。政治上的行政缓急和岁星都有相应。

酷则行阴，和则行阳，行阳则旱，行阴则水，治则顺度，乱则逆行，以其主岁，故名岁星。

《开元占经·岁星占二》引了多条占辞来讲阴阳和，天下宁。例如：

石氏曰：岁星守心，王者得天心；阴阳和，天下大丰，五谷成熟，有庆赐，贤士用，皆有令德。

又：

《荆州占》曰：岁星守心，七日以上至七十二日，名曰母覆其子，阴阳和平，王者得天心，忠士皆用，四夷服，天下安[①]。（图4-2）

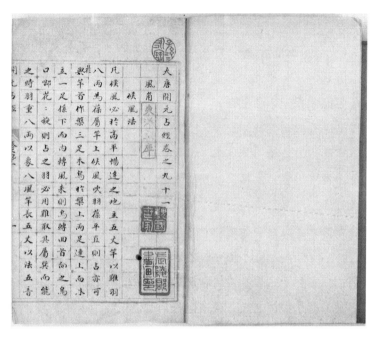

图4-2　东洋文库藏《开元占经》写本

这些占辞的本土色彩极浓，可以看作五行说在理论和星占中具有共同"话语系统"的体现。

荧惑，火之精，其位南方，主夏，赤帝之子，方伯之象，五星之伯。上承太一，下司人君，谓天子理也。伺无道，出入无常。为天伺察，所往主兵乱丧饥疾。凡有二名：一名罚星，二名执法。其所主国，曰荆越。是太白之雄，出南为荧惑，居西为天理，在东为县息。以其出入无常，故名荧惑。

---

① 《开元占经》卷三十九，复旦大学图书馆藏陈鳝抄本。

荧惑出入无常，不易观测，且"荧惑守心"有臣凌君之象。黄一农曾撰文专门讨论过历史上有关"荧惑守心"的记载，指出所谓的"荧惑守心"百分之八十都是假的[①]。实际上，许多天象与灾异被大肆宣传与敷陈，其中人为的因素不可小觑，与政治权力的争斗及权力和制度的重新分配以及各个利益集团之间的平衡有着密不可分的联系。但也不可武断地将其一概视之伪造。

> 镇星，土之精，其位中央，主四季，女主之象，主德，为五星之王。一名地侯。伺女主之邪正，入阳则为外，入阴则为内。四星皆失，镇星乃为动。以其镇宿不移，故名镇星。

此段讲土星。土居中央，故有"地侯"一说。土星"入阳则为外，入阴则为内"可见其亦有主外主内之说。土星看上去是不动的，故又称"镇星"，即镇守之意。

> 太白，金之精，其位西方，主立秋，白帝之子，大将之象，以司兵凶。日南方太白居其南，日北方太白居其北，曰盈；日南方太白居其北，日北方太白居其南，曰缩。未可出东方而出东方，名重华。未可下东方而下东方，名少岁；未可出西方而出西方，名太白；未可下西方而下西方，名白肖。凡有六名，一名天相，二名天政，三名大臣，四名大皓，五名明星，六名大嚣。《诗》云：东曰启明，西曰长庚。其所主国，曰秦、晋、郑。太白是岁星之雄，太白主兵。兵，西方，金，色白，故曰太白。

此段讲金星。先阐明金星之盈缩。又讲到太白不应该出于东方而出于东方，名曰"重华"。因为金星也是不容易观测到的，通常大概只是在黄昏的时候比较容易在西方看到。又引《诗经》"西曰长庚"，"长

---

① 黄一农《星占、事应与伪造天象——以"荧惑守心"为例》，《自然科学史研究》，第 10 卷第 2 期，1991 年，第 120—132 页。后改写为《中国星占学上最凶的天象："荧惑守心"》，收入氏著《社会天文学史十讲》，上海：复旦大学出版社，2004 年，第 23—48 页。但也有不同的说法，见刘次沅《隋唐五代天象记录统计分析》，《时间频率学报》，第 3 卷，2013 年，第 181—189 页。

庚"也写成"常庚","庚"与"更迭"之"更"意思相近。

《汉武洞冥记》之类"小说家言",均渲染东方朔为岁星之精①。《开元占经》亦多有征引:

> 巫咸曰:太白下为壮公,止于山林。案《风俗通》云:东方朔者,太白星精。黄帝时为风后,尧时为务成子,周时为老聃,在越为范蠡,在齐为鸱夷。言其神圣,能兴王霸之业,变化无常。《列仙传》及《汉武故事》并云:朔是岁星精。应劭云:是太白精②。

但《五行大义》并不取此说,可见其在理论严密性上取舍较严。

> 辰星,水之精,其位北方主冬。黑帝之子,宰相之象,主刑。政酷则不入,政和则不出。凡有六名:一名安调,二名细极,三名熊星,四名钩星,五名司农,六名勉星。其所主国,曰赵代。辰星主德,是天之执政,出入平时,故曰辰星。

《论七政》所述日月五星,看上去都是中国传统星占的理论,但是我们不清楚所谓的中国传统星占到底有多少是真正本土的,有多少是外来的。这些讲星占分野、所主、性格、执政等的内容,用的字句好像很传统,似乎没有外来的成分掺入,或者说至少没有明显的痕迹。但是在观念和技术层面,可能还是有一些外来的星占成分,比如说源于波斯或者印度的渗透进去,有时候很难厘清。

> 《星经》云:五车西北第一星,曰太白,次北一星,曰辰星;

---

① 《汉武洞冥记》记东方朔为岁星下凡:帝问:"诸星皆具在否?"曰:"诸星具在,独不见岁星十八年,今复见耳。"帝仰天叹曰:"东方朔生在朕傍十八年,而不知是岁星哉!"惨然不乐。王国良《汉武洞冥记研究》,台北:文史哲出版社,1989 年,第 31 页。

② 龚丽坤《相星与占书——以〈开元占经·太白占〉为中心的五星占研究》(指导教师:余欣,复旦大学学士学位论文,2014 年 6 月),研究编以《开元占经》为中心讨论了中古时期五星占的知识背景,资料编为《开元占经·太白占》点校,以文渊阁四库全书为底本,以陈鳣旧藏本、大德堂本、王氏旧藏本为参校本,是目前较好的整理研究成果。本节引文据此引录。

次东北一星，曰岁星；次东南一星，曰镇星；次西南一星，曰荧惑；此当五星分气也。又云：岁星变为彗星，云欃、云枪、云天狗；荧惑变为彗星、蚩尤旗、格泽；镇星变为狱汉、天沸、旬始、虹蜺；太白变为彗星即扫。

"即扫"就是我们通常所讲的扫帚星。

辰星变为狂失、天枪、天棓。

此处中村璋八录文有误，他录为"狂失"，实际上应该校正为"枉矢"。提手旁和木字旁，在写本里面字形经常是一样的，俗字研究者往往称之为"才手旁"。所以有些录文，包括有些刻本，把"天棓星"误为"天掊星"，而"掊"有"剖"之义。天枪和天棓是相对应的，把这些星名全部改成木字旁，也是类化的一种形式①。所谓辨星和异名都是术士齐整化努力所致，即我们现在称为知识的经典化和重新整理格式化后的结果，原先应该没有这么整齐划一的命名形式。

并是五星气，乱见妖星也。王者视之，以知得失。《考灵曜》云：岁星为规，荧惑为矩，镇星为绳，太白为衡，辰星为权。权衡规矩绳，并皆有所起。

所有的五种名称都是规矩权衡之意，实际上就是"定位"之意。正是因为可以用五星来定，所以五星之正，可以用来正万物，五星之正万物，也就是"正"，用于人伦治道，即为"政"也。

周而复始，故政失于春，岁星满偃，不居其常；政失于夏，荧惑逆行；政失于季夏，镇星失度；政失于秋，太白失行，出入不当；政失于冬，辰星不效其乡。五政俱失，五星不明。春政不失，五谷孳；夏政不失，甘雨时；季夏政不失，时无灾；秋政不失，人民昌；冬政不失，少疾丧。五政不失，日月光明。此则日月五星共为七政之道，亦名七曜，以其是光曜运行也。

---

① 参看张涌泉《汉语俗字研究（增订本）》北京：商务印书馆，2010年，第63—73页。

在中古以前，将七曜之"曜"作"耀"的写法比较少见，此处的"耀"可能是后来传抄迻改所致。

以上是第一种有关"七政"的讲法，接下来是第二种讲法，即北斗七星为七政。

> 北斗为七政者，北斗，天枢也。天有七纪，斗有七星。第一至第四为魁，第五至第七为瓢。合有七也。

这是讲北斗如葫芦一般的魁和瓢。

> 《尚书纬》云：璇玑斗魁四星，玉衡拘横三星，合七。齐四时五威，五威者五行也。五威在人为五命，七星在人为七端。北斗居天之中，当昆仑之上。

> 运转所指，随二十四气。

这句是讲北斗的运行随二十四气。

> 正十二辰、建十二月。又州国分野年命，莫不政之。故为七政。

此句讲北斗何以为七政。

> 《虞录》云：北斗七星，据璇玑玉衡，以齐七政。政者天子所治天下。故王者，承天行法。《合诚图》云：北斗有七星，天子有七政。斗者居阴布阳，故称北斗。其七星各有四名。

本段萧吉援引《虞录》，这一文献并不常见，《虞录》应是托名虞仲的一本书。

> 《合诚图》云：斗第一星名枢。

枢之名，其他场合亦用之，如官僚制中，为何称枢密使，同于此义。

> 二名璇，三名玑，四名权，五名衡，六名开阳，七名标光。《黄帝斗图》云：一名贪狼，子生人所属。二名巨门，丑亥生人所属。三名禄存，寅戌生人所属。四名文曲，卯酉生人所属。五名廉贞，辰申生人所属。六名武曲，巳未生人所属。七名破军，午生人

所属。

这段引《黄帝斗图》也不常见。这一段和敦煌的七星人命法有直接的对应。"贪狼"对应的仅有"子生人","破军"对应的仅有"午生人",其余皆对应两个地支。一方面是因为十二地支,分配给七星,只能五星各对应两个地支,另二星各对应一个地支；另一方面,又可显示子午的基准性。

《孔子元辰经》云：一名阳明星,二名阴精星,三名真人星,四名玄冥星,五名丹元星,六名北极星,七名天开星。

这段引《孔子元辰经》,托名孔子而作,道教意味颇浓。星名中的真人、玄冥、丹元皆道教习用名字。

《遁甲经》云：一名魁真星,二名魁元星,三名权九极星,四名魁细星,五名魋刚星,六名魋纪星,七名飘玄阳星。第一水,二水土,三木土,四金木,五金土,六火土,七火。所以子午各独属一星,其余并两辰共属者,子午为天地之经。

这段文字中所引用《遁甲经》,当亦与道教有关,在《道藏》中,我们可以找到关于遁甲术、遁甲经乃至一些相关的仪式类文本。由于子午是天地之经,此处还提到子午各属一星,余者两者对应一星。

斗第一及第七魁刚（罡）两星,亦是斗之经。建所用指也。自余非所指者。故并两属。

此段又解释为什么其他的星为两属。

故六十甲子从第一,起甲子以配之,往还周旋,尽其数矣。北斗领二十八宿,一星主四时。魁起室,刚起角,以次分属。

第三节　中古禄命文献的"表象"与"数理"

"禄命"一词,今人多以"算命"称之。但"算命"一词似为后起,其在唐前文献中很少被提及。"禄命"之称应同中国官本位文化传统中仕禄的观念有关，例如敦煌禄命文书通常会讲"食多少"，表面来看是讲一个人的食料多少，但深层含义出自官秩的"多少石"。

中古术士，如吕才、李淳风等人，其著作亦多用"禄命"一词，当然，其中托名之书不少。以《新唐书·艺文志》为例，所著录图书以"禄命"为题者，即有《杂元辰禄命》、《涩河禄命》、《禄命书》（两卷本）、《禄命书》（二十卷本）、《禄命人元经》、杨龙光《推计禄命厄运诗》等多种，由此可见"禄命"一词在唐代使用之普遍[①]。

关于禄命在占卜体系中的分类，黄正建将"禄命"列入"杂占卜"，采用较为宽泛的定义："举凡以人之生年（或月或日）来推算人之富贵贫贱、寿夭病厄的，无论是用五行八卦，还是用七曜九宫，均属此类。"[②]

从技术上分析，中古禄命术，实有两端：其一，禄命与星占结合；其二，禄命与干支、八卦、五行结合。前者即禄命与七政（包括日月五星占、二十八宿占、北斗占等多种形式）结合，并包含外来星命学的因素。禄命同星占发生关联，源于二者原理同一，所占察的实质即"生命进入时空的切入点"。后者往往与十二支结合，此类占验方法似乎中国传统色彩更浓一些。

上述两种占验方法时常并存，即在同一种禄命术里，既有与星占有关的内容，又有与十二支有关的内容。但后者所占比重往往更大，即十二支占在禄命术中的应用更加普遍。下文将讨论的敦煌《七星人命属法》，即更多地应用十二支占，特别是时辰占。

时辰占在禄命术中应用更加普遍，这一现象值得留意。一种占卜术若能得到人们普遍信奉，则必须在技术上具有可操作性，同时又需要掌握受众心理，对预兆所作出的解释，应与人们的心理预期有多数相合，以此来确保较高程度的灵验。若占卜方法过于简单（如民间流行的所谓

---

① 《新唐书》卷五九《艺文志》，北京：中华书局，1975 年，第 1554、1558 页。

② 黄正建《敦煌占卜文书与唐五代占卜研究》（增订版），北京：中国社会科学出版社，2014 年，第 94 页。

以生肖推流年之法，众人仅划分为十二种命运），以其便于操作故，采用者多，但真正信从不疑者寥寥无几。相反，若占卜方法过于复杂，能解之人必少，操此术者与受众皆寡，则缺乏相应群众基础。因此，占卜在学理和体用上，都需要在简约和复杂之间寻找一个均衡，在精简的同时进行繁化，即人为的技术复杂化。也就是说，在素朴的原理之下，造作繁复的理论，再据以制造具体卜法的"产品差别化"[①]。故而中古时代的禄命术往往推重时辰，认为时辰才是真正决定人一生命运的主干。古代记时准确到时辰，已称得上精密科技，因此它具有"技术复杂化"的优势。更为重要的是，时辰真正代表了一个人进入某一空间的时间交界点。而像年、月、日，时段太长，这类粗疏划分就不具备"技术复杂化"的优势了。仍以敦煌《七星人命属法》为例，其基本上以时之十二支来推禄命。但问题随之出现，时有十二，而星则只有七，如此就会出现星辰分布不均。因此会出现有些星只分布一个时，有些星分布三个时的情况。总之，要把十二支用七星全部分完，而且这七星中有些星是不能用的，所以具体使用中还会有一些调整。

敦煌本《七星人命属法》，系两钞本粘合而成，皆两面书，故共有四层次，揭裱后现编号为 P. 2675 和 P. 2675bis。此卷同样反映了上述有关星占、干支和禄命的理论内容在敦煌民间的实际运用[②]。

---

① "产品的差别化"乃现代工业名词，例如牙膏这种产品，本质上大同小异，但可以设计包装成很多牌子，或者添加所谓独特的成分，从而人为地制造出成千上万种个性化产品，让消费者产生不同的功能和选择的"错觉"。占卜术亦是同理，必须使人看上去更加精确一些，且具有多种复杂的可能性，并尽可能地扩展可能性，从而建立起相对完美的解释体系，使之具有更高可信度。

② 关于《七星人命属法》的研究成果，主要有黄正建《敦煌占卜文书与唐五代占卜研究（增订版）》，第94—96页；赵贞《敦煌文书中的"七星人命属法"释证——以 P. 2675bis 为中心》，《敦煌研究》2006年第2期，第72—77页；王晶波《敦煌占卜文献与社会生活》，兰州：甘肃教育出版社，2013年，第315—317页；郑炳林、陈于柱《敦煌占卜文献叙录》，兰州：兰州大学出版社，2014年，第126页。

　　这件写本十分有名，主要是其正面所抄《新集备急灸经》很受医史界的关注①。禄命书与针灸书抄于同一写本之上，这一现象值得深究。针灸有很多禁忌，最常讲的就是人神，哪一天哪一个时辰可以施针灸，有不同的时辰所对应的"人神方位图"。因为古人认为人身体的各个部分都有人神分布，人神是在不断游走的，如果针扎在人神所行游的位置，是要出大问题的。所以除了专门的《灸经》之外，"人神"也成为具注历上必备的常规栏目，就是为了便于速查，以避开人神所在的方位②。针灸的人神方位和星辰的命理方位，在人体–宇宙论上似乎存在某种对应关系，而这正是占星术起源的知识–信仰背景③，此点或许可以从功能主义方面解释钞本的物质形态。（图4–3）

　　《新集备急灸经》，题目含"新集"两字，历代典籍中，冠以"新集"者不少，即从以前诸家典籍中摘抄精要言论重新编纂汇集。敦煌有很多题为"新集"的书，比如《新集文词九经抄》即是一例，系撷取九经诸子之要言与圣贤文章之粹语，摘抄辑录以资研读检索的编著④，为写文章、应科举而修饰文辞、运用典故提供一个便利的工具书。题目又含"备急"二字，这和隋唐之后备急还有单验之类的思想兴起有关⑤。孙思邈的《千金方》为什么题为《备急千金药方》？就是立刻可

①　马继兴等《敦煌医药文献辑校》，南京：江苏古籍出版社，1998年，第514—528页。

②　邓文宽《敦煌吐鲁番历日略论》，氏著《邓文宽敦煌天文历法考索》，上海：上海古籍出版社，2010年，第97页。

③　桥本敬造指出："古代人想预见将来的尝试不久就托付给了更为客观的操作方式。认为围绕着我们的大宇宙，即赋予宏观的宇宙和人或人体这一微观宇宙相对应的精密体系被创立了出来。于是，对用宏观世界发生的现象就可以预知微观世界将要发生的事情或命运的占卜，即占星术就产生了。"参看氏著《中国占星术的世界》，王仲涛译，北京：商务印书馆，2012年，序言第2页。

④　郑阿财、朱凤玉《敦煌蒙书研究》，兰州：甘肃教育出版社，2002年，第298—303页。

⑤　参看陈明《备急单验——敦煌汉语医药文献中的单药方》，氏著《殊方异药：出土文书与西域医学》，北京：北京大学出版社，2005年，第142—156页。

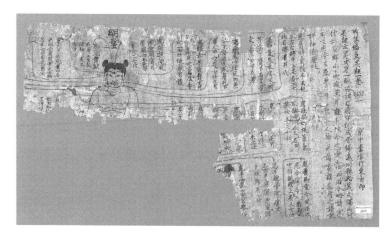

图 4-3　敦煌文献 P. 2675《新集备急灸经》

以取用之意。所以隋唐以后这种应急的，或者说实时可用的，我们今天所讲的立等可取的，这类技术得到大量的重新的组织和推广。《新集备急灸经》即可以立刻应急的灸法新汇编。敦煌占卜文书中，也有所谓《孔子马头卜法》，又称《立成孔子马坐卜法》，也是取立占可成之意。唐代以降，学与术有趋于更加实用化和功利化的倾向，大量的类书及小手册被编纂。敦煌也有很多此类册子本，内容十分博杂，涉及经典、医药、占卜、诗文等各个层面[①]。

　　本件文书下方还有一行文字"京中李家于东市印"，表明灸经原是一个雕版印刷的刻本，刻于长安的东市。长安西市应该比东市更繁荣一些，但东市可能有一些专事刻书的书坊。印刷术发明以后，最先运用的

---

　　① 藤枝晃指出，敦煌文献中册子本有数百件，多为九、十世纪。册子本比起卷子本的好处是小型、便携，因而其内容多是供个人使用的。参看藤枝晃《文字の文化史》，東京：岩波書店，1971 年，第 191 页。中译见藤枝晃《汉字的文化史》，李运博译，北京：新星出版社，2005 年，第 140 页。

当然是在佛经（尤其是陀罗尼）①、历日等领域，其次便是这些实用的医药文献②。《新集备急灸经》有雕版刊行，表明当时是作为民间实用手册而流通，而且需求量相当大。

从文书整体来看，底本是刻本，传到敦煌时，因为没有这么多刻本，所以又从刻本再进行传抄。以往我们的关注点总是集中于由写本到刻本的转化，但实际上还有从写本到刻本，再由刻本返回到写本的情形。了解写本时代物质书写的变化，对于研究知识制造、流通、复制和再生产的过程，具有特别的意义。

文书前面部分都是《灸经》，针灸须画人神图、明堂图，还有用红色的引线来标注每一部位的说明，原来肯定是这样一块一块标称的。钞本用了双色，原刻本的情况不清楚。当时有没有双色套印，还很难讲。

背面的内容和正面的《灸经》是相关的，原来肯定是一个关于人神在不同时间游走的表格，表格之后是说明。"月一日，人神在足"，是说人神在身体的不同部位，所以这个地方是不能扎针的。这部分讲人神分布的内容，和正面文书应该是同一性质。由此我们对这个文献的构成就有了一个比较全面的理解，这些内容之所以汇聚在一个卷子上，都是因为与人神游走、时日择吉有关。

---

① 关于陀罗尼的最新研究，参看 Pual Copp, *The Body Incantatory：Spells and the Ritual Imagination in Medieval Chinese Buddhism*. New York：Columbia University Press，2014.

② 印刷术的起源，是一个众说纷纭的老问题。我认为商业利润（包括宗教上的功德）的追求和民间实用文本的需要所建立的供求关系，是促使印刷术大规模推广的根本性驱动因素。为商业利润而印刷，绝不是晚至前近代才出现的现象。关于宋代以后的商业印刷，已有专题研究论著出版，例如 Lucille Chia, *Printing for Profit：The Commercial Publishers of Jianyang, Fujian*（11th-17th Centuries）. Cambridge：Harvard University Asia Center，2003；Pei-yin Lin and Weipin Tsai ed.，*Print, Profit, and Perception：Ideas, Information and Knowledge in Chinese Societies*，1895-1949. Leiden：Brill，2014. 辛德勇《中国印刷史研究》，北京：生活·读书·新知三联书店，2016 年。早期的商业出版，同样需要关注。

在人神部分之后，即是《七星人命属法》。起首论"午时生人"。关于"午"，因为子午，子对应一个星，所以它和《五行大义》的理论完全是相符的，而且文字都差不多，同《五行大义》引《黄帝斗图》完全一致，可见在民间是用于实际操作的。

为什么这么说呢？我们现在虽然找不到用这个方法进行实际占课的例子，但并不等于它不存在。在实际操作层面，用西方星命术为某人占验的，我们有一件极为难得的珍贵记录，就是 P.4071《康遵批命课》①。这件文书出于北宋初年地方术士康遵之手，不仅真实，而且完整，使我们得以窥探当时术数的真实面貌。从这个意义上讲，其价值远远高于保留在传世文献中那些往往缺乏操作性的卜法论述。左娅对其"宫"的概念、技术结构和学术传统进行了考察，倾向于认为，无论是镶嵌着星星具体动向和入宿度的实测式盘据、与该盘据配合使用的太阳历，还是"宫"（House）概念的使用，都指向一个结论，即：这种外来星术远起于托勒密希腊星学，途经中亚，在实际操作中与琐罗亚斯德历法形成相配合之整体，随后流播于中国，展现在北宋初期术士康遵的一次实际占课中②。（图 4-4）

然而这样的材料是可遇而不可求的。用传统的七星来占的实例似乎不可能被发现。古代占验记录很难非常完整地保留下来，一方面是涉及个人的隐私，另一方面，这种占验记录留存的概率本来就很少。通常找一个术士占卜，他就给你大致讲一通，不会把整个命盘的占验记录，像写古代的医案那样一一记述（其实医案也是宋以后才真正兴起的，唐以前未见专著），和盘托出。

退而求其次，对有可能被用于"教学实践"或日常占验而抄写的

① 饶宗颐《论七曜与十一曜——敦煌开宝七年（974）康遵批命课简介》，*Contributions aux etudes sur Touen-houang*, ed. par Michel Soymié, Genève-Paris：Librarie Droz, 1979, P. 78-86.

② 左娅《〈康遵批命课〉再研究》，未刊稿。

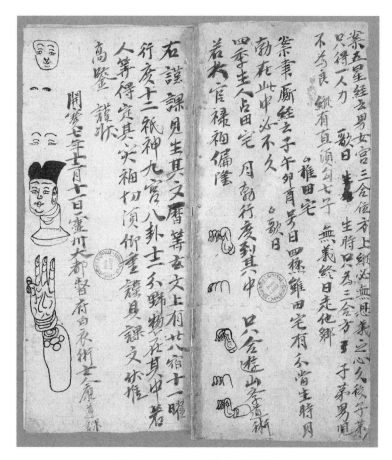

图 4-4　P. 4071《康遵批命课》

文献，也应予以特别的重视。从 P. 2675《七星人命属法》整件文书的性质来分析，正面和背面的主体内容是一个实用文书，就是它实际是备用应急的。其背面所抄人命属法应该是他实际中经常要用到的，所以顺便抄在这后面，而且这两部分的内容本身就有关联性。每条文字上方有一个符号，表示一条占辞的起首，格式和前面的《灸经》有所不同。（图 4-5）

　　"午生人属破军星，日食□三石八斗，受命九十五"。"日食"某种食

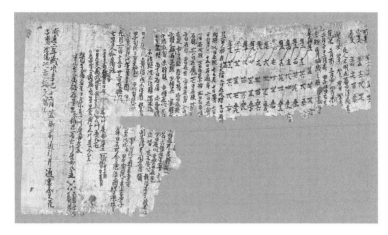

图 4-5　　P. 2675《七星人命属法》

料的讲法，跟官员的食禄是多少石，意思差不多，实际上也是对官僚制的模仿。占辞下画有一个符箓，受到道教影响的痕迹极为明显。《五行大义》文内很多星名，应该也都出自道教的命名系统，从中可以看到道教和星命的结合还是很深的。"受命"用"受"，将"寿命"之"寿"写成"接受"之"受"，也是有渊源的。"受"和"寿"之所以可以相通，不仅因为同音，而且因为"受"含有受命于天的意思，即人的寿矢乃天命注定。

"巳未生人属武曲星"，"日食"后食的是什么，字迹漫漶，但依稀可辨是"大豆三石八斗，受八十七"。

"辰申生人属廉贞星，日食麻（糜）子五斗，受命八十三"。写本中"斗"和"升"的字形相似，此处有些是接在"石"下面，应该录为"斗"。当然，此处"日食"多少粮食云云，计量单位大都是象征性的，不是指真正的食量。这条占辞，很有敦煌当地的特色。糜子是和高粱差不多的一种粮食作物，高启安曾撰文专门讨论过这一问题[①]。有意

---

① 高启安《唐五代敦煌饮食文化研究》，北京：民族出版社，2004 年，第16—18 页。

思的是，糜子应该是敦煌当地栽培的农作物，在古代的农产品分类知识体系中，糜子并不属于与五行有对应关系的五谷之一，而是属于杂谷①。虽然典籍中关于五谷的说法各有不同，但其他七星人命所属的食料，小麦、稻、大豆等则一般属于五谷系统，为何辰申生人有异，原因未详。

"卯酉生人属文曲星"，这里"卯"字写法比较特殊，"日食小麦"之后好像是"三"，"受命九十五"。

"寅戌生人属禄存星，日食稻米一石六斗，受命八十五"。后面有一个七星符篆，值得留意。

最后还有一个题记："咸通二年岁次辛巳十二月廿五衙前通引并通事舍人范子盈，阴阳氾景询二人写记"。"子盈"在敦煌文书中是常见人名，有"悬泉镇遏使行玉门军使曹子盈"（S.619V）、"节度押衙兼右二将头浑子盈邈真赞"（S.5448《浑子盈邈真赞》），范子盈不见于其他归义军时期文献，生平不详。阴阳氾景询，阴阳应该是指阴阳生，敦煌也有专门的阴阳博士、阴阳生，专门学习阴阳，所以这些有可能都是他们当时学习的主要内容。医卜、星象本来就是方伎之本，阴阳生既要学医药，也要学天文、占卜，所以它们会被抄在一起。《七星人命属法》之所以抄在后面，有可能前面的人神、针灸抄得差不多了，看到后面还剩一些纸，就把这个顺便抄在后边。本文书其实并不完整，因为我们看它有午、巳未、辰申、卯酉、寅戌，但缺了子、丑、亥。所存部分与《五行大义》卷四所引《黄帝斗图》比对，完全一致：

> 《黄帝斗图》云：一名贪狼，子生人所属；二名巨门，丑亥生人所属；三名禄存，寅戌生人所属。四名文曲，卯酉生人所属；五名廉贞，辰申生人所属。六名武曲，巳未生人所属。七名破军，午生人所属。

① 小林清市《齊民要術における五谷と五木》，山田慶兒编《中國古代科學史論》，京都：京都大學人文科學研究所，1989年，第589—614页。

除了《黄帝斗图》讲"子"属于"贪狼星"，"丑亥"属"巨门星"。敦煌本此二部缺失外，都是对应的，这可能跟抄写或者具体应用有关。

黄正建讨论过这件文书，但是录文有点问题，把"巳未"录成了"丑未"，认为"从排列规律看，怀疑是本卷抄手在抄写过程中写错了"。然原卷正作"巳未"，所以此推测无法成立①。

汉到盛唐，主流还是军国五星占，但是在《开元占经》里面，虽然主体好像还是中国传统星占，但也有外来影响渗透的痕迹。我们很难厘清哪些一定是外来的，哪些一定是本土的。只能有一个大致的概括，就是主流的军国星占之外，也有跟禄命相关的星占，开始逐渐流行。像《七星人命属法》这样的占法，肯定受到外来的影响，只是我们无法准确地区分不同的来源。

P. 3398 敦煌《推十二时人命相属法》也有同十二支、七星相关的内容，而且相较 P. 2675 更加详细一些②。（图 4-6）

这件文书也是册页装，可见都是原来常用的手册型实用书，遇有犹疑，翻阅立等可查，可以直接用来占验。

"子生，鼠相人，命属北方黑帝子，日料黍三石五斗一升。"计量单位石、斗、升是完整的，比《七星人命属法》更加详密一些。禁忌也讲得更为细致。"宜着黑衣。有病宜复（服）黑药。"服药要和五行所对应的五色相合。"大厄子午之年，小厄五月十一月。"大厄、小厄，现在仍流行的紫微星命占流年常讲大运、小运。"不得吊死问病。不宜

---

① 可能是由于研究时间较早，未能看到原卷或清晰的 IDP 照片的缘故。但新出《敦煌占卜文书与唐五代占卜研究》增订版，仍未改正。

② 主要研究可参考黄正建《敦煌占卜文书与唐五代占卜研究》（增订版），第96—97 页；陈于柱《区域社会史视野下的敦煌禄命书研究》，北京：民族出版社，2012 年，第 120—137 页；王晶波《敦煌占卜文献与社会生活》，兰州：甘肃教育出版社，2013 年，第 328—329 页；郑炳林、陈于柱《敦煌占卜文献叙录》，兰州：兰州大学出版社，2014 年，第 127 页。

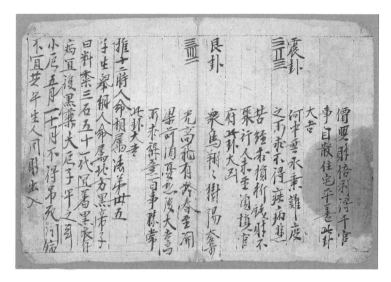

图 4-6　P. 3398《推十二时人命相属法》

共午生人同财出入。"不能和午时生的人"同财",同财就是一起做生意,或者有经济上的往来,与兴易有关。也跟出行有关。古代所谓出行往往和所谓兴易是联系在一起的。从敦煌文书来看,凡是讲出行、出使的,基本上肯定和贸易相联系,所以文书讲到不能同财出入。

"亥生,猪相人。命属巨门星。"丑和亥都是巨门星,是相对应的。

"北方黑帝子。日食粟米一石四斗一升。宜着黑衣,有病宜服黑药。春夏生富贵,秋冬生自如。""大厄巳亥之年,小厄四月十月,忌吊死问病。"这些看上去都是中国传统星占,但也有一部分外来星占元素渗透进去。文中"此人元是波提国人",应该是受佛经的影响,"波提"应该是梵文翻译的结果。当然,波提国到底在什么地方难以确知,它可能是一个虚拟的国家。"此人元是波提国人,前身性多不净,遂来此生为人。有文武之性,位宽心行,先贫后富,三男二女,力贵夫,资产不少,得三子力。""三子力"应指第三子的力量,也就是说子嗣对父亲是有帮扶作用的。古人比较讲究这些,如妻会不会旺夫,子能不能助父。"年十八小厄，廿五官厄，卌大厄。过此寿命八十三。"意谓此人人生有三关，十八岁、廿五岁、四十岁，过了这三关，寿命可以活到八十三。"宜修福，即得长命。一世之中，衣食不少。"后面这句非常有意思，也很突兀："一生不得向西北方大小便。慎之则吉也。"我们知道人神也在游走，还有年神，在具注历里面有年神方位图，还有太岁方位图，比如说要盖屋、修井灶，均要看这些方位，不能触犯太岁、黄幡、豹尾这些所谓的星神。因为他们一年之中在不同方位游走，所以说这也是五行跟方位对应的关系，因为此人是亥年生，猪相人，所以说"不得向西北方大小便"。从这句话来看，确有外来的元素渗入。波提国肯定是外来的，"大小便"的说法也是从佛经翻译过来的。所以本件敦煌文书很有意思，从整体表述来看似乎很本土，但其中小部分，如波提国、大小便肯定有外来成分，只是很难进一步分析。

下编：仪式场域中的器物

第五章　从莫高窟到正仓院：
佛教仪礼与艺术中的琉璃①

琉璃为佛教七宝之一，作为特殊材质的供养品，在阐扬宗教信仰上的洁净观念、在"礼仪与美术"中的庄严功能、在吸引崇信者和扩大佛教影响力方面所具有的价值，颇值得探讨。然而学界对于这一"法物"似缺乏关注，已有的研究成果，其着眼点主要在于琉璃的名义考证②，或从科学技术史③，以及东西文化交流史的视角展开研究④，至

①　本章系在英文初稿"Glass in Buddhist Ritual and Art in Medieval China"（International Forum on Buddhist Art & Buddhism's Transmission to Europe，University of British Columbia and Tianzhu Buddhist Foundation，Madrid，August 27–28，2016）基础上改写而成，中文修订本曾以《莹澈心水：敦煌西域佛教仪礼与艺术中的琉璃》为题，于 2018 年 6 月先后在复旦大学中古中国研究班和上海师范大学"古代史研究新视野"讲座上做过报告，得到与会学者的指教，谨此一并致谢。
②　张维用《琉璃名实辨》，《故宫博物院院刊》1986 年第 2 期，第 64—69、96页；赵永《琉璃名称考辨》，《中国国家博物馆馆刊》2013 年第 5 期，第 63—72 页。
③　相关研究成果甚多，最新的系统性著作，参看干福熹等著《中国古代玻璃技术发展史》，上海：上海科学技术出版社，2016 年。
④　Edward H. Schafer, *The Golden Peaches of Samarkand: A Study of T'ang Exotics*，Berkeley，Los Angeles：University of California Press，1963，P. 235–238. 薛爱华（谢弗）《唐代的外来文明》，吴玉贵译，北京：中国社会科学出版社，1995 年，第 508—510 页。中译本改正了引文的一些错误并加了一些研究性的译注，极便读者。薛爱华书中所论偏于文献考辨，运用考古资料进行探讨的主要著作有：由水常雄

于其在佛教信仰与仪式中的意涵和功用则未能深入阐发。

本项研究旨在汇集佛教典籍、史志诗文、石刻史料、敦煌文献与图像、考古遗存（佛塔、墓葬、窖藏）中的相关史料，从琉璃在佛教仪式中的实际使用状况入手，分析琉璃与其他共同出土的宝物的整体关系，着重从佛教供养与法物的信仰实践揭示其宗教功能与象征含义，进而追溯其观念源流以及在文本和图像中的表现。本篇即为此基础研究之一部。

第一节　佛教"七宝"观念中的琉璃

中国中古时代的佛教寺院堪称区域的思想库与聚宝盆，既是信仰与学术的中心，又是物质文化的汇聚之地①。敦煌藏经洞出土的什物历和施入疏，使我们对于寺院的财富结构及其来源，在细节上有了全貌性的了解。

侯锦郎先生对于《龙兴寺什物历》的刊布与研究，展示了这一类文书的研究价值和前景②。其中作为寺院财物重要组成部分的奇珍异宝，诸如金银器、宝石、珍珠的存在，引起了人们的注意。稍后，唐耕耦等《敦煌社会经济文献真迹释录》将这两类文书首次予以辑录③，为后续的

（接上页）《ガラスの道：形と技術の交渉史》，東京：徳間書店，1973 年；東京国立博物館編《東洋古代ガラス：東西交渉史の視点から》，東京：東京国立博物館，1980 年；干福熹主编《丝绸之路上的古代玻璃研究》，上海：复旦大学出版社，2007 年。

　①　荣新江《于阗花毡与粟特银盘——九、十世纪敦煌寺院的外来供养》，胡素馨主编《佛教物质文化：寺院财富与世俗供养国际学术研讨会论文集》，上海：上海书画出版社，2003 年，第 246 页。

　②　Hou Ching-lang, "Trésors du monastère Long-hing à Touen-houang: une étude sur le manuscrit P. 3432", dans M. Soymié (dir.), *Nouvelles contributions aux études de Touen-houang*, Genève：Droz，1981，P. 149–168. 中译文，侯锦郎《敦煌龙兴寺的器物历》，谢和耐、苏远鸣等著，耿昇译《法国学者敦煌学论文选萃》，北京：中华书局，1993 年，第 77—95 页。

　③　唐耕耦等《敦煌社会经济文献真迹释录》第 3 辑，北京：全国图书馆文献缩微复制中心，1990 年，第 1—109 页。

研究奠定了坚实的史料基础，至今仍是我们经常需要参考的资料集。姜伯勤先生讨论了琉璃、鍮石、珊瑚、玛瑙、真珠、琥珀、瑟瑟等①。郑炳林先生则把这些珠宝列为晚唐五代敦煌贸易市场上的外来商品的一大门类，做了较为详细的考证②。荣新江教授则从中古敦煌寺院的外来供养物的角度做了较为全面的考察，不仅揭示了于阗、粟特、回鹘等各种外来文化因素对敦煌佛教的影响，而且考察了寺院和供养者两方面对于这些外来供养品的看法，阐述其价值和意义③。与此前研究成果最大不同之处，在于其采用物质文化史和精神文化史交错的研究路径，对寺院财富和外来供养两个层面之间的关系进行了阐释，立意新颖，具有方法论意义。

前辈学者的成果，为我们的进一步思考提供了许多有益的启示。不过，这些成果大多侧重于从中外关系史或社会经济史的角度来分析，过于强调这些宝物的商品属性。为何有如此众多的珍宝汇聚在寺院中？如果只是把它们单纯地理解为或寺院积聚的财富或经由丝路贸易而来的舶来品，而不从佛教"七宝"观念来理解是解释不通的。

佛教戒律是反对寺院追求财富积累的，僧尼个人修行也应该"少欲知足"，不蓄金银④。因此，郑炳林先生对于这些物品为何会出现在寺院中，也就是说涉及这些宝物在寺院中的性质和功能时，似乎感到有点

---

① 姜伯勤先生曾讨论敦煌与发自波斯的"香药之路""珠宝之路""琉璃之路"，其中"琉璃之路"的提法颇具新意，但未能展开论述。参看姜伯勤《敦煌吐鲁番文书与丝绸之路》，北京：文物出版社，1994年，第64—69页。安家瑶对此有所申论，参看氏撰《玻璃之路——从汉到唐的玻璃艺术》，《走向盛唐：文化交流与融合》，香港：康乐及文化事务署，2005年，第21—27页。

② 郑炳林《晚唐五代敦煌贸易市场的外来商品辑考》，《中华文史论丛》第63辑，2000年，第72—76页。

③ 荣新江《于阗花毡与粟特银盘——九、十世纪敦煌寺院的外来供养》，第246—260页。

④ 参看柯嘉豪《"少欲知足"、"一切皆空"及"庄严具足"：中国佛教的物质观》，胡素馨编《佛教物质文化：寺院财富与世俗供养国际学术研讨会论文集》，第36—37页；John H. Kieschnick（柯嘉豪），*The Impact of Buddhism on Chinese Material Culture*，Princeton：Princeton University Press，2003，P. 2–14.

困惑。在论及玛瑙时，说"敦煌文书中记载玛瑙的地方并不多，这表明寺院不适宜收藏玛瑙一类的珠宝，寺院保存的这类珠宝都是由当地居民舍施给寺院的"；而在论及珊瑚时，又说"（敦煌）寺院已经收藏珊瑚，足以表明珊瑚在当时敦煌市场上比较常见"[①]。尽管佛教在中国社会实际发展，不仅产生出庞大的寺院经济，而且僧尼之间经常有财产纠葛，甚至不得不求助于戒律之外的法律手段来解决[②]。敦煌僧尼的社会生活，则具有更强的世俗化倾向，敦煌文献中有大量与内律、寺院清规规定的寺院僧尼生活相矛盾的资料[③]。若按此理解，玛瑙、真珠等宝物频频出现在敦煌寺院什物历中，而且有时候数量还不小，似乎也不是什么突兀的事情。然而这些东西的基本属性，真的是"商品"或者"财富"吗？恐怕未必。玛瑙之类的宝物，敦煌契约、归义军官衙点检历等文书均未见，而是只出现于寺院什物历和施入疏中，这表明它们并非流通领域的等价物或商品，也不是官府的财政储备或贵族的珍玩，而是宗教圣物。那么，它们的宗教渊源和实际用途究竟是什么呢？应该是和佛教"七宝"观念和用宝物作为庄严的手段有关。

"七宝"到底包含哪些宝物，不同的时代，不同的佛经文本中，表述不尽一致[④]。《翻译名义集》卷三云七宝有二种："一者七种珍宝，二者七种王宝。"第一类"七宝"罗列了四种说法："《佛地论》云：一金；二银；三吠琉璃；四颇胝迦；五牟呼婆羯洛婆，当砗磲也；六遏湿摩揭婆，当玛瑙；七赤真珠。《无量寿经》云：金、银、琉璃、颇梨、珊瑚、玛瑙、砗磲。《恒水经》云：金、银、珊瑚、真珠、砗磲、明月

---

① 郑炳林《晚唐五代敦煌贸易市场的外来商品辑考》，第 73、74 页。

② 严耀中《佛教戒律与中国社会》，上海：上海古籍出版社，2007 年，第 194—206、449—468 页。

③ 郝春文《唐后期五代宋初敦煌僧尼的社会生活》，北京：中国社会科学出版社，1998 年，第 2—4 页。

④ 参看定方晟《七寶について》，《印度學佛教學研究》第 24 卷第 1 号，1975 年，第 84—91 页。

珠、摩尼珠。《大论》云：有七种宝，金、银、毗琉璃、颇梨、砗磲、玛瑙、赤真珠。"① 七宝作为佛教严饰用品的观念，大概是与以《佛说阿弥陀经》为代表的说法流行有关："极乐国土，有七宝池，八功德水充满其中，池底纯以金沙布地。四边阶道，金、银、琉璃、玻璃合成。上有楼阁，亦以金、银、琉璃、玻璃、车渠、赤珠、马瑙而严饰之。"② 又，隋代阇那崛多等译《起世经》卷一《阎浮洲品》云："须弥山王，上分有峰，四面挺出，曲临海上，各高七百由旬，殊妙可爱，七宝合成。所谓金、银、琉璃、颇梨、真珠、车渠、玛瑙之所庄挍。"③ 除了上述说法之外，也有将琥珀、瑟瑟列入其中者。但不论何种说法，通常琉璃均在其列。由上述分析可知，琉璃之所以为佛教所重，不仅因为其珍贵稀有，而且与其作为"七宝"整体概念之一部分亦有莫大关系。

作为七宝之一的琉璃（亦作瑠璃、瑠瓈、流离、瑠琳）究竟为何，与颇梨（颇黎）是否一物，是否就是古代的玻璃，历来颇有争议④。罗佛（Berthold Laufer）认为中国古代的琉璃和玻璃是两种不同的东西，他在考证"璧琉璃"时征引了段玉裁《说文解字注》的说法，认为这个词来源于一种胡语，并进而推测有可能是通古斯语。他认为琉璃是指彩色的釉料陶瓷，例如琉璃瓦，而玻璃则是指"glass"⑤。汉文"琉璃"被认为是梵文"vaiḍūrya"（巴利文 veluriyam）的音译，在佛教文献中

---

① 《大正藏》卷五四，第 1105 页，上栏。
② 《大正藏》卷一二，第 347 页，上栏。
③ 《大正藏》卷一，第 310 页，下栏。
④ 小野田伸《古代ガラスを意味する「琉璃」と「瑠璃」について》，《Glass：ガラス工芸研究会誌》第 43 號，1999 年，第 27—30 页。
⑤ Berthold Laufer, *Jade：A Study in Chinese Archaeology and Religion*, Chicago：The Field Museum of Natural History, 1912, P. 110–112. 罗佛的看法代表当时学界的主流观点，现在看来需要根据考古发现和文献资料重新检证。

是指绿柱石（beryl）或青金石（lapis lazuli）[1]。颇梨，最早见于《魏书·西域传》："波斯国，……土地平正，出金、银、鍮石、珊瑚、琥珀、车渠、马脑，多大真珠、颇梨、瑠璃、水精、瑟瑟、金刚、火齐……雌黄等物。"[2] 其中，颇梨、瑠璃、水精三物并列，当非一物。但在波斯文中，水精和琉璃是一个词，具体所指须根据上下文方能确定。大概成书于 10 世纪的波斯文《珍宝书》中就有一章专门讲水精。《珍宝书》称最有名的水精是克什米尔地区出产，又详述其如何被贩卖到埃及、敦煌等地[3]。通常认为颇梨是梵文"sphaṭika"的汉文音译，早期汉文佛典的翻译也使用中国固有的词汇"水精"，颇梨是天然的透明宝石，而琉璃是人工制造的玻璃。宫嶋纯子主要从佛教文献考辨出发，认为中国原本用"流离""琉璃"指称玻璃，尤其是西方输入的玻璃。佛经翻译开始后，就用"琉璃"翻译绿色的宝石，用"水精"翻译透明的宝石，直到后秦鸠摩罗什译经时始用音译的"颇梨"翻译水精。但由于中国用"水精"对应于无色透明的水晶，因而用"颇梨"这一译语替代表示有色的透明宝石。尽管"琉璃"在佛典中用于指宝石，但社会一般认识则是指代玻璃，这种情形一直持续到唐代中期撰成的《一切经音

① 罗佛在当时佛教和印度学研究成果的基础上提出这一观点。（Berthold Laufer, *Jade: A Study in Chinese Archaeology and Religion*, P. 111.）后来，这一观点为薛爱华所承袭，参见《唐代的外来文明》，第 537 页。

② 《魏书》卷一百二《西域传·波斯》，北京：中华书局，2017 年，点校本二十四史修订本，第 2462 页。余太山认为《魏书》所载波斯物产之文出自《周书》，《魏书》原文虽然亦有这类物产的记录，只是由于并未超出《周书》范围，因而被《北史》编者用《周书》的记录取代。换言之，《魏书》原始记录已不可得知。参看余太山：《两汉魏晋南北朝正史西域传研究》，北京：中华书局，2003 年，第 86 页。

③ 例如在波斯珠宝商内沙不里（Nayshābūrī）写成的第一部波斯语《珍宝书》中，水精和玻璃就是同一个词。Muḥmmad ibn Abī al-Barakāt Juharī Nayshābūrī, *Javāhir-nāma-yi Niẓāmī*, ed. by Iraj Afshār, Tehran: Mīrāṣ-i Maktūb, 2004. 此材料承邱轶皓博士提示，谨致谢忱。

义》。当时，虽然从佛典中取了"颇梨"这个词，并为一般人所使用，是否很快便用该词指玻璃，还不是很清楚，推测受最初汉译佛典的定义影响而作为有色透明的宝石来认识的可能性很大①。宫嶋纯子区分相关词汇在佛典中的含义和社会认识之间的差异，这是很有积极意义的。不过，同物异名，同名异物，在不同的历史时期和文本语境中各有所指，乃至互相混淆，是极为常见的现象，想要梳理出清晰的线索，颇为不易。佛经中的译名，由于非出于一经，亦非一人所解，歧义纷纭，不足为奇。至于社会实际使用，往往情形更为复杂，需要具体分析。唐代文学作品中有不少材料值得注意，例如韦应物《咏琉璃》："有色同寒冰，无物隔纤尘。象筵看不见，堪将对玉人。"② 杜甫《郑驸马宅宴洞中》："春酒杯浓琥珀薄，冰浆碗碧玛瑙寒。"《喜闻盗贼蕃寇总退口号五首》："勃律天西采玉河，坚昆碧碗最来多。"③坚昆碧碗应该是来自罗马或者波斯的舶来品，这两句诗正好涉及丝绸之路的南道和北道。从这些描述来看，琉璃应指透明度甚高的人工玻璃制品。

不过，唐代仍有将用较为透明材质制作的器物笼统地称为琉璃的例证。西安何家村窖藏中出土的莲瓣纹提梁银罐，盖内六个莲瓣内有唐人墨书记录所贮物品的种类和数量，经检核与罐内所贮物品完全一致，其中有"琉璃杯碗各一"，所对应者分别为凸纹玻璃杯和水晶八曲长杯，"颇黎十六□"，则对应于十六块宝石④。（图 5-1）凸纹玻璃杯有八组圆环纹，采用的是粘贴玻璃条技术，被认为是萨珊玻璃器⑤。（图 5-2）

① 宫嶋純子《漢訳仏典における翻訳語「頗梨」の成立》，《東アジア文化交渉研究》創刊號，2008 年，第 365—380 頁。

② 孙望《韦应物诗集系年校笺》，北京：中华书局，2002 年，第 515 页。

③ 萧涤非主编《杜甫全集校注》，北京：人民文学出版社，2013 年，第 120、5045 页。

④ 陕西历史博物馆、北京大学考古文博学院、北京大学震旦古代文明研究中心编著《花舞大唐春——何家村遗宝精粹》，北京：文物出版社，2003 年，第 214—215 页。

⑤ 《花舞大唐春——何家村遗宝精粹》，第 101 页。

图 5-1 西安何家村出土银盒墨书"颇黎等十六段""琉璃杯椀各一"

图 5-2 西安何家村出土凸纹玻璃杯

水晶八曲长杯的器形和制作技法与同时出土的白玉忍冬纹八曲长杯完全相同，很可能是 7 世纪后半叶中国工匠的仿制品[①]。（图 5-3）墨书将水晶八曲长杯题为"琉璃椀"，或为辨析不清造成的误记，但更可能是当时并未对二者严格加以区分。这说明直至唐代中晚期将玻璃、水精统称为琉璃的现象依然存在，而用颇黎指称宝石，则沿袭了早期汉译佛典的传统。日本奈良正仓院藏有一件玻璃高足盘，据献物帐所记，"白琉璃高坏一口"，为天平胜宝四年（752）入藏的唐物，系透明度较高的钠钙玻璃，可能从西亚进口，也有可能为唐代制品[②]。"白琉璃"的说法当袭自唐之惯称，说明唐代也将无色透明的玻璃称作"白琉璃"。从魏晋以来佛教考古遗址出土物来看，物帐或碑刻中的琉璃通常是指玻

图 5-3　西安何家村出土水晶八曲长杯

———————————

① 《花舞大唐春——何家村遗宝精粹》，第 97 页。
② 奈良国立博物館《正倉院展（平成五年）》，奈良：奈良国立博物館，1993 年，图 49。

璃，而在佛典中仍保留宝石的含义。本文的讨论亦根据语境的不同而随之区分①。

第二节　琉璃在佛教信仰中的功能与艺术表达

《药师琉璃光本愿经》有云："愿我来世得菩提时，身如琉璃，内外明澈，净无瑕秽，光明广大，功德巍巍。"② 论者往往征引此语，认为明澈、无瑕之象征，正是玻璃器在佛教中所扮演的角色③。从大的方面来说，自然不错。然而对于琉璃晶莹透彻的特性，信众如何将之对应于佛性之清净无尘，并在仪式实践中体现对佛理的理解，相关讨论鲜有及之。敦煌愿文所揭示的信仰实践，弥足珍贵。

英藏敦煌文献 S.5639+S.5640《亡文范本等》（拟）：

> 禅愿安心不二，实相一如；澄练三坚，净修五缠。律愿先贤名称，宇宙律风；戒月高玄（悬），鹅珠皎净。法愿德词高峻，义海横深；发言生华，谈清振玉。僧愿三明通达，五蕴资身；四智圆明，早登正觉。又愿鹅珠永耀，戒月恒明；长为佛下之宽，永作明中之受。白银世界，永悟真如；琉璃之会，荡除有漏。尼愿心如宝镜，性本无瑕；意若明珠，恒时皎净④。

又，同卷《亡庄严》：

> 伏愿琉璃殿内，踏香砌以经行；宝树林间，摘仙花而奉佛。又

---

① 考古报告和研究论著中或称琉璃或称玻璃的情形，据引时依旧。

② 《大正藏》卷一四，第 405 页，上栏。按，药师琉璃光如来的名号，在南北朝时期译出的《佛名经》中即有出现，之后在《药师琉璃光本愿经》中更直接展示了东方琉璃世界之庄严光明，所体现的佛性之净真。

③ 赵永《论魏晋至宋元时期佛教遗存中的玻璃器》，《中国国家博物馆馆刊》2014 年第 10 期，第 62—63 页。

④ 黄征、吴伟《敦煌愿文集》，长沙：岳麓书社，1995 年，第 213 页。

碧池授（受）记，红莲化生；法水润心，香风动识①。

法藏敦煌文献 P. 2044《闻南山讲》更是将琉璃的意象与澄心求法直接相连：

> 上人琉璃莹澈于心水，构（栴）檀芬馥于情田。宿植净根，生知悔悟。而乃辞亲去国，负笈寻师；驻止帝京，抠衣律序。竹窗夜坐，更漏阑而涩睇不眠；银汉晓倾，禁鸡鸣而残灯未息。孟更九陌，积雪之（三）冬。析凰一毛，成麟变角。既器成瑚琏，业就毗尼，结束途呈（程），还归乡里②。

作为佛教供养主要观念"七宝"之一，琉璃作为清净莹澈的象征，除了经由佛教经典和仪式实践等途径深入人心外，还通过本草、蒙书、类书、诗赋等扩大了在中国社会的传播。例如，唐代陈藏器《本草拾遗》云："《南州异物志》云：琉璃本是石，以自然灰理之，可器，车渠、马脑并玉石类，是西国重宝。《佛经》云：七宝者，谓金、银、琉璃、车渠、马脑、玻璃、真珠是也。或云珊瑚、琥珀。"③ 又，《初学记》卷二七《宝器部》引《关令内传》曰："老子与尹喜，登昆仑上。金台玉楼，七宝宫殿，昼夜光明，乃天帝四王之所游处。有珠玉七宝之床。"④ 此类例证甚多，不一一具引。然则宗教观念在物质文化领域如何体现，换言之，如何在信仰实践中表达佛教供养与法器的宗教功能与象征含义，须结合考古资料细加论说。

中国境内最早的玻璃制品蜻蜓眼玻璃珠，发现于春秋早期的山西，应当是由西亚经陆路进入黄河流域。蜻蜓眼玻璃珠被赋予辟邪功能，来自最初生产料珠的埃及王国的古老信仰，在当时埃及人的观念中，这是

---

① 黄征、吴伟《敦煌愿文集》，第 215 页。

② 黄征、吴伟《敦煌愿文集》，第 148 页。

③ 陈藏器撰，尚志钧辑释《〈本草拾遗〉辑释》，合肥：安徽科学技术出版社，2002 年，第 24 页。

④ 徐坚等著《初学记》，北京：中华书局，1962 年，第 646 页。

天神的眼睛。据王炳华考证，文献中的"琅玕"，就是蜻蜓眼玻璃珠[1]。因此玻璃被赋予宗教的内涵，具有很深的渊源，尽管传入中国时，这种含义未必被理解和接受。（图 5-4）

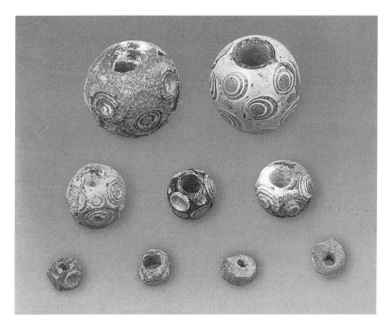

图 5-4　甘肃地区出土战国时期蜻蜓眼玻璃珠

由杂色琉璃珠制成的项链或作为饰品的镶嵌物，汉代以后较为常见。如新疆洛浦县山普拉 1 号墓地出土的汉代琉璃珠项链和尉犁县营盘墓地出土的汉晋时期镶嵌玻璃的金、银耳饰即是例证[2]。此后的玻璃制品，主要是琉璃瓶和琉璃碗，来自罗马和中亚的均有出土。其中一件有

<hr />

① 王炳华《"琅玕"考》，氏著《西域考古文存》，兰州：兰州大学出版社，2010 年，第 225—237 页。

② 中国历史博物馆、新疆维吾尔自治区文物局编《天山·古道·东西风——新疆丝绸之路文物特辑》，北京：中国社会科学出版社，2002 年，第 279、282 页。

名的精品是河南省洛阳市东郊后汉墓出土的 2 世纪罗马长颈玻璃瓶[①]。然此时玻璃尚未与佛教发生关联。中国境内佛教遗址出土最早的玻璃器，为新疆巴楚脱库孜萨来佛寺遗址出土的凸纹玻璃残片，被认为是从萨珊波斯进口，年代为 4—5 世纪[②]。值得注意的是，通过对脱库孜萨来寺院伽蓝结构的分析，可知早期僧侣是按照犍陀罗传统建造寺院的，随着西域佛教的自身发展，则深受龟兹的影响[③]。因此玻璃器最早出现于此处佛寺，或许有更为耐人寻味的西方渊源。内地考古发现最早出土玻璃器的佛教遗址为河北定县（今定州市）北魏舍利塔基。此塔为北魏太和五年（481）冯太后发愿修建，在塔基夯土中发现石函，函内藏有种类繁多的金、银、铜、玉、琉璃、玛瑙、水晶、珍珠、贝、珊瑚等器物以及五铢钱、波斯萨珊银币等货币[④]。其中琉璃器有：钵一、瓶二、葫芦瓶三、残器底一、环饰二、圆柱状串饰十二。虽然制造技术采用了罗马、萨珊工艺，但器形简单、质地不佳，应为国产玻璃器[⑤]。玻璃舍利瓶的采用，是中国的创造，北魏时期玻璃吹制技术传入中国，使得以玻璃制造舍利容器才成为可能[⑥]。此外还有两千余枚各色琉璃串珠。琉璃器与其他众多珍宝整体出土，其功能当是作为"七宝"供养舍利之用，是"七宝"观念的具象化。这一点尤为值得注意。在唐大中十二

---

① 大広编集《中国：美の十字路展》，大阪：大広，2005 年，第 134 页。

② 安家瑶《北周李贤墓出土的玻璃碗——萨珊玻璃器的发现与研究》，《考古》1986 年第 2 期，第 175 页。

③ 篠原典生《脱库孜萨来佛寺伽蓝布置及分期研究》，《石窟寺研究》第 1 辑，北京：文物出版社，2010 年，第 197—206 页。

④ 河北省文化局文物工作队《河北定县出土北魏石函》，《考古》1966 年第 5 期，第 252—259 页；夏鼐《河北定县塔基舍利函中波斯萨珊朝银币》，《考古》1966 年第 5 期，第 267—270 页。

⑤ 安家瑶《中国的早期玻璃器皿》，《考古学报》1984 年第 4 期，第 423—424 页。

⑥ 安家瑶《谈泾川玻璃舍利瓶》，《'2015 丝绸之路与泾川文化学术研讨会论文集》，第 287—292 页。

年（858）石志中对此有明确表述："诸多供养具内，金函函中有七宝缭绕，银塔内有琉璃瓶二，小白大碧，两瓶相盛，水色凝洁，捧受真体。"[①] 这表明中国佛教接受琉璃之初，就是伴随着佛教"七宝"信仰的传入并体现在了供养仪式中。（图5-5）（图5-6）

图5-5　定州静志寺佛塔地宫出土隋代绿色琉璃瓶

① 浙江省博物馆、定州市博物馆编《心放俗外：定州静志　净众佛塔地宫文物》，北京：中国书店，2014年，第62—63页。

图 5-6　定州静志寺佛塔地宫出土隋代舍利玻璃瓶

　　六朝隋唐以降，佛教考古遗存中出土的玻璃器颇为不少。赵永系统地整理了这些材料，并将其分为香水瓶、供养器和舍利容器三类，分析了佛教中玻璃器的使用与功能①，在史料搜集方面用力甚勤，然于宗教意义之讨论，似犹未达一间，尤其是作为供养在佛教信仰和仪式中的表达及其艺术呈现，有必要再作申论。

　　供养器中最堪瞩目者为"随求"。陕西临潼庆山寺舍利塔内出土六件彩色琉璃球，薄胎中空，直径为 2—3.5 厘米，壁厚 0.1 厘米，一件为乳白色，两件为褐黄色，三件为绿色②，出土时分别置于石雕宝帐前的两个三彩盘中，显然是作为供养器。（图 5-7）有推测为供

①　赵永《论魏晋至宋元时期佛教遗存中的玻璃器》，《中国国家博物馆馆刊》2014 年第 10 期，第 44—65 页。
②　2017 年浙江省博物馆特展仅陈列四件，且未加说明。见浙江省博物馆、西安市临潼区博物馆编《佛影湛然：西安临潼唐代造像七宝》，北京：中国书店，2019 年，第 201 页。

图 5-7　陕西临潼庆山寺舍利塔内出土六件彩色琉璃球——随求（部分）

佛果品，也有认为是阿那含果①。我认为此即"随求"，是深受唐代密教信仰与曼荼罗仪式影响的产物，尤其是与《大随求陀罗尼经咒》的传播有密切的关系。我们可以从扶风法门寺地宫出土物中找到印证。法门寺出土两个天然水晶球，形制与庆山寺出土玻璃器相似，水晶磨制而成，色微黄，分别为直径 3.9 厘米，重 79 克和直径 5.2 厘米，重 196 克。地宫石刻献物帐记为"随求六枚共重二十五两"，此应为其中两枚②。如前文所述，何家村遗宝中将凸纹玻璃杯和水晶八曲长杯统称为"琉璃杯碗各一"，同理可知无论球的材质为水晶还是玻璃，唐人皆视为琉璃球，其正式名称即"随求"。如学者所指出，法门寺整个地宫设计是按照唐代皇室所尊崇的密宗表法、修持、观想的曼荼罗的图样立体化来规划③。因而从技术角度看，"随求"在此曼荼罗整体规划中虽非"重器"，但在信仰观念与仪式表达上却是重要一环，其功能性意义值得重新审视。

　　玻璃供养器中另一类以往鲜有关注的是"花树"。宁夏固原南郊唐

---

　　① 中国美术全集编辑委员会《中国美术全集：金银玻璃珐琅器》，北京：人民美术出版社，1989 年，图 228。

　　② 陕西省考古研究院等编著《法门寺考古发掘报告》，北京：文物出版社，2007 年，第 248、228 页，彩版 232。

　　③ 吴立民、韩金科《法门寺地宫唐密曼荼罗之研究》，香港：中国佛教文化出版有限公司，1998 年。

代史诃耽夫妇墓发现十余枚喇叭形玻璃花，碧绿色，有的中间有黄色花蕊，并贴有金箔。墓中还有五枚黄色玻璃花结和许多玻璃花残片出土[①]。史铁棒墓也有类似的玻璃残片出土。经化学成分分析，玻璃花为高铅玻璃制造。（图5-8）考古研究者认为，其功能虽不明确，但无疑

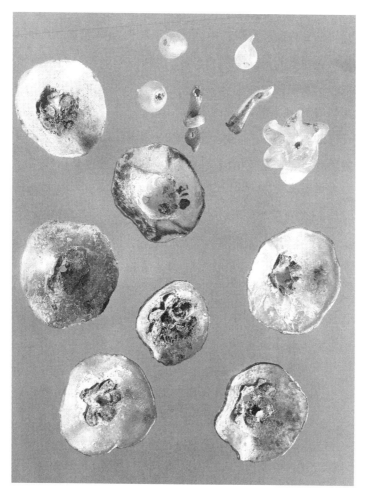

图5-8　宁夏固原南郊唐代史诃耽夫妇墓发现玻璃花树残件

① 其中七件玻璃花图版，见宁夏固原博物馆编：《固原文物精品图集》（下册），银川：宁夏人民出版社，2013年，第33页。

应属装饰性物品，推测与墓主人出身和身份有关联（史诃耽具有中亚粟特血统，又是长期担任朝廷重要场合翻译事务的高级官员）①。在我看来，墓葬中出现此类玻璃花应与生死观念和佛教信仰有关。玻璃花树，虽然之前从未在考古遗址发现过，但在吐鲁番阿斯塔那墓区唐代墓葬中出土过不少绢花②，其性质与功能当与史诃耽夫妇墓所出玻璃花相近③。（图5-9）粟特本土的信仰极为多元，琐罗亚斯德教（祆教）、基督教聂斯托利派（景教）、摩尼教、佛教、伊斯兰教、萨满教都有流传。入华粟特人的宗教信仰，除了三夷教外，佛教的影响不容小觑。在已经搜集到的北朝隋唐时期的100余方粟特人墓志中，至少有6方墓志可以表明墓主人信仰佛教④。史诃耽和史铁棒墓志中，虽然没有发现明确与佛教信仰关联的字句，但我相信这些玻璃花可能与吐鲁番唐代墓葬中的绢花一样，为佛教供养仪式中的一部分。墓主死后，将其埋入墓中，盖取香花供养，往生净土之意。

敦煌文献中的资料依然值得重视，为我们解明何为花树提供了宝贵的线索。P. 3111《庚申年（960）七月十五日于阗公主舍施纸布花树台子等历》：（图5-10）

> 庚申年七月十五日，于阗公主新建官造花树：新花树陆，内壹是瓶盏树。又新布树壹，又旧瓶盏树壹，又布树壹，纸树壹。新花

---

① 罗丰编著《固原南郊隋唐墓地》，北京：文物出版社，1996年，第61、82、235—239页。

② 王炳华《吐鲁番新出土的唐代绢花》，《文物》1975年第7期，第50页。图版见新疆维吾尔自治区博物馆编《新疆出土文物》，北京：文物出版社，1975年，图一八三。

③ 之前对于绢花只有简单报道，前揭王炳华文认为随葬的绢花只是墓主奢侈生活的一个侧面反映，未能从信仰层面对其性质和功能有所讨论。

④ 陈海涛《唐代入华粟特人的佛教信仰及其原因》，《华林》第2卷，2002年，第87—94页；毕波《信仰空间的万花筒——粟特人的东渐与宗教信仰的转换》，荣新江、张志清主编《从撒马尔干到长安——粟特人在中国的文化遗迹》，北京：北京图书馆出版社，2004年，第49—56页。

图 5-9　吐鲁番阿斯塔那墓区唐代墓葬中出土的绢花

叶壹伯陆拾柒叶，又旧花柒拾玖叶。新镜花肆，旧镜花陆。新绿叶
壹拾捌，旧绿叶叁。紫台子壹拾壹，红台子壹拾叁，青台子壹拾
壹，又新五色台子叁拾捌，又旧五色台子贰拾柒。磨睒罗壹拾，瓶
子捌拾肆[①]。

对于这一重要文书，前贤关注所在为敦煌与于阗的交往[②]，间有论

---

① 录文参唐耕耦等《敦煌社会经济文献真迹释录》第三辑，北京：全国图书
馆缩微复制中心，1990 年，第 99 页。

② 张广达、荣新江《于阗史丛考》（增订本），北京：中国人民大学出版社，
2008 年，第 89 页。

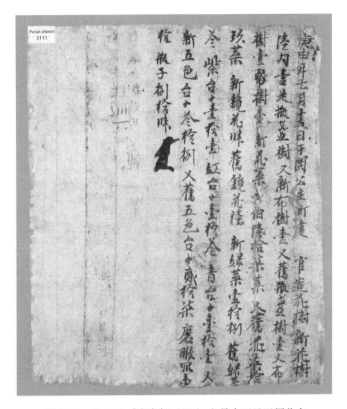

图 5-10　P. 3111《庚申年（960）七月十五日于阗公主
舍施纸布花树台子等历》

及七夕节制磨睺罗像，拜之以求子的风俗①，而对于花树则未有任何解
说。我认为"瓶盏树"应当即是与固原史诃耽夫妇墓发现的同类性质

————————

① 谭蝉雪《敦煌民俗——丝路明珠传风情》，兰州：甘肃教育出版社，2006
年，第 244—246 页；荣新江《丝绸之路与东西文化交流》，北京：北京大学出版
社，2015 年，第 279—281 页；郭俊叶《敦煌壁画、文献中的"摩睺罗"与妇女乞
子风俗》，《敦煌研究》2013 年第 6 期，第 13—17 页。郭俊叶认为，七夕与七月十
五相距不远，佛教中七月十五日为盂兰盆节，此时有盂兰盆会、放焰口等一些佛事
活动。于阗公主于此时施舍磨睺罗，有可能是七夕之物，节后施舍于寺院供养。
按，此说过于牵强，于阗公主所施舍之物，应当是专为盂兰盆节而造，与七夕
无涉。

的玻璃花树，文末有"瓶子捌拾肆"，当为建造花树所准备的琉璃瓶。敦煌的玻璃花树由琉璃瓶布置（套叠、串连）而成，制作方式上与史诃耽夫妇墓有别，或为财力、材料来源和工艺水平所限。布树、纸树等用绢纸制作的花树，应该与吐鲁番唐墓所出的绢花类似。此外还有为数不少的花叶、镜花、绿叶等，应该都是花树的配件；各色台子，或为安置花树而设。于阗公主新建的花树为六，加上旧花树，恐有数十之多。在盂兰盆节上供养如此众多的各类材质制作的花树，包括一件特别制作的玻璃花树，的确非同寻常，而"官造"一词则凸显了这一仪式为官方支持的性质。结合花树的施舍、供养人的身份、发现的地点和使用的场合，我们有惊人的发现：这一供养方式出自西域佛教传统，并且与墓葬和生死信仰有着密切的关联，而这一与中原迥异的传统，以往从未被发掘和认识。

还有一类尤堪瞩目的是玻璃果品。如前所述，河北定县（今定州市）静志寺舍利塔基出土北魏兴安二年（453）至宋太平兴国二年（977）历代文物甚多[①]，其中有37件玻璃器，包括一串极为罕见的玻璃葡萄[②]。葡萄粒大小不一，直径1.3—1.82厘米，长1.4—2.15厘米，内中空，腹壁极薄，颜色以棕色为主，少数为白色和绿色[③]，其形态与色泽之逼真令人叹为观止。静志寺出土众多国产小型薄体玻璃器，被认为"清楚地反映了我国晚唐以来玻璃工艺的急剧发展"[④]。本件文物的意义不仅体现在技术进步上，而且以极其精巧的玻璃模拟果品的供养形

[①] 黎毓馨考证静志寺佛塔地宫为隋代初建、晚唐改造、北宋沿用，见《心放俗外：定州静志 净众佛塔地宫文物》，第8—23页。可惜的是，图录中没有专门收录玻璃器。

[②] 定县博物馆《河北定县发现两座宋代塔基》，《文物》1972年第8期，第39—51页。

[③] 《文物探源》，《文史月刊》2008年第12期，封三。

[④] 宿白《定州工艺与静志、净众两塔地宫文物》，《文物》1997年第10期，第40页。

式来表达虔诚的佛教舍利信仰。(图5-11)

图5-11　定州静志寺佛塔地宫出土宋代琉璃葡萄串

敦煌寺院文书所见记载均为琉璃瓶子。"瑠璃屏（瓶）子壹只"之类的记录，分别见于P. 2613《龙兴寺常住物点检历》、P. 2567V《莲台寺散施历》、S. 5899《丙寅年（906）十二月十三日常住什物交割点检历》、P. 3638《辛未年（911）正月六日沙州净土寺沙弥善胜领得历》[①]。据科学史研究者考证，中国古代玻璃技术虽然产生于公元前500年春秋末战国初期，但西方玻璃吹制技术传入中国内地，不早于隋代。用高铅硅酸盐玻璃和钾铅硅酸盐玻璃吹制成玻璃器皿是中国古代特有的[②]。从敦煌的材料来看，如果这些琉璃瓶为本土自制，应当属于此类人工制品。当然，敦煌的琉璃瓶也有可能是从西域带来的舶来品，由于

————————————

① 唐耕耦等《敦煌社会经济文献真迹释录》第三辑，第10、71、15、117页。

② 干福熹《中国古代玻璃的起源和发展》，《自然杂志》第28卷第4期，2006年，第187—193页。

阗或龟兹输入。敦煌与于阗和龟兹之间，存在密切的物质文化交流。
P. 2613《龙兴寺什物历》中有"生铜屈支灌子"，即来自龟兹的名物铜
澡罐①。寺院的外来供养中有大量出自于阗的名产：花毡、瑟瑟、绵绫
锦罗②。因此，这些琉璃瓶很有可能均由西域输入。

与佛教有关的唐宋时代遗址中发现的玻璃瓶，主要是用作盛舍利子
的舍利瓶③。敦煌数量较大的琉璃瓶，如前所述于阗公主所施舍者，当
为制作花树之用，寺院中零星收藏的琉璃瓶是作为一般供养器还是舍利
瓶，仅凭如此简单的记录，无法判断。

在敦煌文献中，我们虽然没有见到其他琉璃制品的记载，但在敦煌
绢画中可以见到分别持琉璃钵和琉璃碗的菩萨像④，说明除琉璃瓶之
外，还有其他形制的琉璃制品被用作法器。（图5-12）值得一提的是，
绢画中的琉璃钵的形制与山西省大同市南郊107号墓出土琉璃碗非常相
似⑤。（图5-13）墓葬的年代不晚于公元5世纪中叶，同墓出土的文物
都表现出很强的异域特色⑥。此类琉璃碗的造型和工艺，被称为"圆形

---

① 关于汉唐间来自龟兹的异物，参见余欣《中古异相：写本时代的学术、信
仰与社会》，上海：上海古籍出版社，2011年，第294—322页。

② 荣新江《于阗花毡与粟特银盘——九、十世纪敦煌寺院的外来供养》，《绵
绫家家总满——谈十世纪敦煌与阗间的丝织品交流》，以上二文均已收入作者《丝
绸之路与东西文化交流》，第263—277页，278—294页。

③ 干福熹等著《中国古代玻璃技术的发展》，上海：上海科学技术出版社，
2005年，第128—140页。

④ 大英博物館監修，Roderick Whitfield编集、解说《西域美術—大英博物館
スタイン? コレクション》，東京：講談社，1982年，图55—1、55—2、56—2。
相关研究参看安家瑶《莫高窟壁画上的玻璃器皿》，北京大学中国古代史研究中心
编《敦煌吐鲁番文献研究论集》第二辑，北京：中华书局，1983年，第425—464
页。

⑤ 彩色图版见《中国：美の十字路展》，第136页。

⑥ 安家瑶、刘俊喜《大同地区的北魏玻璃器》，张庆捷、李书吉、李钢主编
《4—6世纪的北中国与欧亚大陆》，北京：科学出版社，2006年，第38页。

图 5-12　敦煌绢画中持琉璃钵的菩萨像

切子装饰瑠璃碗"①。此前多数学者认为这些是质量上乘的萨珊玻璃制品②。但马艳新近撰文指出，其器形、色泽、工艺与 3—4 世纪黑海北岸

① 深井晋司《圓形切子裝飾瑠璃碗—正倉院寶物白瑠璃碗源流問題につい て—》，氏著《ペルシア古美術研究—ガラス器・金屬器》，東京：吉川弘文館，1968 年，第 7—46 页。

② 王银田、王雁卿《大同南郊北魏墓群 M107 发掘报告》，《北朝研究》第一辑，北京：北京燕山出版社，1999 年，第 143 页；王银田《北朝时期丝绸之路输入的西方器物》，张庆捷、李书吉、李钢主编：《4—6 世纪的北中国与欧亚大陆》，第 75 页。

图 5-13　山西大同南郊 107 号墓出土北魏时期琉璃碗

此类器物最为近似，其装饰的磨花椭圆纹样仅流行于 4 世纪黑海北岸的切尔尼亚霍夫文化。该磨花玻璃碗时代可能为 4 世纪中晚期，经黑海—里海北岸至新疆流入北魏平城[①]。

　　除敦煌资料之外，相关西域纳贡史料也很值得留意。《太平御览》卷八〇八《珍宝部七》引《唐书》曰："高宗上元二年十二月，拔汗那王献碧颇梨及地（当作"蛇"）黄。龟兹王白素稽献金颇梨。"[②] 拔汗

---

　　① 马艳《大同出土北魏磨花玻璃碗源流》，《中原文物》2014 年第 1 期，第 96—100 页。

　　② 李昉等撰《太平御览》，北京：中华书局，1960 年，第 3592 页。《旧唐书·高宗本纪》作"龟兹王白素稽献银颇罗"。吴玉贵疑《太平御览》所引《唐书》"金"下有夺文（吴玉贵《唐书辑校》，北京：中华书局，2008 年，第 1069 页）。唐雯主张《御览》所引"唐书"并不是某一部书的专名，而是包括刘昫《唐书》、吴兢等所编一百三十卷本《唐书》及唐代历朝实录在内的唐代各类史料文献的总名。编修者将这一系列史料统一引录作"唐书"，正体现了唐至宋初的士人对于"唐书"这一概念的认识（唐雯《〈太平御览〉引"唐书"再检讨》，《史林》2010 年第 4 期，第 70—76 页）。因此，本条史料虽有异文，或别有所本，未必为银匝罗之误，且从下文考证来看，金颇梨确实存在，故仍其旧文。

那，汉旧称大宛，今吉尔吉斯斯坦费尔干纳地区。彩色琉璃制造技术传入中国，始于北魏。《魏书》卷一二〇《西域传·大月氏》："世祖时，其国人商贩京师，自云能铸石为五色瑠璃，于是采矿山中，于京师铸之。既成，光泽乃美于西方来者。乃诏为行殿，容百余人，光色映彻，观者见之，莫不惊骇，以为神明所作。自此中国瑠璃遂贱，不复珍之。"① 洛阳北魏永宁寺西门遗址，有多达十五万余枚红、蓝、黄、绿、黑等多种色泽玻璃珠出土②，应该就是用此类技术制造的五色琉璃。碧颇梨为五色琉璃之一，唐代虽然掌握这一制造技术，然产品质量可能仍以中亚出产者为佳，因此有拔汗那王献碧颇梨之举。金颇梨具体形制及制造技术，史无明文，推测有三种可能：一是洒金或描金的玻璃，或因流光溢彩，而为中国所重，于是作为贡品进献。康宁玻璃博物馆（The Corning Museum of Glass）藏有一件金颇梨钵，是年代大约为 2—4 世纪的萨珊波斯产品③。（图 5-14）二是贴金箔的玻璃饰品。早期出土物有西安财政干部培训中心 M31 号墓和 M33 号墓所出内填金箔的长方形和菱形玻璃片④。墓葬年代推定为新莽至东汉建武十六年（40）之间，成分经检测为中国制造的铅钡玻璃，其功能有可能是作为玉的替代品出现的玉衣或面罩的一部分，也有可能作为葬具的镶嵌装饰⑤。此外，南京幕府山也曾出土东晋晚期的贴鸟形金箔的蚕豆形玻璃饰⑥。三是镶嵌玻璃的金饰。这种金饰始于魏晋南北朝时期，具有强烈的西亚风格，隋唐

---

① 《魏书》卷一二〇《西域传·大月氏》，第 2468 页。

② 中国社会科学院考古研究所《北魏洛阳永宁寺 1979—1994 年考古发掘报告》，北京：中国大百科全书出版社，1996 年，第 136 页。

③ *Hofkunst van de Sassanieden: het Perzische rijk tussen Rome en China* （224 - 642），Brussel：Koninklijke Musea voor Kunst en Geschiedenis, 1993, P. 266.

④ 西安市文物保护考古所《西安财政干部培训中心汉、后赵墓发掘简报》，《文博》1997 年 6 期，第 31—32 页。

⑤ 分型、成分及功能分析，参看张全民《西安 M33 汉代玻璃研究》，《文博》2004 年第 1 期，第 62—67 页。

⑥ 南京市博物馆《南京幕府山东晋墓》，《文物》1990 年第 8 期，第 46 页。

图 5-14　康宁玻璃博物馆（The Corning Museum of Glass）
藏萨珊波斯金颇梨钵

颇为流行，被称为"琉璃涂饰"，宁夏固原史射勿墓和西安何家村均有
出土[①]。

不论其工艺为何，金颇黎不应该仅仅被看作是殊方异物。龟兹为佛
教胜国，特地献纳金颇梨，在观念上应当也是来自佛教七宝信仰[②]。
《正法念处经》卷五八："复入摩尼宝石之池，真金颇梨，色触柔软，

① 关善明《中国古代玻璃》，香港：香港中文大学文物馆，2001 年，第 70
页。

② 颇梨作为七宝之一，在唐宋时期敦煌佛寺中的功用及其与密教供养观念的
关系，拙文《敦煌佛寺所藏珍宝与密教宝物供养观念》（《敦煌学辑刊》2010 年第
4 期，第 140—151 页）曾作初步讨论，敬请参看。

五种柔软，无有水衣，众鸟音声，澄静渊深。"① "真金颇梨"，应该就是《佛祖统纪》中所说的"天金颇梨"。《佛祖统纪》卷三一："日天宫殿，天金颇梨所成。纵广五十一由旬，正方如宅，遥看似圆（智论日月方圆五百里），有五种风吹转而行，阎浮檀金以为妙辇，高十六由旬，方八由旬。日天子及眷属居中受天五欲。……月天宫殿，天银青琉璃成。高十六由旬，广八由旬。月天子与诸天女在此辇中受天五欲。"② 此处"天金颇梨"与"天银青琉璃"对举，分别是作为日天和月天宫殿的建筑材料。"金"之前加"真"或"天"，大概是为了表示金颇梨之金的色泽与材质之纯正。总之，龟兹王白素稽所献之金颇梨，是龟兹佛教影响及于中土的又一例证。

第三节　琉璃与佛教写本文化

琉璃在佛教中的使用，最为独特的是用于制作卷轴和经箱。《法华传记》卷八《齐太祖高帝十六》：

> 齐太祖高帝道成，姓萧，偏崇重佛，故造陟岵、止观二寺。四月八日，常铸金像。七月十五日，普寺造盆供僧三百。自以香汁和墨，手写《法华经》八部，金字《法华》二部，皆五香厨、四宝函盛。静夜良辰，清斋行道，每放金色光，照耀殿内。诸侯皆共视，倍更发心。相议："我等结二十八人，各各造一品，庄严奇丽。"七月十五日，就止观寺，须供养礼拜，即如佥议。当于供日，天雨细华，如云母而下，琉璃轴放光，照一里余。众皆欢喜③。

此节文字涉及齐太祖形象塑造与历史书写、政治合法性的建构、

① 《大正藏》卷一七，第345页，下栏。
② 《大正藏》卷四九，第306页，中栏。
③ 《大正藏》卷五一，第87页，中栏。

《法华经》的制作过程与写本文化诸问题，颇值玩味，此处不遑细论，仅揭示琉璃轴问题。若此为史实，当是最早以琉璃制作佛经卷轴的记载，然亦有可能是慧祥据唐代之情形而造作的历史记忆。琉璃用于图书卷轴，可靠的史料记载当为《隋书·经籍志》：

> 炀帝即位，秘阁之书，限写五十副本，分为三品：上品红琉璃轴，中品绀琉璃轴，下品漆轴。于东都观文殿东西厢构屋以贮之，东屋藏甲乙，西屋藏丙丁[①]。

可见隋代秘府图书按照不同的写本等第，用不同颜色的琉璃轴装潢。入唐以后，以卷轴、缥带、牙签区别部类的做法，则与四部分类法有很大关系。《唐六典》云：

> 四库之书，两京各二本，共二万五千九百六十卷，皆以益州麻纸写。其经库书钿白牙轴、黄带、红牙签；史库书钿青牙轴、缥带、绿牙签，子库书雕紫檀轴、紫带、碧牙签，集库书绿牙轴、朱带、白牙签，以为分别[②]。

关于隋唐间的变化，韦述《集贤注记》云：

> 隋代旧书最为丽好，率用广陵麻纸缮写，皆作萧子云书，书体妍妙可爱，有秘书郎柳调、崔君儒、明余庆、窦威、长孙威德等署纪，学士孔德绍、彭季彰、李文博、袁公直等勘校。青赤二色琉璃轴，五色绮带，织竹帙，紫玄黄表上织成有"御正"、"御副"等字。但年岁渐久，纸色稍黑，赤轴变为黄矣。贞观、永徽、麟德、乾封、总章、咸亨旧本。置院之后，新写书又多于前，皆分别部类，装饰华丽。经库用白牙木书轴，赤黄晕带；史库用碧牙木书轴，青晕带；子库用紫檀木书轴，紫晕带；集库用绿牙木书轴，绯晕带；图书用紫檀

---

① 魏征等撰《隋书》，北京：中华书局，1973年，第908页。

② 李林甫等撰，陈仲夫点校《唐六典》，北京：中华书局，1992年，第280页。《旧唐书》卷四七《经籍志下》略同，第2082页。又，据下引韦述《集贤注记》，史书库缥带之前缺字可补为"青"。

木书大轴，绿晕交心带①。

集贤院之沿革及修书、藏书史实，池田温先生曾做过精审的考证②。韦述乃开元天宝间最为杰出的学者与藏书家，《集贤注记》在唐代学术史与知识社会史上实属至关重要之史料③。然而上引文字，是否全部为《集贤注记》原文，无从稽核。其中"但年岁渐久，纸色稍黑，赤轴变为黄矣"为《唐六典》《隋志》所未见。通常钠钙玻璃不易因为年代久远而褪色或变色，而铅钡玻璃则极易受周围环境影响而风化，内部的元素与环境中的元素进行大量的交换，因而变暗、透明度降低、晕色或者在其外部形成风化产物结壳④。若《集贤注记》所记不误，疑卷轴材质仍为中国传统铅钡玻璃。

敦煌文献有佛经使用琉璃七宝庄严的记载。日本书道博物馆《维摩诘经阁硕题记》（拟）：

> 窃闻如来出于经教，金口所说十二部尊经。演导群生，心中浪（朗）悟；成想炳然，光影即现。非形有想，睹瑞应而除惌；圣僧行教，众生无不归伏。……弟子等减割一米之余，奉为亡考亡姚、七世先灵，敬造《维摩经》一部、《华严十恶经》一卷。弟子烧香，远请经生朱令辩用心斋戒：香汤洗浴，身着净衣，在于静室，六时行道。写经成就，金章玉轴，琉璃七宝，庄严具足。又愿弟子兄弟、合门眷属、诸亲知识等，百恶从兹并灭，十善还来捕（补）处。法轮恒晖，三宝无难；耶摩（邪魔）归正六道，众生俱时

① 孙逢吉撰《职官分纪》卷一五引《集贤注记》，《景印文渊阁四库全书》，台北：商务印书馆，1983—1986 年，叶八七背。陶敏辑校《景龙文馆记 集贤注记》，北京：中华书局，2015 年，第 222 页。文字和标点参考陶校而有所改易。

② 池田温《盛唐之集贤院》，氏著《唐研究论文选集》，北京：中国社会科学出版社，1999 年，第 190—242 页。

③ 余欣《〈唐六典〉修纂考》，朱凤玉、汪娟编：《张广达先生八十华诞祝寿论文集》，台北：新文丰出版公司，2010 年，第 1161—1200 页。

④ 王婕等《一件战国时期八棱柱状铅钡玻璃器的风化研究》，《玻璃与陶瓷》第 42 卷第 2 期（2014 年 2 月），第 6—13 页。

成佛。

安乐三年三月十四日写讫，弟子阎硕供养①。

从藏经洞出土佛教写经实物来看，大多为木轴，也有少数为玉轴，或以螺钿为装饰，真正以琉璃制作全轴或使用琉璃为装饰的并不常见。例如中国国家图书馆藏 BD00657《金光明最胜王经》卷六，为吐蕃统治时期写本，尾有原轴，轴头为莲蓬形，顶端镶嵌螺钿花瓣②。但琉璃轴并非仅有文学描述，而是有实物留存。尚未完全公布的四川省博物院藏敦煌文献中就有一件 SCM. D. 29122《大方便佛报恩经》残卷，据称尚存琉璃轴③。

琉璃（水精）轴不仅用于书籍，也用于绘画。张彦远《历代名画记》卷三：

> 然后乃以镂沉檀为轴首，或裹鼊束金为饰。白檀身为上，香洁去虫，小轴白玉为上，水精为次，琥珀为下。大轴杉木漆头，轻圆最妙。前代多用杂宝为饰，易为剥坏。故贞观、开元中，内府图书，一例用白檀身，紫檀首，紫罗褾织成带，以为官画之褾④。

然而琉璃轴的实物遗存，在中国一直没有发现。近年笔者对日本奈良正仓院所藏宝物的调查，发现多达 188 件的黄、绿、绀、茶色琉璃轴，还有玛瑙、琉璃、水晶制卷轴轴端，用于高级书迹、写经⑤，从而

① 矶部彰编集《台東區立書道博物館所藏中村不折舊藏禹域墨書集成》（文部科学省科学研究费特定領域研究「東アジア出版文化の研究」研究成果），東京：二玄社，2005 年，中卷，第 67 页。

② 林世田、萨仁高娃《国家图书馆藏敦煌写本〈金光明最胜王经〉古代修复简论》，《敦煌研究》2006 年第 6 期，第 183—191 页。

③ 林玉、董华锋《四川博物院藏敦煌吐鲁番写经叙录》，《敦煌研究》2013 年第 2 期，第 53 页。

④ 张彦远《历代名画记》，杭州：浙江人民美术出版社，2011 年，第 47—48 页。

⑤ 奈良国立博物馆《第 70 回正倉院展》，奈良：奈良国立博物馆，2018 年，图 46、图 47。

完美地证实了琉璃卷轴在佛教供养和写本文化中的特殊存在。（图5-15）（图5-16）

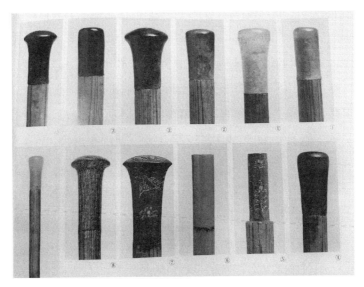

图5-15　正仓院藏黄、绿、绀、茶色琉璃轴

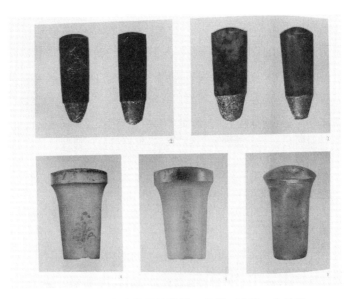

图5-16　正仓院藏卷轴轴端，玛瑙、琉璃、水晶制

P. 3085《河西节度使太傅启愿文》（拟）还提到敦煌有琉璃经箱的存在：

> 伏惟我太傅天资凤骨，地杰龙胎；广含海岳之能，气齐风云之量。遂使秉安退塞，羌戎慕化而降阶；托（拓）定边疆，邻蕃奉款而来献。加以倾心大教，恳志玄门；转五部之幽宗，开一乘之秘典。是以金经罢启，玉轴还终；再收于琉璃匣中，却复于龙宫藏内。其经乃释迦留教，贝叶传芳；实理虚文，顿无涧（间）断。一勾（句）一偈，灭罪恒砂（沙）；一念一寻，除殃万劫。是日也，银炉发焰，金像辉（宫）；舍无价之珍奇，施有为之锦彩。以斯众善功德，伏用庄严上界天仙，下方龙鬼：伏愿威棱肃物，降福祯祥；灭妖星于天门，罢刀兵于地户。

苏州瑞光寺曾出土木质螺钿经箱，正仓院亦有藏[1]，前揭《法华传记》提及"四宝函盛"，但琉璃经箱实物从未被发现过，期待将来考古发掘的证实。

余论：宝物与密教

不空所译《仁王般若陀罗尼释》云：

> 宝义有六：一者难得故；二者净无垢故；三者有大威德故；四者庄严世间故；五者殊胜无比故；六者不变易故。一难得者，如来出现于世间甚难逢遇故；二净无垢者，依教修行证得菩提净无垢故；三大威德者，具六神通变现自在名大威德故；四庄严世间者，以三种菩萨律仪戒严饰身心故；五殊胜无比者，证得无上菩提三界

---

[1] Yu Xin, "Material Culture, Reading Performance, and Catalogue System: Sutra Wrapper and Sutra Kerchief in Chinese Buddhist Rituals and the Formation of the Canon", special lecture at Columbia University Buddhist Studies Seminar & the Center for Buddhism and East Asian Religion, January 29, 2016.

特尊殊胜无比故；六无变易者，证得究竟无上菩提不变易故①。

这里讲的虽然不是实际的宝物概念，但往往被当作实存宝物的理论依据。我们知道，在密教信仰中，宝物在仪轨中占有非常重要的地位②。密教在敦煌的传播，就与开元三大士之一——不空③有很深的渊源。宿白先生指出："不空长期在西陲弘密，可以估计更直接刺激了敦煌密教的繁盛。莫高窟自盛唐以后，密教形象无论在种类数量乃至所在位置等方面，持续了较长时期的发展趋势，大约都与此不无关系。"④

以上利用什物历、施入疏、愿文等敦煌文献，结合佛教经论、传统史志，证之以考古发掘遗物及藏经洞出土绘画艺术品，对琉璃在中古时代佛教中的具体性质和功用做了一些论考。有必要强调指出，这些材料显示出琉璃的实际使用与意象的流布与密教信仰有着紧密的联系。此中关节颇为复杂，拟俟另篇详述之。

---

① 《大正藏》卷一九，第 522 页，上栏。

② 平安时代末期的著名僧人兼意专门收集佛经和外典关于宝物的义理和载记，汇编为《宝要抄》。关于杏雨书屋藏此书写本之研究，参看 Yu Xin, "Assembling the Precious Bits: Knowledge of Minerals in the Manuscript Houyoushou." The 12th International Conference on the History of Science in East Asia, Johns Hopkins University, Baltimore, Maryland, July 14–18, 2008.

③ 关于不空的行历、译著及思想，参看周一良《唐代密宗》，钱文忠译，上海：上海远东出版社，1996 年，第 55—79 页。

④ 宿白《敦煌莫高窟密教遗迹札记》（上），《文物》1989 年第 9 期，第 45—53 页，转第 33 页；同文（下），《文物》1989 年第 10 期，第 68—86 页；此据氏著《中国石窟寺研究》，北京：文物出版社，1996 年，第 282 页。

第六章　物质性·仪式性·艺术表现：
经巾在中古佛道二教中的信仰实践[①]

经巾是经卷收藏和转经仪式中的重要供养具。学界对于其功能却一直未能达成明晰的认识。白化文称经巾为"佛教藏经堂用物"，"其形制与用途不明"[②]。王乐提出经巾是一块方形或长方形的用以包裹经卷的包袱布[③]。王惠民则认为，经巾是在法会上念经时，为保护、尊重佛经而铺在经案上的布或绢[④]。上述关于经巾的基础性研究颇多发明，然皆有未谛之处。

笔者曾提出"藉经具"的概念，主张将经帙、经巾、经案、经函

①　本文初稿部分内容，先后在"Buddhist Studies Seminar"（Columbia University，January 29，2016.）、"写本及其物质性"国际会议（2018 年 4 月 6 日至 7 日，中国人民大学）、"2020 敦煌论坛：纪念藏经洞发现 120 周年学术研讨会"（2020 年 11 月 6 日至 10 日，敦煌研究院）做过报告，承蒙与会学者批评指正，复承孙齐博士、李猛博士、王乐教授惠予教示，谨此一并致谢。

②　季羡林主编《敦煌学大辞典》"经巾"条，白化文撰，上海：上海辞书出版社，1998 年，第 595 页。

③　王乐《帙、巾》，赵丰主编《敦煌丝绸艺术全集·英藏卷》，上海：东华大学出版社，2007 年，第 91 页。

④　王惠民《敦煌所见经巾的形制、用途与实物》，《敦煌研究》2012 年第 3 期，第 1—6 页。

等具有收装和藉承宗教经典功能的器物作为"藉经具"进行整体研究[①]。经巾实为藉经具之重要一部，而又有宗教器物的历史学研究的方法论示例意义，故而更为详考。

第一节　晋王杨广与经巾的历史性登场

隋炀帝与佛教关系甚深，早在尚为晋王之时，就大力推崇佛教，最后夺得太子之位，乃至登基后为其政治合法性的构建，皆与佛教密不可分[②]。其中最为学界关注的，大概是智者大师在隋炀帝的支持下创立了天台宗，在中国乃至东亚佛教发展史上具有深远的影响[③]。然而对于晋王杨广施舍给寺院、高僧的数量惊人、品目繁多的供养具以及相关往复文书，却如断烂朝报，一直乏人问津[④]。实际上，其中包含的历史信息之丰富，远非物质文化史与政治文化史研究所能涵括。经巾的最早记录，就是出现在《晋王荆州玉泉寺施物牒》中：

> 五色四十九尺旛二张，五色斑罗经巾二枚，绢五十疋，锦香炉檀（檀）十张，熏陆香二觔，剃刀十口，鸦纳袈裟一领，油铁钵十口，雄黄七觔，青须弥毡五领。

---

① Yu Xin, "Materiality, Ritual Practice and Artistic Expression: Sutra Devices in Medieval Chinese Buddhism", The 6th EASCM Meeting, University of Cambridge, September 16-17, 2017.

② 概括性的论述，参见杜文玉《隋炀帝与佛教》，《陕西师范大学学报》（哲学社会科学版）第 30 卷第 2 期，2001 年 6 月，第 108—117 页。

③ 近三十年的代表性论著可举：王光照《隋炀帝与天台宗》，《学术月刊》1994 年第 9 期，第 70—75，16 页；王永平《隋炀帝招揽江南之高僧与南朝佛学之北传——以〈续高僧传〉所载相关史实为中心的考察》，《扬州大学学报》（人文社会科学版）第 23 卷第 2 期，2019 年 3 月，第 97—116 页。

④ 《国清百录》研究专著有池田鲁参《國清百録の研究》，東京：大藏出版，1982 年。相关论文不下数十篇。然均未涉及有关供养具及其具体史料、史事之考证。

右牒①。

此件收录于《国清百录》中，并大致保留了牒文格式②。帝王崇佛纪事，往往不见于正史，学者多疑其非实。然而，何类史事当修入史书，和官方史学撰述立场与叙事格套有关③，不可因史阙明文，便指为子虚乌有或谬缘幽饰。《国清百录》由智者弟子章安灌顶编纂，成书于大业二年（606）④。永田知之对《国清百录》与敦煌书仪的用语做了详细分析，认为其是隋末编纂的具有浓厚公文书色彩的贵重资料。⑤ 观牒文之程序、文字及所载物事，结合当时之历史情境来看，绝无伪造或窜改之可能⑥，且每项皆颇值考证与玩味。牒文前有晋王杨广的一封书状：

> 弟子总持和南，率施别牒。五彩旛、锦香垆檀（檀）等十种，

① 《国清百录》卷二，影印民国十八年扬州宛虹桥众香庵刊本，天台山国清讲寺，2007 年，叶二六正。

② 卢向前《牒式及其处理程式的探讨——唐公式文研究》，《敦煌吐鲁番文献研究论集》第三辑，北京：北京大学出版社，1986 年，第 335—393 页。

③ 仇鹿鸣《隐没与改篡：〈旧唐书〉唐开国纪事表微》，《唐研究》第 25 卷，北京：北京大学出版社，2020 年，第 147—172 页。笔者评议：https：//mP. weixin. qq. com/s/aJKs5MQvdBu3QzeAlbVlig.

④ 池丽梅曾考订《国清百录》成书于大业二年，参见池麗梅《〈國清百録〉の完成年代に關する一考察—隋煬帝と天台山教團との交涉をめぐって》，《インド哲學佛教學研究》第 12 卷，2005 年，第 68—85 页。因书中的"僧智璪以三年二月二十七日引入殿内辞"不支持池丽梅原"大业二年"之说，故从文书群关系及历史背景出发，池丽梅重加考订此"三年"当为"二年"之形讹，且确定《国清百录》作于大业二年。文见池丽梅《智顗圆寂后的天台山僧团与隋炀帝——〈国清百录〉成书年代考》，洪修平主编《佛教文化研究》第 2 辑，南京：江苏人民出版社，2015 年，第 230—258 页。

⑤ 永田知之《〈國清百録〉管窺——書札文定型化の資料として》，《敦煌寫本研究年報》第 5 號，2011 年，京都：京都大學人文科學研究所，第 151—175 页。

⑥ 陈金华曾指出今本《国清百录》中的四件文书很可能是后世的天台宗人出于宗派意识而刻意窜入的，提醒我们应注重对《国清百录》收录史料的甄别考辨。参见 Jinhua Chen, *Making and Remaking History*：*A Study of Tiantai Sectarian Historiography*，Tokyo：The International Institute for Buddhist Studies，1999，P. 93-98.

示表微诚，薄申法贶，尠陋追悚。谨和南①。

此书信当为杨广为施物而致智顗，为考订施物牒的年代提供了重要线索。此书信前有另一封，称"弟子总持和南，僧使智鐩来，奉五月二日诲，用慰驰结"②。之后则有《文皇帝敕给荆州玉泉寺额书》署"十三年七月二十三日"③。《国清百录》详列天台僧人与帝王、公卿书信等文书，大致按时间先后排列，就晋王杨广一组书信而言，之前、之后都有明确系年（有些至月、日），其内容、行程也可与《隋书》所载杨广行迹以及《智顗行状》《续高僧传》等所载相吻合，《佛祖统纪》亦明确将智者于玉泉说《法华玄义》及赐智者玉泉寺额事分别系于开皇十三年（593）四月、七月④，故施物牒之作成当为开皇十三年五至七月之间。

为免枝蔓，此处只讨论关涉经巾者。晋王杨广所施"五色斑罗经巾二枚"，为迄今所见最早作为供养具施入寺院的记载。由于仅记某物及件数，究竟何为经巾，有何功用，不甚明了。遍检史籍、佛经、僧传、笔记，罕见关于经巾的材料，所幸晚敦煌所出唐五代时期文献、实物恰可与之互为印证，对于解明经巾的形制、功能、仪式实践具有重要价值⑤。S. 3565《河西归义军节度使曹元忠浔阳郡夫人等施供养具疏》：

> 弟子勅河西归义等军节度使检校太保曹元忠以（与）浔阳郡夫人及姑姨、姊妹、娘子等造供养具疏：
>
> 造五色锦绣经巾壹条、杂彩幡额壹条、银泥幡，施入法门寺，永充供养。
>
> 右件功德，今并圆就，请忏念。

---

① 《国清百录》卷二，叶二五背。

② 《国清百录》卷二，叶二四背。

③ 《国清百录》卷二，叶二七正。

④ 志磐撰，释道法校注《佛祖统纪校注》，上海：上海古籍出版社，2012 年，第 898 页。

⑤ 前揭王惠民《敦煌所见经巾的形制、用途与实物》。

赐紫沙门（押）。①

与"五色锦绣经巾"一同施入的，还有"杂彩幡额"和"银泥幡"各一，品目与数量，与晋王施入玉泉寺的"五色四十九尺旛二张，五色斑罗经巾二枚"大抵相类，文书体式上亦可谓一脉相承。南朝佛教已多有斋会、讲经法会，而且"五色斑罗经巾"表明其形制已趋繁复化和程式化，因此经巾当非滥觞于隋。然经巾在现存历史记录中甫一登场，便与隋炀帝结下不解之缘，可谓先声夺人，又穿越时空与数百年后远在西陲的敦煌相赓续，堪称传奇物语。物的宗教生命史，"遐想逸民轨，遗音良可玩"②。

第二节　经巾的材质与形制

敦煌寺院常住什物点检历，为我们提供了经巾物质形态的一些细节。P. 3432《龙兴寺卿赵石老脚下依蕃籍所附佛像供养具并经目录等数点检历》属吐蕃时代，记录了品类繁多的供养具③，其中包括四件经

---

① 录文见唐耕耦等《敦煌社会经济文献真迹释录》第三辑，全国图书馆缩微复制中心，1990 年，第 98 页。本件无年代，据贺世哲考证，曹元忠夫人翟氏称浔阳郡夫人在天福十二年（947）至显德四年（957）之间。参见贺世哲《从供养人题记看莫高窟部分洞窟的营建年代》，敦煌研究院编《敦煌莫高窟供养人题记》，北京：文物出版社，1986 年，第 227 页。据此，疏文可定在元忠二次称太保之 950—955 年间。

② 借用《兰亭集》之陈郡袁峤之诗句。

③ 此件点检历信息丰富，一直深为研究者所重。池田温《中国古代籍帐研究》"录文"篇中收录（東京：東京大学東洋文化研究所，1979 年，第 514—516 页），稍后，侯锦郎曾专文考释（Hou Ching-lang, "Trésors du monastère Long-hing à Touen-houang: une étude sur le manuscrit P. 3432", dans M. Soymié（dir.）, *Nouvelles contributions aux études de Touen-houang*, Genève: Droz, 1981, P. 149 - 168. 中译文《敦煌龙兴寺的器物历》，谢和耐、苏远鸣等著《法国学者敦煌学论文选萃》，耿昇译，北京：中华书局，1993 年，第 77—95 页）。唐耕耦等重新校录，收于《敦煌社会经济文献真迹释录》第三辑，北京：全国图书馆文献缩微复制中心，1990 年，第 2—6 页。

巾，代表了几种典型①：

（1）"经巾壹，花罗表，红绢里，长壹箭半，阔叁尺伍，不堪受用。"② 此经巾用彩色印花罗为外表，红绢为内里，"不堪受用"则意指破烂不堪，已无法再继续使用，当剔除沙汰。"箭"为吐蕃长度单位，原文为 mda'，一箭约合 75 厘米③。"壹箭半"即长 113 厘米，唐尺一尺约 30 厘米，阔叁尺合 105 厘米，是一条长方形经巾。

（2）"绯绢经巾，色绢里，白练画缘，长两箭，阔壹箭半，不堪受用。"是以单色绢为表里、白练为缘饰的尺寸较大的长方形经巾。

（3）"故高离锦经巾壹，色绢里，四方各长壹箭半。""高离"亦作"高梨"，即高丽锦，为外来高级织锦，"四方各长壹箭半"则表明此为正方形经巾。在《龙兴寺点检历》中，高丽锦共出现 8 次，用于制作菩萨衣、幢伞、毡褥褥或圣僧座绣褥。侯锦郎指出其占据了外来物品的首位。④ 郑炳林认为这些高丽锦是通过贸易进入敦煌市场的⑤。魏郭辉进一步提出，这在很大程度上说明敦煌地区有高丽人在此活动⑥，暗指系流寓河西的高丽人织造而得名。李批批检出《旧唐书·代宗本纪》中关于"高丽白锦"的记载，认为高丽锦就是高丽白锦，是一种白色的

---

① 以下经巾条目录文为文书第 78—81 行，为行文方便，未按原记录顺序排列。

② 文中所征引的敦煌文献，凡参考前贤录文者，均以 IDP、Gallica 及各种敦煌文献图录所收图版校正，有改易处，不一一出校说明；凡未标注出处者，则为笔者据原卷录文。

③ 岩尾一史《古代チベットの長さの單位：mda'と sor mo》，《敦煌寫本研究年報》第 4 號，京都：京都大学人文科学研究所，2010 年，第 181—194 页。

④ 前揭侯锦郎《敦煌龙兴寺的器物历》。

⑤ 郑炳林《晚唐五代敦煌贸易市场的外来商品辑考》，兰州大学敦煌学研究所编《敦煌归义军史专题研究续编》，兰州：兰州大学出版社，2003 年，第 401—402 页。

⑥ 魏郭辉《唐代河陇朝鲜人之研究》，《敦煌学辑刊》2005 年第 2 期，第 285—286 页。

丝织品①。从敦煌的历史背景和经巾结构形式来看，高丽锦未必由高丽人织造，亦未必尽是白锦，之所以多用于佛教供养具，还是因为这是稀有而华丽的舶来品之故。

P. 2613《唐咸通十四年（873）正月四日沙州某寺交割常住物等点检历》属归义军时代，其中所记录的部分物品与 P. 3432《龙兴寺点检历》颇有承袭关系，因此 P. 2613 所缺失的寺名，当为龙兴寺，即同一寺院数十年后的常住物点检历②。此高丽锦经巾在 P. 2613 中记作"故破碎高离锦经巾壹，麹尘绢里，每面各长壹箭半"。此前用"故"表示虽是旧物，尚可使用，而到了咸通年间，又加了"破碎"二字，离"不堪受用"恐怕是不远了。"麹尘绢里"，在前件只是写作"色绢里"，"麹尘"据考为淡黄色③，除了本身颜色，恐亦有经年泛黄的关系。经巾作为寺院递相传承的供养具，因在仪式中使用而逐渐折损，以前后点检历大致时间估算，高丽锦经巾使用寿命在五十年左右。

以高级织锦制成的经巾，尚见于 S. 2607V《年代不明某寺交割常住什物点检历》："织成锦经巾壹，白绵里。"S. 1776V《后周显德五年（958）某寺法律尼戒性等交割常住什物点检历状》："司马锦经巾壹，在柜。"

（4）"细画布经巾壹，长叁箭壹指，阔两箭半。""细画布"当指画有图案的麻布或棉布，后者可能性更大，因敦煌所产名物有立机细缏，或即以此上等细缏上绘画图案制成④。此条显示敦煌制作经巾的材料主

---

① 李玭玭《唐五代宋初敦煌佛教供养具研究》，西北师范大学专业硕士学位论文，2017 年，第 6—10 页。

② 郝春文《唐后期五代宋初敦煌僧尼的社会生活》，北京：中国社会科学出版社，1998 年，第 125—127 页。

③ 李玭玭《唐五代宋初敦煌佛教供养具研究》，第 8—10 页。

④ "立机细缏"系以立机织成的质料上乘的棉布。参见郑炳林《晚唐五代敦煌地区种植棉花研究》，《中国史研究》1999 年第 3 期，第 85—93 页；陈晓强《敦煌契约文书所见织物研究》，《西北民族研究》2013 年第 1 期，第 187—189 页。

要是丝绸，亦有少数为棉布，尺寸上亦最为巨大。S.1774《后晋天福七年（942）某寺法律智定等交割常住什物点检历状》记有"黄布经巾壹条"，同属此类。

布帛材料之外，尚有编珠织就，仅见于《宋高僧传》卷八《慧能传》：

> 武太后、孝和皇帝咸降玺书，诏赴京阙，盖神秀禅师之奏举也。续遣中官薛简往诏，复谢病不起。子牟之心敢忘凤阙，远公之足不过虎溪，固以此辞，非邀君也。遂赐摩纳袈裟一缘、钵一口、编珠织成经巾、绿质红晕花绵巾、绢五百匹，充供养云①。

盖因以示对慧能之尊崇，特以编珠织成经巾充供养具，皇家降赐，固非常例，敦煌莫高窟藏经洞亦未见此类实物出土。

晋王所施舍的"五色斑罗经巾"，曹元忠所造"五色锦绣经巾"是什么样子呢？所谓五色，当非实指，乃杂错锦罗、绢绫、刺绣缀合制成，在材料和工艺上极为考究。P.3161《永安寺点检历》有"杂色锦绣经巾壹"，直接说明"五色"即"杂色"。P.2613《咸通十四年点检历》载有"故破黄绫铜经巾壹，长叁箭，不堪受用"。"铜"当校作"间"，"间错"之意，即S.4536V《施经巾发愿文》所谓"其经巾乃绫罗间错，锦绣分晖"。S.1776V《后周显德五年（958）尼戒性等点检历》形象地称之为"百衲经巾"。

由于对经巾缺乏概念，以往对敦煌所出丝织品实物较少从这一方向考虑进行比定。王乐敏锐地指出，大英博物馆藏MAS.856应当就是这样一件经巾，"由各种面料拼缝而成，包括绢、暗花绫、暗花绮、锦、夹缬绢、绢地刺绣等，在制作时按一定的对称规律拼贴。斯坦因曾认为这件织物是还愿用的奉献品，也有人认为它为袈裟，但根据它

---

① 赞宁《宋高僧传》卷八《习禅篇第三之一》"唐韶州今南华寺慧能传"，北京：中华书局，1987年，第174—175页。

的尺寸及形制看，更应为'百衲经巾'"①。MAS. 856 长 150.5 厘米，宽 111.0 厘米，以吐蕃量制换算，恰好是长两箭，阔一箭半，与《龙兴寺点检历》所记"绯绢经巾"大小相等，可为推定为经巾的旁证。再者，据分析，拼贴的织物，有些可以早到初唐至盛唐时期，但其中的刺绣和夹缬的年代则可以到中唐至晚唐时期②。可见确实是搜集前代绫罗锦绣，最终在归义军时代"百衲"而成。（图 6-1）类似的百衲经巾在旅顺博物馆藏品中新发现了 3 件，其中 20.1449 花卉纹锦缘左上角夹缬绢边缘残留一枚墨印，印文无法辨识，背衬有三行墨书"佛说义""般若波""罗"③。但此件亦有可能为经帙，而非经巾④。

经巾上的图案，除了五色经巾以织物原有图案和按照一定对称规律拼接所形成的构图外，运用的主要技术是夹缬和刺绣。夹缬是用两块雕刻成凹凸对称的花板夹持织物进行防染印花的工艺，图案主题有花卉和动物⑤。明记夹缬的典例有 P. 2613《咸通十四年点检历》："绯绢夹经

---

① 赵丰主编《敦煌丝绸艺术全集·英藏卷》，第 91 页。

② 赵丰主编《敦煌丝绸艺术全集·英藏卷》，第 109 页。

③ 另外两件经巾编号为 20.1439、20.1438，赵丰主编《敦煌丝绸艺术全集·旅顺卷》，上海：东华大学出版社，2021 年。感谢王乐教授在该书尚未正式出版之时惠示书稿校样。

④ 20.1449 上的残墨印，从其形制推测为敦煌某寺院藏经印，即类似于"三界寺藏经""净土寺藏经"之类长方形阳文楷书藏经印。绢背衬上纵横交错书写的墨书"佛说义""般若波""罗"，王乐推测为《佛说了义般若波罗蜜多经》经名。然经名简称墨书多见于藏经洞所出经帙，如斯坦因《西域考古图记》所附写卷刚刚移出藏经洞的照片，经卷"包裹皮"上墨书"摩诃般若海"，是依《开元录·入藏录》所写的经名和帙号，即"海"字号的佛典四十卷本《摩诃般若经》第二帙（参见荣新江《敦煌藏经洞的性质及其封闭原因》，《敦煌吐鲁番研究》第 2 卷，北京：北京大学出版社，1996 年，第 26 页）。20.1449 上的"罗"字，亦当为千字文帙号，且《佛说了义般若波罗蜜多经》宋代始由施护译出，藏经洞中未见此经写本，因此本件极有可能是某种《大般若波罗蜜多经》义疏经卷的经帙，并非经巾。

⑤ 赵丰、段光利：《从敦煌出土丝绸文物看唐代夹缬图案》，《丝绸》第 50 卷第 8 期，2013 年，第 22—27、35 页。

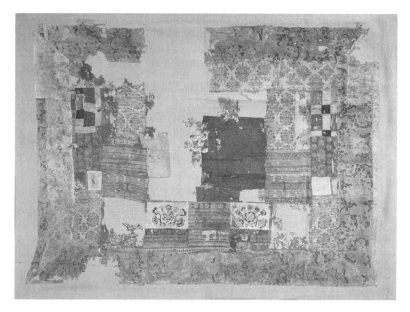

图 6-1　大英博物馆藏敦煌藏经洞出土 MAS. 856 "百衲经巾"

巾肆，每面各长壹箭，阔肆尺。" S. 2607V《某寺点检历》中有"古破
青缬经巾壹，欠里，壹副"。刺绣在同件文书里记有"古破绣锦经巾
壹，无里。新锦绣大经巾壹，红川锦缘，红绢里"。

　　S. 1624《后晋天福七年某寺交割常住什物点检历》中可见"千佛
经巾壹"。推想应与壁画所见千佛类似。S. 4536V《施经巾发愿文》中
有对具体图案的极致描述："天仙对对而翔空，宝女双双而化出。文殊
菩萨，超十地已（以）初来；普贤真身，等就（鹫）峰之圣会。"由此
可知，经巾的图案除了几何纹样外，亦有千佛以及天仙、宝女、文殊、
普贤组合绣像。这对于我们理解藉经具的庄严和供养性格，具有重要
意义。

　　经巾形制除了四边形之外，亦有圆形存在。东京国立博物馆法隆寺
献纳宝物中保存了两件奈良时代的直径为 45 厘米的圆形经巾。经巾以
麻布为芯，淡缥色的平绢为表，重以夹缬技术染织的淡赤色唐花文薄罗

作成，精美绝伦①。（图6-2）背有墨书"经台幕"。墨书虽或为后世所题，其为安置经典的经巾性质，殆无疑义②。（图6-3）故此二件为现存唯一直接指称为经巾的实物，形制当承"唐物"而来。虽于藏经洞所出文献、丝织品中未见圆形经巾之记录或实物，然不可谓中国必无，"东亚唐物史"又添一稀有而鲜活之例证③。

图6-2　东京国立博物馆法隆寺献纳宝物中的奈良时代圆形夹缬经巾

①　日本为纪念新天皇即位，"正仓院的世界""正仓院展"分别在东京、奈良两地开展，此二件圆形经巾在东京国立博物馆展示。2019年11月1日，笔者特地前往观展，以上描述据笔者考察日志并参考特展图录。

②　图录编纂者命名为"罗夹缬圆褥（经台褥）"，年代定为8世纪。参见《御即位記念特別展：正倉院の世界—皇室がまもり伝えた美—》，東京：東京國立博物館，2019年，第100—101页。

③　"东亚唐物史"的概念，参见島尾新《日本美術としての"唐物"》，河添房江、皆川雅樹編《唐物と東アジア——舶載品をめぐる文化交流史》（《アジア遊学》147），東京：勉誠出版，2011年，第31—32页。

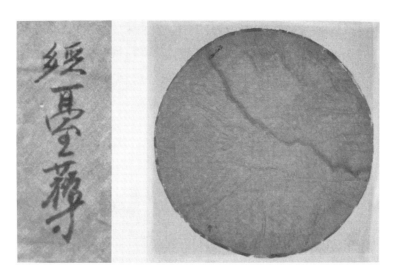

图 6-3 圆形经巾背面墨书"经台蓐"

第三节 经巾的功能与使用方式

道教文献中发现的新材料，让我们得以重新认识经巾的功能和使用方式。

印度传统的量度理论，经佛教僧人整理出来成为佛典，用以说明佛陀的量度，于是有了《佛说造像量度经》。然而汉译本直至清代才出现，也就是说在此之前，汉地并没有一个有关佛造像量度与仪轨的文本可以遵守[①]。此经所规范的也只是佛像的量度，完全不涉及供养具、庄严具及其他佛教名物。通检佛教经论、仪轨、戒律文献，唯道宣《四分律删繁补阙行事钞》卷三云："经架、香案、经函之属，轻可随身，同上入轻。各有别属，亦随本位。佛床、经

---

① 李翎《佛教造像量度与仪轨》（修订本），上海：上海书店出版社，2019 年，第 2 页，第 18—19 页。

巾之属，亦随本入佛法，无定者入重。"① 经巾与经架、经函等并
举，表明其性质、用途大致相类，确为"藉经具"之属。但仅此一
见，且未有具体规制。

然而，我们却在《太上太霄琅书》中发现了关于受持、供养道经
的量度和仪轨。《太上太霄琅书》系早期上清派经典，第三至第十卷分
别叙述受持经文之戒律、斋仪、修持方法、道业及其他仪法，被认为是
南北朝道士采集其他道书编纂而成②。在卷七《受经营十事诀》中对经
箱、经案、经过、经巾、经帊、经帐、高座、香橙、香炉、斋堂的法度
作了详细规定，谨移录经巾、经帊部分：

> 四者经巾，大略须三，覆帙箱中，常应用一，出经案上，盖覆
> 须二，皆以玄黄，绛碧及紫，绢练夹里，纹缦随时，广极其幅，长
> 可五尺，直合缝之，亦可四缘，无烦绮结，珠玉庄严，铃佩奢长，
> 起彼盗心，遏恶之路，用开善之门，莫过简素，幽显俱通矣。五者
> 经帊，常当有三，两幅作之，如巾所用，行时须一，以帊经箱，斋
> 时须一，以覆经箱，坏则易治，无致褴缕，周事而已，不得盈长，
> 故败火净，勿杂用之，凡诸法物，皆依此例③。

此节对经巾的颜色、结构、印染工艺（夹缬）、图案纹饰、尺寸大
小、制作技术、装饰禁忌等均作了细致规定。更重要的是，由此可知，
经巾依其用途实有三种：其一，包裹收纳于经箱中的卷帙；其二，铺设
于经案之上，用于承托经卷；其三，覆盖于经卷之上，与经案上的经巾

---

① 《大正藏》第 40 册，第 115 页，中栏。
② 《道藏提要》认为此书卷一为较早期道经之一，余卷为后人增益之文。《中
华道教大辞典》则认为出于南北朝。参见任继愈主编《道藏提要》，北京：中国社
会科学出版社，1991 年，第 1069 页；胡孚琛主编《中华道教大辞典》，北京：中
国社会科学出版社，1995 年，第 244 页。在我看来，戒律仪法部分成书或较晚，但
所采集的诸道书当出自南北朝后期。
③ 《道藏》第 33 册，北京：文物出版社、上海：上海书店、天津：天津古籍
出版社，1988 年，第 686 页下栏。

共同构成"天覆地载"。

道教经巾的实例，似只有《上清道类事相》卷一《仙观品》所引《道学传》提及：

> 陈高祖于义仙馆发讲。兰陵人萧子祎，字虔华，被褐起座，舍所造织成经巾，以充供养。祎后卒，法式经书，悉入公家安国馆。经巾至今犹存也①。

萧子祎施舍经巾作为供养，是在陈高祖讲道经的场合，与晋王杨广施经巾入玉泉寺，年代大抵相近，可见佛道二教经巾始现即在陈隋之际。《道学传》所述是否史实，固无从稽考，然其历史背景之合理性无可置疑。可惜《道学传》记载过于简略，未知其种类、数量、规格是否合于《受经营十事诀》之制。

释道不是简单的论争竞胜或互相抄袭的关系，交流互鉴、相激共生是历史常态。道教关于受持道经的量度和仪轨的规定，无疑有助于理解同时代佛教的做法。王惠民强调，因为举办法会时只要一条经巾就够了，因而每次布施经巾都只有一条。但这无法解释为何点检历中有大量同等规格的经巾的存在。例如，P.2613《咸通十四年点检历》中有"独织锦经巾壹拾捌个"，数量众多且用独织锦制作。如果用置于经箱中用于裹覆经卷的经巾或寺院日常转经供养实际所需来理解，则疑问荡然无存。由此提示我们，对于点检历中的一些数量较多且尺寸较小的经巾，当循此思路考虑其日常应用可能性。换言之，在特定法会上仅施入一条的高级经巾与普通经巾的等级差异表明，经巾或存在着特定仪式和日常行用的功能性区分。

经巾实物在江南佛塔中多有发现，但须与发掘报告笼统地称为"经袱""绢襆"之物详加辨析。苏州瑞光寺塔第三层塔心天宫中曾发现一批五代宋初文物，其中有七卷碧纸金书《法华经》用竹编丝织经帙包

---

① 熊明辑校《汉魏六朝杂传集》，北京：中华书局，2017年，第2313页。

裹，盛放于黑漆嵌螺钿经箱中。经箱中尚有散落包裹经卷的残破刺绣，发掘简报称之为"经袱"①。虎丘云岩寺塔第二层发现鎏金镂花包边楠木经箱，同样内盛七卷碧纸金书《法华经》，每一卷经卷均用二到四块"绢襆"包裹，墨书题记表明分别由不同的供养人施舍。例如《法华经》第二卷外用三块"绢襆"包裹，第一块约 44 厘米见方，墨书3 行："武丘／（女）弟子曹二娘舍裹《妙法莲华经》卷／塔上。"（图6-4）第二块约 50 厘米见方，墨书"李氏六娘舍裹经"，角上飘带有"李氏六娘"四个小字。第三块约 48 厘米见方，有毛笔画简单花枝16 朵，中间写"颜氏八娘太君舍"。第七卷外包四块，其中一块约 46厘米见方，有完整的锦带边框，墨书："舍裹金字经／女弟子钱四十二娘

图 6-4　苏州云岩寺塔天宫出土曹二娘题记经襆

① 苏州市文管会、苏州博物馆《苏州市瑞光寺塔发现一批五代、北宋文物》，《文物》1979 年 11 期，第 24 页。

舍/印花。"（图6-5）有学者认为这是经帙，而且把经帙与经巾混为一谈。然而经箱中既有一竹编织锦经帙，所谓"经袱"不可能再是经帙。（图6-6）经箱内另有残破锦绣四块，皆刺绣花卉，一块已泛焦黄色，墨书"丘山寺宝塔上"，一块作深栗壳色，上绣金黄莲花，一块紫地绣菱花荷花，一块深紫红色地绣菱花荷花。（图6-7）考古发掘者称"以上各件，如何作用，因放置部位已被掏乱，不易明了了。"① 其实这些残破绣品当出自同一件，就是"覆帙箱中"的经巾。与瑞光寺塔内的残破刺绣"经袱"一样，均属经巾，且只有一条。而所谓"绢襆"，则

图6-5　苏州云岩寺塔天宫出土钱四十二娘题记经襆

① 苏州市文物保管委员会《苏州虎丘云岩寺塔发现文物内容简报》，《文物参考资料》1957年第11期，第38—39页。部分出土物图版见苏州博物馆编著《苏州博物馆藏虎丘云岩寺塔、瑞光寺塔文物》，北京：文物出版社，2006年，第65、67页。

图6-6　苏州瑞光寺塔天宫出土竹编织锦经帙

图6-7　苏州云岩寺塔天宫出土花卉刺绣经巾残块

是直接包裹经卷，且每个卷子外常包裹好几条，并由多人分别施舍。

类似的"绢襆"在温州瑞安慧光塔所出北宋文物中亦有发现。塔中出土金、银、墨书写经 35 件，识文描金经函一件，以及所谓"经袱"三方①。其中一方长 49.5 厘米，宽 48 厘米（近正方形，尺寸亦与苏州云岩寺塔所出颇为接近），以杏红单丝素罗为地，用黄、白等色绒线平针绣出正反两面花纹一致的双面对飞团鸾图案；另一方长 49 厘米，宽 42 厘米，以褐色单丝素罗为地，用绿、白、粉等色绒线双面绣出七列六行花枝图案。两件正面脱线处皆可见粉本②。（图 6-8）考古报告

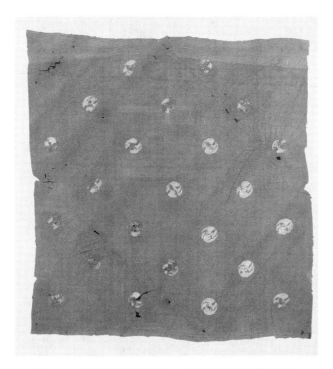

图 6-8　温州瑞安慧光塔出土团鸾红罗双面刺绣经襆

① 浙江省博物馆《浙江瑞安北宋慧光塔出土文物》，《文物》1973 年第 1 期，第 48—53 页。

② 文字描述及图版，见温州博物馆编《白象慧光：温州白象塔、慧光塔典藏大全》，北京：文物出版社，2010 年，第 198—199 页。

及图录均称为"经袱"，恐未安。《比丘灵素施经发愿文》云："兹者恭值所住寺前宝塔圆就，将迎舍利入镇中龛，灵素于是以此经文衣之函襆，随藏塔内，承表敬崇。"[①] 灵素施《法华经》一部七卷，"衣之函襆"即以经函和绢襆来包裹盛纳，发愿文明确表明灵素自称包裹经卷者为"襆"。虽然我们不能直指灵素所记即现存的三方，但团鸾红罗双面刺绣那一方上面可见明显的四条折痕，显示此前曾直接包裹经卷或册子本。所以认为经巾是包裹经卷的包袱布的观点，其实似是而非，直接包裹经卷的应该称作"襆"，或按惯例命名为"经襆"，包裹或覆盖在经帙外面并置于经箱之中的才是经巾，而且这仅仅是经巾的一种类型而已。至于经帊与经巾的主要区别在于，经帊是包覆于经箱之外。

晋王杨广舍施的"五色斑罗经巾"恰好是二枚，很有可能就是《太上太霄琅书》所讲的"出经案上，盖覆须二"。到了归义军时代，为何舍施的仅有一条，可以从以下两点来考虑：

一、在斋会上须转念或讲唱佛经，经卷常处于展开一部分以供阅读的状态，从而使盖覆的经巾显得不再必要。

二、即使在法会初始，需要盖覆经巾以庄严道场，但在整个供养仪式过程中，铺设在经案上的经巾成为仪式性表演的关注中心，由此造成主从地位的差异，因而施入的总是那条最尊贵的经巾。

经巾的使用方式，发愿文中只有片言只语，"一敷则千光蔽日，一献则万佛云臻"，我们并不明了究竟是如何"敷"的。但我们可以在经巾的艺术表现中发现答案。法国吉美博物馆藏敦煌藏经洞所出画幡 MG17794《地藏菩萨十王图》中，被帽地藏菩萨半跏趺坐，左手持摩尼宝珠，右手持锡杖，右足曲盘，左足垂下踩于莲花踏，踏前有一绿色供案，供案中央纵向铺一长方形锦绣"台布"与之垂直相交，

---

① 据《白象慧光》第 252 页图版录文。

下缘几乎垂至地[①]。（图 6-9）
"台布"似为红罗白锦缘丝织品，
华美殊常，上面放置的虽然是金
银器（似为香炉）而非卷帙，推
想经巾的铺设方式亦同此理。

　　我们还可从较晚的水陆画获
得证实。宝宁寺明代水陆画中有
一幅《阿氏多尊者、荼畔咤迦尊
者》[②]，高鼻深目的荼畔咤迦尊者
正在伏案写经，置于经巾上的佛
经特地表现为藏文经书样式，经
考证为印度后期密教代表性经典
《秘密集会怛特罗》[③]。经巾以五
色三角绫罗间错拼接，饰以莲花、
忍冬锦缘，前端从经案垂下，尖
角上还系一个圆环吊坠，几触地。
（图 6-10）经巾是以一定角度与
经案平面斜相交折下的方式铺设。
由此我们可以理解为何有些经巾

图 6-9　法国吉美博物馆藏敦煌藏经
洞出土画幡 MG17794《地藏菩萨十
王图》中的"台布"

①　Musée Guimet, *Les arts de l'Asie centrale：la collection Paul Pelliot du musée national des arts asiatiques-Guimet*, sous la direction de Jacques Giès, Paris：Réunion des musée nationaux, 1995, PL67, P. 117.
②　图版见山西博物院编《宝宁寺明代水陆画》（第 2 版），北京：文物出版社，2015 年，图 39。
③　王瑞雷《密集金刚于明代宫廷的传播——以山西右玉宝宁寺十六罗汉水陆画中藏文写经为中心》，《美术研究》2021 年第 1 期，第 66—67 页。

特别长，正是因为经巾的尺寸除了要与经案大小相应外①，还与使用场合和铺设方式密切相关。与"常识想象"恰好相反，经巾的铺设方式并非平行于经案平面，而是垂直或斜相交于经案平面，构造出多重空间。可以理解为在图像和质感之外，经巾同时呈现为一种"器物空间艺术"。器物在构筑神圣界域中的表达，显示"器"绝非"形而下"的对象，而是"空间"的塑造者。器物在仪式空间中的"位置意义"和"表演功能"，值得深入探索②。

图6-10　宝宁寺明代水陆画《阿氏多尊者、荼畔咤迦尊者》中的经巾

第四节　符号性与仪式性：经巾的信仰实践

S.4536《施经巾发愿文》对于理解经巾在信仰实践中的意义，具有管钥性文献的价值。为便于讨论，全文引录如下：

①　敦煌寺院点检历中可见"大经案""小经案""大经架""小经架""沙子脚经案""骨仑坐小经架子"等各色名目，笔者将另文详细考证。

②　余欣：《"书""物"结合重绘丝路世界图景》，《中国社会科学报》2019年4月22日，第5版。

厥今开像廊（阁），俨（严）真场，常隆十善之因，每叶庄严之念。炉焚百宝，供备七珍，罄舍资财，故造经巾供养。亦使灰魂被祐，顿超三有之身；殄障消灾，广竖良缘者矣。时则有持炉厶公，奉为故小娘子小祥追念之福会也。惟小娘子乃云云至孝等。自惟情同地陷，意重天崩，恒怀结发之恩深，乃念劬劳之厚德。无处控告，惟福是凭。荐拔幽灵，经巾转念。其经巾乃绫罗间错，锦绣分晖。天仙对对而翔空，宝女双双而化出。文殊菩萨，超十地已（以）初来；普贤真身，等就（鹫）峰之圣会。是以一敷则千光蔽日，一献则万佛云臻。承斯罪灭福生，永拔淤泥之径。是时也，爽气澄秋，高风戒节。故得金经罢启，玉轴还终。延百福则造此经巾，殄千殃则设斋转念。

经巾本为法会上转念经文时铺设于经案之物，具有庄严、供养的性质和功能。仅施入一条经巾，并非工艺繁难、价值昂贵之故，而是由仪式的实际需求所决定。由于转经的功德在整个仪式中处于中心地位，庄严佛经和道场的经巾也成为引人注目的焦点，从而极具装饰性和表演性，并被赋予丰富的符号象征和信仰含义：护佑亡魂、殄障消灾、荐拔幽灵、万佛云臻、罪灭福生。

南朝皇室、公卿普遍信奉佛教，多有舍身之举，斋会、讲经法会等皆须施物，所施颇多贵重之物，且数量巨大，尤其是舍身疏中所载品类繁多。如沈约《南齐南郡王舍身疏》："弟子萧王上白诸佛世尊、道德僧众：……是以敷襟上宝，栖诚妙觉，敬舍肌肤之外，凡百一十八种。"[①] 从《开皇十一年（591）十一月二十三日杨广受菩萨戒施物牒》来看，受菩萨戒也需要施舍大量物品，其中有不少是给戒师日常生活用的，还有一些应为受戒当日仪式所用[②]。然而尽管这些场合施舍的物品多达百余种，却并不包含经巾。无论是隋代的晋王杨广还是敦煌归义军

---

① 《广弘明集》卷28，《大正藏》第52册，第324页，上栏。
② 《国清百录》卷二，叶一四背至叶一五背。

时代的曹议金，仅在特定仪式上施入经巾。因而敦煌经巾的仪式性可以作如下理解：

一、施入供养有特定程序，有专门的施经巾疏、发愿文等模式化仪式性文本存在。

二、施入供养有特定场合，仅在特殊法会上施入特定场所。如为小娘子小祥追念①，或在莫高窟、法门寺举行的为国祈福的忏念斋会②。

三、在唱导、转经仪式中或由特定等级、形制的经巾承担不同的功能，大小、颜色、图案的区分，或亦与此有关。例如 P. 3587《某寺常住什物交割点检历》中列有"谏导经巾"，"谏"或为"詶"形近讹字，指专门用于唱导仪式上的经巾。S. 2607V《某寺点检历》中有"唱经案壹"，可为旁证。

四、在转经、忏念等仪式性表演中，经巾与经帙、经案、经函等藉经具的整体配合。

第五节　民生宗教与地域政治：
配借经巾的福祉与权力

七月十五日盂兰盆会举行前三日，河西释门都僧统帖下管内金光

---

① 此处小娘子或为某归义军节度使之女。小祥，本为儒家丧礼中规定的周年祭，P. 2622 张敖《新集吉凶书仪》："从亡后来年死日，谓之小祥，即预造布衣换之，衫袴一切稍轻初丧。□少（？）不许至□□即擗踊哭泣，内外皆哭，别人与换衣服，号哭尽哀。〔主〕撰设祭，祭文在后卷中，便令子弟勾当设斋。"由于唐宋敦煌深受佛教浸染，祥忌表现为儒家礼制与佛道结合的斋祭两存形式。参见吴丽娱《"中祥"考——兼论中古丧制的祥忌遇闰与斋祭合一》，《敦煌吐鲁番研究》第 13 卷，上海：上海古籍出版社，2013 年，第 159—181 页。

② S. 2687《后汉天福十三年节度使曹元忠妻浔阳郡夫人翟氏施经巾疏》："弟子河西归义军节度瓜沙等州管内营田观察处置押蕃落等使、特进检校太傅、谯郡开国侯、食邑一千户曹元忠、浔阳郡夫人翟氏，先奉为国安人泰，万方伏款于台庭；社稷恒昌，四远来宾于王化；狼烟息焰，千门快乐而延祥。"

明、龙兴、普光、安国、开元、乾元、净土、大云、大乘、灵修、灵图、奉唐、三界、莲台诸寺，分配幢伞、幡巾数额，严令不得妄有交互。S. 2575《后唐天成三年（928）七月十二日都僧统海晏于诸寺配借幢伞经巾等帖》云：

> 有常例，七月十五日应
>
> 官巡寺，必须并借幢伞，庄严道场。金光明寺故小娘子新见要伞拾副，龙兴叁副，官绣伞叁副，普伞壹副，幡伍拾口，经巾壹条，额壹条，安国大银幡贰拾口，经巾壹条，额两片，开元寺大银幡陆拾口，灵修绣幡捌口，乾、净土各额壹条。
>
> 大云寺要伞叁副，开壹副，国壹副，乘额一条，幡叁拾口。灵修银幡贰拾口，经巾壹条，额壹条，莲壹副，大绣像二。
>
> 灵图寺要伞两副，普两副，奉唐寺幡贰拾口，安国寺幡贰拾口，额壹条，经巾壹条，普青裙额一条，灵修、莲、安国官幡各七口。
>
> 三界寺要伞，灵修伞壹副，大乘壹副，乘额壹条，经巾壹条，莲、净土各幡贰柒口，开大像贰，大额壹条，国经巾壹副。
>
> 右，上件所配幡伞，便须准此支付，不得妄有交互者。天成三年七月十二日帖。
>
> 应管内外都僧统海晏[①]。

笔者曾提出"民生宗教社会史"的分析框架，可以用来解释上述文本所呈现的民生宗教和地缘政治交织的特性。所谓"民生宗教"是指围绕个人或家庭乃至某一地域的民生福祉而展开的信仰，尤其是在与人的基本生存状态与生命历程相关联的衣食住行、生老病死等方面，包括思想与行为。其核心内涵包括神灵体系、仪式活动、象征结构三个层面。与一般的有关民间信仰研究的不同之处在于：不是仅仅考察民众有

---

① 唐耕耦等《敦煌社会经济文献真迹释录》第四辑，北京：全国图书馆缩微复制中心，1990 年，第 131—133 页。

什么样的信仰，而是这些信仰如何作用于他们的生活方式和思维方式，进而考察作为意识形态和社会行动的信仰在国家政治、地域社会、利益集团、精英阶层和普罗大众之间的互动关系。简言之，重心落在宗教实践层面（Religions in Practice）。通过考察世俗政治与民生宗教之间的关系，便于从宗教语境来理解区域性政权与地方势力之间的"张力"：共同利益如何维护，集团利益如何争夺，民众又扮演了什么样的角色，各方又是怎样把斗争或共谋的焦点汇聚到信仰实践上来的①。

综合考察施入疏、愿文、配借幢伞经巾等帖中所反映的深刻的政治文化背景，从归义军时期敦煌作为一个区域性政治实体的权力基础及政治生态的角度加以观照，有助于拓展对地方政权政治格局与权力运作机制研究，从而对地方政权的内在政治结构、权力基础以及如何确立其权力合法性的手段和过程，能有真切的把握。

一、法事得到敦煌官方支持并由最高统治者发起组织，并且整个敦煌的权贵高门、僧团领袖以及普通民众都积极参与，是各个阶层为维护共同福祉达成的"合致行为"。由河西节度使领衔，官方竭力支持，是佛事活动得以持续盛大进行的关键，并因此得以强化统治合法性与社会秩序的建构。

二、仪式中僧界重要人物的角色尤为引人注目。配借幢伞经巾等帖由河西释门都僧统发出，并精心布置，所有管内重要寺院集体参与，领受指派任务，反映了归义军时期的政教关系，并体现了其在权力序位中的配置作用。

三、造经巾的主要目的是"延百福"，"殄千殃"，"国安人泰，万方伏款于台庭；社稷恒昌，四远来宾于王化；狼烟息焰，千门快乐而延祥"。表面上祈求加诸福佑的对象，上至国家社稷，下至黎民百姓，似乎无所不包，其实还是有内外区分的，那就是护佑本地域范围内的臣

---

① 余欣《神道人心：唐宋之际敦煌民生宗教社会史研究》，北京：中华书局，2006 年，第 2—3 页、131—157 页。

民，呈现出"结构"的内在性。

余论：宗教器物的历史学研究：
超越物质性与文本性

"二重证据法"，以出土文献与传世文献互为印证，究其根本仍是文本研究。即使是所谓"以图证史"，其实是将图像当作另一种文本，图像只是拿来作为佐证，全然不考虑其使用情况及其在原有图像学脉络中的本来角色和位置，这样的研究即使应用了图像，本质上依然是文本研究。

器物的历史学研究更是极度匮乏，且多囿于物质文化史与艺术史研究的范畴。本文作为一项个案研究实验，试图超越文本性与物质性，从知识—信仰—制度整体上思考器物在历史语境中的意义，在建立研究范式的博物学进路上做一新的尝试。将仪式性器物视为物象原境、文本记录、宗教体验、情感记忆和文化镜像的"统一场"，考察知识建构与物质形态、仪式行为、使用实践之间的关系，建立器用结构与知识体系、社会生活、时代气质的关联，进而发掘知识—信仰传统生成与构造的深层内涵。

从知识—信仰体系的建构过程，重新思考博物学作为一种理解世界的思维方式，在社会、思想和文明史上的意义，尤为注重出土文献、传世史志、域外典籍、考古文物的互相发明，并力图沟通文字材料、图像资料、器物艺能和相关学科工具，进行会通式的研究，构建起博物—宗教—礼俗—艺术相融合的研究范式，重绘器物作为博物之学与信仰实践的生成与衍变的场域而呈现的世界图景。从而可以在方法论上开拓器物研究的新面相，同时也将为从多元信仰—文明融摄的角度探究民生宗教的特性提供新的路径。

第七章 冥币新考：
新获吐鲁番考古资料的启示[①]

在中国人的信仰世界里，阴间的鬼神也需要用钱，但是他们使用的不是阳间的真钱，而是冥币。除了在丧葬过程及随后的祈福仪式中有大量的应用外，一些重要的岁时节日，诸如春节、清明、中元和冬至，冥币都是祭祀仪式中必不可少的用品，不仅用于祀鬼，也用于敬神。

既然冥币在信仰世界中占据了如此重要的地位，那么冥币的概念和信仰是如何起源的？在不同时期的祭礼中，它的实际使用方式又是怎样？它的形制在历史上经历了哪些演变？这些演变与各种礼俗和宗教之间，究竟存在着什么样的关系？在儒家礼制、佛教仪轨、道教法术、国家祭祀和民间信仰中，冥币曾经扮演了什么样的角色？换言之，冥币是如何进入传统中国的社会生活和信仰实践的场域之中，并呈现出它的意义，这应该成为中国宗教史研究的基本命题。

然而迄今为止，对上述问题的通贯性考察，学界鲜有及之，相关的成果非常匮乏。管见所及，宗教史研究专著方面，只有侯锦郎 1975 年

---

① 本文系在 2007 年 11 月于哥伦比亚大学东亚系所做特别学术演讲的英文稿 "Sacrificial Money in Medieval China: New Discoveries and New Hypotheses" (special lecture delivered at the Department of East Asian Languages and Cultures, Columbia University, 12 Nov. 2007) 的基础上修订而成。

用法文出版的《冥币考——中国宗教中的财富观念》①。然而，全书的重点旨在讨论台湾的金银纸钱的分类及其使用，道教经典中的依据等问题，而对于早期历史着墨甚少，只是寥寥数笔。文化人类学视角的考察，则有柏桦《烧钱：中国人生活世界中的物质精神》②。论文方面，虽然颇有几篇较为精审的佳作，但大多集中于对纸钱的讨论③。另外，上述著述的不足之处在于，其基本上都是根据语焉不详而又自相矛盾的文献记载进行考证和推论，因而未能准确地揭示冥币发展脉络④。尤其是对于冥币的形制和内涵在中古时代所发生的关键性变化，也就是冥币在魏晋南北朝隋唐的中间过渡形态的演进史，依然停留在模糊不清的认识之中。其实，最近数十年，中国历史时期的考古呈现出突飞猛进的态势，大量考古新资料的出土，可以使我们在一个前所未有的平台上重新思考一些"基底性"问题，建立新的解释性框架。在我看来，冥币研

---

① Hou Ching-Lang, *Monnaies d'offrande et la notion de tresorerie dans la religion chinoise*, Paris：College de France，Institut des hautes etudes chinoises，1975.

② C. Fred Blake, *Burning Money：The Material Spirit of the Chinese Lifeworld*. Honolulu：University of Hawaii Press，2011. 中译本，柏桦著，袁剑、刘玺鸿译《烧钱：中国人生活世界中的物质精神》，南京：江苏人民出版社，2019 年。

③ 较为重要的论文有：黄石《纸钱略考》，原载《太白》第 2 卷第 10 期（1935 年 8 月），收于高洪兴编《黄石民俗学论集》，上海：上海文艺出版社，1999年，第 389—398 页；曾我部静雄《紙錢について》，曾我部静雄《支那政治習俗論攷》，東京：筑摩書房，1943 年，第 229—250 页；伊藤富雄《紙錢習俗考》，《支那學研究)》第 7 號，1951 年，第 50—65 页；赵睿才、杨广才《"纸钱"考略》，《民俗研究》2005 年第 1 期，第 115—129 页；黄清连《享鬼与祀神：纸钱和唐人的信仰》，蒲慕州编《鬼魅神魔——中国通俗文化侧写》，台北：麦田出版，2005年；第 175—220 页；陆锡兴《元明以来纸钱的研究》，《南方文物》2008 年第 1期，第 81—86 页；许飞《唐代小説に見られる「紙錢」)》，《中国中世文学研究》第 57 號，2010 年，第 40—62 页；佐藤大樹《紙錢習俗の源流としての瘗錢について：唐代の紙錢と瘗錢の比較を中心に》，《駒澤大學禅文化歷史博物館紀要》第 1 號，2016 年，第 1—17 页。

④ 当然也有学者意识到考古资料的重要性，并在文中加以征引。例如王雪农《中国的冥币瘗钱及其演变过程》，中国钱币学会编《中国钱币论文集》第 3 辑，北京：中国金融出版社，1998 年，第 329—337 页。但利用还很不充分。

究，就是其中之一，只要我们摆脱"文献依赖症"，把关注目光转向出土文物，就可以使局面得以改观。

自 20 世纪初以来，吐鲁番地区的墓葬中就经常有冥币出土。然而在以往的研究中，历史学界对这些零散的资料缺乏关注与思考，未能展开专题探讨；考古工作者对这些"小玩意"也似乎不屑一顾，往往只是在发掘简报中一笔带过，提供的信息非常微弱。但是我们仍不妨做一些尝试性的工作。本文当然无法对传统中国的冥币史做全面彻底的考察，而主要是以近年吐鲁番考古新获资料为基础，并搜集相关西域考古成果及其他地域出土的汉唐冥币材料，结合传世文献加以印证，着重于从冥币在墓葬中的实际保存状态、与墓葬整体遗存之间的相互关系进行分析，对其源流、形制、性质和功能进行新的考索，试图从丧葬习俗和死后世界信仰的变迁来揭示其内涵。

第一节　冥币源流略述

上古的祭祀仪式，曾先后用玉帛和实际流通的货币作为祭奠之物。但战国以后逐渐为货币的仿制品所代替[1]。这一方面自然是出于经济成本的考虑，但更主要的是由战国秦汉之际关于死后世界的观念变迁引发的[2]。人们意识到，阴阳有别，人间之物，阴间未必能够行用。《礼记·檀弓下》："孔子谓：为明器者，知丧道矣，备物而不可用也。哀

---

[1]　王雪农将其区分为"冥币"和"瘗钱"两种。冥币是指用没有价值的材料仿照真实货币专为丧葬而制造的明器；瘗钱虽也用于丧葬，但它或是实币、经改造的实币，或是用有价值的材料如铜、银、金、玉等制成。可备一说。参看前揭王雪农《中国的冥币瘗钱及其演变过程》。

[2]　钱存训认为，主要是经济原因，出于防止盗墓的考虑，也是原因之一。参看钱存训《家庭及日常用纸探源》，收于钱存训《中国书籍纸墨及印刷史论文集》，香港：香港中文大学出版社，1992 年，第 89 页。但我认为，占主导的应该还是信仰因素。

哉！死者而用生者之器也。不殆于用殉乎哉？其曰明器，神明之也。涂车刍灵，自古有之，明器之道也。"[1] 故冥币之作，实出自明器观念，其根本功用为享祀神鬼[2]。

早期的冥币由各种材质制成，其中最值得注意的是各种仿贝币的出现。其中重要的发现有：河南省淅川县龙山春秋楚墓第 10 号墓出土骨贝 74 枚，第 11 号墓出土骨贝 63 枚；湖北当阳曹家岗 5 号楚墓中一个精致的竹器皿内，出土骨贝 1179 枚；湖北省江陵县望山 2 号楚墓出土骨贝 2 枚；湖北省荆门市十里铺镇王场村包山 2 号楚墓出土骨贝 310 枚；同时发掘的包山 4 号楚墓出土木贝 12 枚；河南省正阳县寒冻乡苏庄村 1 号楚墓出土木贝 26 枚；湖南省临澄县九里 21 号楚墓出土泥贝 1 件。墓葬的年代在春秋晚期至战国中期之间，所出土的这些各种仿制贝币，应该就是后世冥币的滥觞[3]。此后的战国楚墓中发现的泥郢爰和包金银箔的铅饼，是继贝冥币之后两种典型[4]。秦汉以降，材质基本上趋于泥制为主流，偶尔亦有金属为之者，似乎主要流行于陕西、洛阳一带[5]。长沙马王堆一号汉墓出土的"泥半两"，数量非常庞大，计四十篓，每篓约盛两千五百枚至三千枚，均为模制，直径 2.3—2.4 厘米，厚 0.25—0.5 厘米，正面有凸起的"半两"二字，曾经火烧，但火候不高[6]。可以说，马王堆"泥半两"代表了西汉时期泥冥币的主要形态。

----

① 阮元校刻《十三经注疏》，北京：中华书局影印本，1980 年，第 1303 页。

② 关于明器的起源及界说，参看这一领域的奠基性著作——郑德坤、沈维钧著《中国明器》，哈佛燕京学社 1933 年版，上海：上海文艺出版社影印本，1992 年，第 1—10 页。

③ 魏航空、方勍《楚国贝币思考》，《中国钱币》1997 年第 1 期，第 3—6 页。

④ 参看吴兴汉《楚国爰金冥币研究》，《中国钱币》1997 年第 2 期，第 24—29 页。

⑤ 蒋若是《陕西、洛阳所见秦汉金属冥钱述略》，《中国钱币》1994 年第 2 期，第 17—19 页。

⑥ 湖南省博物馆、中国科学院考古研究所编《长沙马王堆一号汉墓》，北京：文物出版社，1973 年，文字描述，第 126 页；图版二五四。

冥币的出现似乎和楚文化有关，发现早期冥币的墓葬的地理范围，大多出于原来的楚境，而楚地是鬼神信仰和巫术盛行的地域①。（图7-1）

图7-1　上海嘉定战国墓出土陶郢爰

泥冥币之后的演变，是最不清晰的。对此进行较为深入的考证的是清代著名学者赵翼，《陔余丛考》卷三〇"纸钱"条云：

欧阳公谓五代礼废寒食野祭，而焚纸钱，以为纸钱自五代始，其实非起于五代也。《汉书·张汤传》：有人盗发孝文园瘗钱。如淳曰：埋钱于园陵，以送死也。《南史》：吴苞将终，谓其弟子曰："吾今夕当死，壶中大钱一千，以通九泉之路。"是汉及六朝固皆用实钱。然《汉书·郊祀志》令祠进五畤牢具皆以木寓马代驹，及诸名山川用驹者，皆以木寓马代。则祭祀用牲，已有以木象形者，特未用于钱耳。《事林广记》及《困学记闻》皆谓汉以来有瘗钱，后里俗稍以纸寓钱，而不言起自何代。唐临《冥报录》、曾三

---

① 利用战国楚简在这一领域所作的探索，可参看晏昌贵《巫鬼与淫祀——楚简所见方术宗教考》，武汉：武汉大学出版社，2010年。

异《同话录》谓，唐以来始有之，名曰寓钱，言其寓形于纸也。
《法苑珠林》则谓起于殷长史，洪庆善《杜诗辨证》则谓起于齐东
昏好鬼神之术，剪纸为钱，以代束帛。二说虽不同，然《封氏闻见
记》谓纸钱魏、晋以来已有之，今自王公至士庶无不用之。封演，
唐德宗时人，去六朝未远，所见必非无据，则纸钱之起于魏、晋无
疑也[1]。

赵翼是非常博学而有独到见解的考据学家，他关于纸钱的考证，至
今仍颇有价值。今人常征引的重要资料，大体不出此条之范围。但是他
所依据的毕竟只是传统的文献，现在我们可以根据考古资料改写他的
结论。

第二节　巴达木新出木刻冥币的意义

赵翼说："祭祀用牲，已有以木象形者，特未用于钱耳。"现在看
来是错误的。吐鲁番的考古发掘表明，冥币也有"以木象形者"。

巴达木墓地位于新疆吐鲁番市二堡乡巴达木村东，北距哈拉和卓墓
地 1 公里，南距高昌故城 4 公里，西距阿斯塔那墓地 3.5 公里，东距吐
峪沟乡 11 公里。墓地位于火焰山南麓冲积地带，地势开阔平坦。发现
墓葬 82 座，分布于南北相邻的 3 个台地上。巴达木墓地的墓葬形制为
盛唐时期流行的斜坡道土洞墓，系带天井斜坡道土洞墓。与阿斯塔那、
哈拉和卓、交河沟西墓地这一时期的墓葬形制基本相同，带天井斜坡墓
进入这一地域的时间为唐武周时期。M217 带天井墓出土唐垂拱二年
（686 年）墓志，这与阿斯塔那带天井墓时代上限相同。出土的墓志、
文书、衣物书有纪年的有延昌、延寿、垂拱，另在 1 号台地 M219 墓中
出土一枚"开元通宝"铜钱，由此判定这批墓葬时代为麹氏高昌国至

① 赵翼《陔余丛考》，北京：商务印书馆，1957 年，第 633 页。

唐西州时期，也就是初唐到盛唐时期。在 7 座墓葬中，共出土 100 余件
冥币，均为葫芦木刻制，呈不规则圆形。较为典型的为下列墓葬：

M103：位于 1 号台地白氏家族茔院内西部第一排。在墓室南部出
土彩绘陶器、木器、串珠、石器、金币等 31 件，是一座随葬品较丰富
的墓葬。其中冥币是用葫芦木刻制的，被埋在西南部位置。

M116：两具干尸均位于墓室后端生土尸台上，靠墓北边为男性，
另一具干尸位于男性干尸的南侧，为女性。根据两具干尸保存状况推断
二人为一次葬，或埋葬时间相隔不长，是一座典型的夫妻合葬墓。随葬
有陶罐、陶碗、泥俑、木案、木手杖、骨梳、冥币等。

M203：为 4 人葬，4 具干尸均为仰身直肢，一男三女，为一夫多妻
合葬墓。随葬陶器大多成碎块，器形有彩陶碗、罐，木器多残，有鸭、
梳、案及木棺构件残块等，另在墓西南出土数十枚葫芦木刻制的冥币和
串珠。（图 7-2）

图 7-2　吐鲁番巴达木 04TBM203 墓出土葫芦木冥币

M244：3 具干尸位于墓室后端，均头西，脚东，仰身直肢，南北
"一"字形陈置于两张苇席上。男性干尸居中，两侧为女性。1 号干尸
为女性，双手握木，头和脚有绢枕，内装草木灰，内裹麻布，外着蓝绢

衣，衣残朽呈片状，头顶部出土 5 件铜片饰和串珠。2 号干尸为男性，口微张，含波斯银币 1 枚，脸上覆面残朽，头、脚下有绢质枕，身着蓝底白花绢衣，双手握木。3 号干尸为女性，紧依墓室后端，与 2 号干尸位于同一张苇席上，头、脚亦有绢枕，双手握木，眼盖葫芦木刻制的圆形冥币，身上覆盖伏羲女娲绢画 1 幅，绢画上附带木橛，室顶有木橛孔，绢画应悬挂于墓室顶部。头顶部出土铜饰 4 件。随葬品大多陈放墓室西南角，少部放于 1 号干尸南侧的木案上。随葬品有彩陶碗、罐、豆、木案、木鸭、竹编盘、银、铜、珠饰件等 42 件。为夫妻妾三人合葬墓。

M252：位于 2 号墓地东南康氏家族茔院门道内，墓室后端有一高 0.1 米生土尸台，为 5 人葬。随葬品除常用的陶器外，还出土 12 件旋制的木碗、联珠纹饰彩绘木罐、木梳、铜眼罩、银币等。1 男 4 女，是典型的一夫多妻婚姻家庭，从出土器物的数量、质量及合葬的人数来看，墓主是望族成员，经济富足。3 号干尸位于 2、4 号干尸之间，生土尸台南沿，在头顶部出土数十枚葫芦木刻制的圆形冥币。在 4 号干尸嘴中发现一枚金币①。

我们先看第一种类型的情况，以 M203 最为典型，冥币散布在墓室的一处。据现场发掘拍摄的照片，我们第一次有机会观察木制冥币在墓葬中的埋藏情景：冥币散布在墓室的西南角，边上是陶器的碎片和木器的残件，再下面是干尸。根据器物标本记录卡，冥币的直径为 3.5—4.1 厘米，厚度为 0.6—0.8 厘米。从基本上是原大拍摄的冥币的细部照片上，我们可以清楚地看到它的形状，甚至可以感受到木料的质感②。我们再注意一下它的埋藏位置。与 M103 一样，冥币都是放置在

①　以上资料描述，据吐鲁番地区文物局《新疆吐鲁番地区巴达木墓地发掘简报》初稿，较之后来发表在《考古》（2006 年第 12 期，第 47—72 页）上的简本更为详细。

②　承蒙吐鲁番文物局提供上述资料，谨致谢忱。

墓室的西南角，与彩陶罐、彩陶碗之类的生活用品摆放在一起，而金币和珠饰往往被放置在墓室的中央。看来，冥币在这里只是普通的随葬品，不是作为财富的象征，所以并没有被放在一个很重要的位置，这似乎暗示它只是作为墓主在阴间的日常支出。（图7-3）

图7-3　吐鲁番巴达木04TBM203墓冥币发掘现场

第二种类型是将冥币埋藏在头顶部。M252中冥币的位置是在头顶部，而不是和其他随葬品一样被随意地放在墓室一角。冥币的出土位置在死者头部底下，似乎是承袭早期"瘗钱"的遗风。1977年至1981年，安徽省文物考古研究所在长丰县杨公墓地清理发掘的10号墓出土的3块陶金版冥币，即出土于墓底木棺内死者的头部位置。根据墓的形制及出土器物的特征，墓葬定为战国晚期楚墓①。但是如此溯源仍需谨慎。1955年在洛阳市北郊岳家村30号唐墓中出土的16枚波斯萨珊朝银

---

① 杨鸠霞《安徽出土的陶冥币》，《中国钱币》1994年第3期，第37—39页。

币，就是与其他随葬器物一起置于西侧人骨架头部，有学者推测该墓墓主人有可能是来自西域的少数民族①。因此，这种埋藏冥币于头部的方式，是否具有某种信仰意义或外来文化因素，尚难于遽断。考虑到墓主的身份应该是康姓的粟特富商，不能排除这种可能。

第三种类型是将冥币作为眼罩使用，极为独特。葫芦木刻制的圆形冥币盖在眼睛上面，应该具有葬俗和宗教上的含义，而不是作为一般的随葬品或财富的象征。我们必须把盖在眼睛上面的冥币和墓中的其他文物联系起来：其中一具女尸头顶部出土 5 件铜片饰和串珠；男尸含波斯银币 1 枚，脸上有覆面；另一具女尸头顶部出土铜饰 4 件，冥币就盖在她的眼睛上。所穿的服饰和随葬品，都表明墓主身份不是一般的平民，而带有游牧民族文化影响的痕迹。

死者口中含波斯银币与用葫芦木冥币盖在眼睛上，二者之间存在着密切而复杂的关系。关于死者口中含币的习俗，历来有两种主张：一种意见认为吐鲁番盆地以及中国内地死者口中含币的习俗，有可能是以中亚为媒介从西方传播而来的②。另一种意见认为口中含币是中国本土的葬俗，它与源自古代希腊的摆渡钱毫无关系，西方传来说实际上是受了中国文化西来说的流毒的影响③。近年王维坤先生对新石器、商周、秦汉、三国至隋唐四大不同时期的考古发现进行了详细的分析，重申了死者口中含币源于中国传统的"口含"习俗的观点，认为新石器时代早

---

① 赵国璧《洛阳发现的波斯萨珊王朝银币》，《文物》1960 年第 8、9 期合刊，第 94 页；霍宏伟、程永建《洛阳岳家村 30 号唐墓出土波斯萨珊朝银币》，《四川文物》2006 年第 2 期，第 48—50 页。

② 自斯坦因以来，就有不少西方和日本的学者持这一观点。较为详细的阐述，参看小谷仲男《死者の口に貨幣を含ませる習俗—漢唐墓葬における西方の要素》，《富山大学人文学部紀要》第 13 號，1988 年，第 1—19 页。

③ 夏鼐《综述中国出土的波斯萨珊朝银币》，《考古学报》1974 年 1 期，第 91—110 页。

期仰韶文化墓葬中死者口中含石块、贝壳、蚌壳就是这一习俗的正式开端①。他对丝绸之路沿线的考古发现也作了深入的讨论，认为这种死者口中含币的习俗并不是先从西亚、中亚传到今天的新疆，然后再传到中原内地，恰恰相反，是通过著名的丝绸之路先从中原内地传到甘肃、新疆，然后再不断地向西传到了中亚和西亚②。但是这能否成为无可争辩的事实，仍然有待考古工作的进一步深入。

眼罩的起源同样也存在类似的争议。通常，盖在眼睛上的是铜眼罩，另一座墓葬 M252 中就有出土，以往在吐鲁番的古墓群中也多有发现。这种埋葬仪式吸引了不少专家，斯坦因、黄文弼、武伯纶、王澍、向达、K·里布、王炳华等考古学家都探讨过这一习俗。通常认为这种葬俗源于中原，就是《仪礼》等典籍中所说的"瞑目""复面"③。但 E. H. 鲁伯-列斯尼契科认为这个问题极其复杂，应该从天山北部阿莱地区萨石古墓遗址和费尔干纳西部的卡拉布拉克古墓遗址寻找它的渊源，主张这是中原和中央亚细亚两种传统在吐鲁番绿洲居民葬俗中的交融合流④。也有不少考古学家认为，金银护眼丝织面衣葬俗，与原居住在西伯利亚西部和乌拉尔区的乌戈尔人（Ugrians，今日匈牙利人的祖先）有比较大的关系。他们在死者面部盖织物或动物皮革，并且在眼、嘴部及鼻子上缀上银币、铜币，相信这种做法可以使死者安居墓穴，不

---

① 王维坤《隋唐墓葬出土的死者口中含币习俗溯源》，《考古与文物》2001年第 5 期，第 76—88 页。

② 王维坤《丝绸之路沿线发现的死者口中含币习俗研究》，《考古学报》2003年第 2 期，第 219—240 页。

③ 最近杨东宇发表《眼罩功能与流变考论》（《民族研究》2008 年第 5 期，第 83—88 页），另创新说，认为眼罩是一种可以避光、挡风沙、遮面的日常生活用品，是墓主生前使用的生活用具，于墓主死后作为随葬品埋入墓中。我认为这一看法没有顾及物品在信仰空间中的情境，只看到与生活用品具相似性之一面，有强树新义之嫌，且缺乏周密论证，过于牵强，今不取。

④ E. H. 鲁伯-列斯尼契科《阿斯塔那古代墓地》，《西域研究》1995 年第 1期，第 104—110 页。

会干扰活人的生活，也不会把任何人带到阴间①。这一葬俗也对其他民族产生影响，一座可能为 11—12 世纪黑汗王朝统治期的士兵墓葬，出土时的士兵头骨是完整的，一只眼上盖着一枚金币，另一只眼上盖着一枚银币②。除了用货币盖在眼上的例证外，也有货币和眼罩并用的例子。斯坦因所发掘的吐鲁番 Ast. i. 3 墓葬就是并用的典型。这也是一座夫妇合葬墓，在女性人骨的面罩之下，置放着 1 副用薄银片剪成眼镜状的眼罩；而在男性人骨的同样形状的眼罩下面，还放有两枚萨珊银币，银币的年代为 6 世纪晚期。眼罩和银币同时使用，显然并非出于保护眼睛的目的，而是有其特殊含义③。M244 中用木刻冥币代替眼罩和金银币，其功能应该相似。

无论如何，巴达木墓地发现的冥币，至少具有如下意义：

1. 颠覆了木制冥币不存在的传统论断，表明即使在隋唐之际，通常认为冥币的主要材质已经转换为纸钱的时代，木刻冥币在吐鲁番仍有广泛的应用，其使用方式仍是和早期一样，是埋藏在墓中，而不是焚化。这正是陶冥币向纸冥币过渡的中间形态。中间接续环节的发现，使我们认识到冥币的发展史并不是以往所认为的那样具有跳跃性，而是有其内在的顺畅的线索可循。

---

① 这种观念，与中国的解除方术的思想惊人相似。关于丝绸之路沿线的人形解除方术的考证，参看 Yu Xin, "From Turfan to Nara: Figurines Discovered along the Silk Road", special lecture delivered at the Department of Religion, Columbia University, 15 Nov. 2007. 中文增订本已收入拙著《中古异相：写本时代的学术、信仰与社会》，上海古籍出版社，2011 年，第 115—139 页。

② Mihály Benkö, "Burial masks of Eurasian mounted nomad peoples in the migration period. (1st millennium A. D.)" *Acta Orientalia Academiae Scientiarum Hungaricae*. 46. 2-3 (1992/93.), P. 113-131.

③ 文字描述、图版及斯坦因的评论，分别见 Aurel Stein, *Innermost Asia: detailed report of explorations in Central Asia, Kan-su, and Eastern Īrān, carried out and described under the orders of H. M. Indian Government*, Oxford: Clarendon Press, 1928, P. 681, PL. LXXXIX, PL. CXX, P. 646-647, 670-671.

2. 冥币有和普通随葬品摆放在一起的，也有放置在特殊位置的，表明它们在死后世界所代表的含义是不同的。但是，这是身份等级的差异还是种族、文化和宗教的差异，目前我们难以断言。以往我们只关注冥币自身的物质形态和它的社会应用，对于其在墓葬中的初始状况及与信仰的关系，鲜有留意。只是目前我们所掌握的例证还是太少，将来随着样本的增多，或许可以提出更合理的解释。

3. 由于此前我们从未见过使用木刻冥币遮盖死者眼睛的场合，因此难以对此作出圆满的解释，只能揭示上述联系并作如下简单的推论：这可以看成是冥币功能的扩展，在充当冥币的同时，兼具眼罩和有时与之并用的金银币的功用以及附载的葬俗含义；也有可能只是临时充当眼罩的替代品。把货币（不论是实用或仿制的金银币，还是木刻的冥币）盖在眼上和口含银币的做法，二者是有关联的，有可能二者都是受到源自西方的影响。

4. 木刻冥币因为容易腐朽，所以未有见诸中国其他地方的报道。这是只有吐鲁番才有的地域文化现象，还是全国性的普遍葬俗，也是值得继续讨论的问题。

第三节　吐鲁番出土纸钱新证

我们再来看吐鲁番木纳尔墓地出土的唐代纸钱。木纳尔墓地位于吐鲁番市东侧，北距 312 国道 400 米，南临安乐故城，西依苏公塔。墓地地处火焰山西端山前地带，葡萄沟河流穿越墓地，向南流经安乐故城后注入艾丁湖。出土纸钱的 M102 墓位于 1 号台地，这是一个家族墓葬区，内有 4 座墓葬，2 座墓葬出土墓志砖 3 方。从墓志得知，墓主姓宋，故该茔院定名为宋氏家族茔院。M102 墓为斜坡道土洞墓，位于宋氏家族茔院北部。墓葬形制较大，墓室后部有两具被扰乱的人骨架，两具头骨置于散乱的骨架中，骨架下发现苇席残片。随葬品大多移位，出土有陶碗、彩绘泥俑、骆驼、马、木鸭、握木、铁刀、金币及文书等①。出土文书有纪年者为永徽四年（653）至六年（655）、龙朔三年（663）、麟德二年（665），并有《唐显庆元年（656）□（宋）武欢墓志》及无纪年移文，据考证，移文年代也应在显庆元年二月②。

我们最感兴趣的是一组剪纸冥币。这些圆形纸钱不是用一般的纸，而是用唐代官府的牒文剪成。其中一件编号为2004TMM102：47a（图7-4），牒文的文字为：

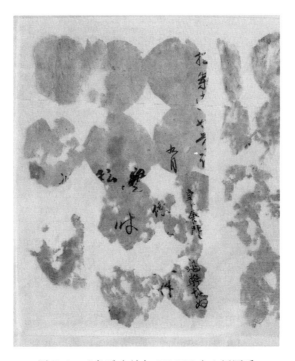

图7-4　吐鲁番木纳尔2004TM出土纸冥币

----

① 以上描述，据吐鲁番地区文物局《新疆吐鲁番地区木纳尔墓地的发掘》，《考古》2006年第12期，第27—46页。

② 相关考证，参看刘安志《跋吐鲁番新出〈唐显庆元年（656）西州宋武欢移文〉》，《魏晋南北朝隋唐史资料》第23辑，武汉：武汉大学文科学报编辑部，2006年，第198—208页。

（前缺）

1] 检案 连 如前，谨 [

2 　　　　九月 [

3 　　　　　　　□ [

4 　　　　　　私 [

5 　　　　　　　□ [

（后缺）

另一件编号为 2004TMM102：47c，文字释作：

（前缺）

1] 辛舍 门　鸡弊埏奴

2] 依 检 上 件

3]，谨牒。

　　　　（后缺）①

按照唐代政府公文保管和处理的法令，公文书到了一定的年限，就可以作废。《唐律疏议》卷一九《贼盗》"即盗应除文案者"条引《唐令》云："文案不须常留者，每三年一拣除。"② 这些作废的公文书，往往以纸张再利用的形式流入民间。纸钱因为有残留的公文，所以现在被整理者当作古代文献。但是我们应该明白，当时它们出现在墓葬中，仅仅是作为纸钱，而不是像《论语》《孝经》《易杂占》等文献那样，是作为古典籍被特意保存的③。

---

① 文书图版及录文，见荣新江、李肖、孟宪实主编《新获吐鲁番出土文献》，北京：中华书局，2008 年，第 121 页。

② 刘俊文点校《唐律疏议》，北京：中华书局，1993 年，第 351 页。

③ 相关研究，参看朱玉麒《吐鲁番新出〈论语〉古注与〈孝经义〉写本研究》，《敦煌吐鲁番研究》第 10 卷，上海：上海古籍出版社，2007 年，第 43—56 页；王素《吐鲁番新出阚氏王国〈论语郑氏注〉写本补说》，《文物》2007 年第 11 期，第 70—73 页；余欣、陈昊《吐鲁番洋海出土高昌早期写本〈易杂占〉考释》，《敦煌吐鲁番研究》第 10 卷，第 57—84 页。

2004TMM102：47a，为一组六枚冥币相连，每枚直径 3.7 厘米，整体尺寸 14.8×17.4 厘米。2004TMM102：47c 为一组四枚相连，每枚直径亦为 3.7 厘米，整体尺寸 14×11.1 厘米。这些纸钱显然是模仿"开元通宝"铜钱。六个或四个相连，是没有完成的半成品，还是当时通行的就是相连的形式，我们不能断定。开元通宝的直径一般为 2.4 厘米，纸钱较实际流通的铜钱略大。用有字的故纸制作各种明器，这是吐鲁番的习见做法，吐鲁番出土文献基本上来源于这些纸明器。最为常见的是纸鞋、纸帽、纸腰带、纸棺材[①]，甚至还有纸面衣[②]。

此前，唐代纸钱实物曾屡有出土。首次发现，是由斯坦因报告的。斯坦因在进行第三次中亚探险时，对吐鲁番阿斯塔那古墓群进行了部分发掘，获得大量文物，其中就有一件纸钱。编号为 Ast. iii. 4.04，系以整张纸折叠后加工的作品，大小为 5¾×3 英寸，残存已制成圆形方孔铜钱形状的纸钱一串半，约 20 枚，每枚铜钱尺寸不详。这一串半纸钱仍与纸张的边缘相连，并可见到右边已剪下另一串的痕迹。斯坦因准确地指出，这就是至今中国冥界信仰中仍然在使用的纸钱，并认为可与 3—4 世纪以来的文献记载互相印证[③]。从现存状态看，这与木纳尔新出的纸钱一样，也是一件正在制作中的半成品，并且整体形貌俱在，可谓极为难得。

20 世纪六七十年代，吐鲁番地区进行了一系列考古发掘，又陆续有不少新的收获。但可惜的是，正式的考古报告至今尚未出版，原有的发掘简报只有很零星的信息。在 1963—1965 年对阿斯塔那和哈拉和卓

---

① 陆锡兴《吐鲁番古墓纸明器研究》，《西域研究》2006 年第 3 期，第 50—55 页。

② 王珍仁、孙慧珍《旅顺博物馆藏唐代纸制冥具考》，《辽海文物学刊》1997 年第 1 期，第 77—78 页、159 页。

③ 文字描述、图版及分析，分别见 Aurel Stein, *Innermost Asia*, P. 693, PL. XCIII, P. 671. 潘吉星《中国造纸史》，上海：上海人民出版社，2009 年，第 210 页，简单提及这件材料，但误注出处为斯坦因的另一考古报告 Srindia。

两地区的部分古墓葬进行发掘时，在第三期盛唐至中唐（7世纪中至8世纪中）墓葬内，出土了纸钱和所谓"人胜剪纸"①。1973年，又在阿斯塔那发掘古墓葬38座，其中TAM521号墓为无尸骨的"空墓"，出土有纸钱、麻布片、绳头等。墓葬无准确年代，简报较为笼统地说属于第二、三期，也就是南北朝中期至中唐（6世纪初至8世纪中）②。不过，相邻的TAM522号墓出有高昌建昌二年（556）墓志。如果二墓下葬年代相距不远的话，则TAM521号墓所出纸钱，当属现存最早的实物。但是两篇简报对此只是提了一句，既无详细描述，亦无图版，其具体情况不明。

纸钱发明于何时，众说纷纭，至今未有确切的结论。最早论述纸钱缘起的是中唐时期的文士封演，他在《封氏闻见记》卷六中写道：

> 纸钱，今代送葬为凿纸钱，积钱为山，盛加雕饰，异以引柩。
>
> 按，古者享祀鬼神，有圭璧币帛，事毕则埋之。后代既宝钱货，遂以钱送死。《汉书》称盗发孝文园瘗钱是也。
>
> 率易从简，更用纸钱。纸乃后汉蔡伦所造，其纸钱魏晋已来始有其事。今自王公逮于匹庶，通行之矣。
>
> 凡鬼神之物，取其象似，亦犹涂车刍灵之类。古埋帛金钱，今纸钱皆烧之，所以示不知神之所为也③。

在封演看来，纸钱是从上古埋帛的祭祀礼仪而来，汉代发展为瘗钱，魏晋开始有纸钱，但瘗埋还是焚烧，不是很清楚，到了唐代，都是焚烧的方式。

敦煌悬泉置的重大考古发现，使我们获得了极为罕见的纸张早期实

---

① 新疆维吾尔自治区博物馆《吐鲁番县阿斯塔那—哈拉和卓古墓群发掘简报（1963—1965）》，《文物》1973年第10期，第10—11页。

② 新疆维吾尔自治区博物馆、西北大学历史系考古专业《1973年吐鲁番阿斯塔纳那古墓群发掘简报》，《文物》1975年第7期，第8—9页。

③ （唐）封演撰，赵贞信校注《封氏闻见记校注》，中华书局，2005年，第60—61页。

际使用的新资料，出土写有文字的纸文书残片共 10 件，其中有 3 件被确定为西汉武、昭帝时期，T0212④：1 正面隶书"付子"，18×12 厘米；T0212④：2 和 T0212④：3 则分别书"熏力""细辛"，均为药名。因此，发掘整理者根据纸的形状和折叠痕迹，推断其为包药用纸[①]，是迄今所见最早的字纸[②]。有人认为纸张发明以后，纸钱就有可能诞生。若然，则纸钱的使用史可以追溯至汉武帝时代。但是其实两者并不存在逻辑必然关联，无论文献和考古，都没有找到可以证实汉代就有纸钱的材料[③]。

纸钱的起源，通行的观点主要有魏晋说和唐代说，也有更明确地主张东晋或六朝的，但所依据的多为《封氏闻见记》《法苑珠林》等陈说，没有提出可靠的证据[④]。有相当多的文献例证表明，纸钱在唐代已经颇为盛行，并且有相当大的使用量，这是没有争议的。因此推测其最早出现应当在隋唐之前。但是以往未能获得考古学的有力支持。现在我们终于有了更多较为确切的出土新材料，可以用来印证这一推断，并且可以把年代大致划定在 6 世纪中叶。

吐鲁番出土的纸钱是如何制作的？是用剪刀剪成的，还是用刻刀刻成的？从唐代文献看，两种制作方法都有。牛僧孺《玄怪录》卷二"崔环"："安平崔环者，司戎郎宣之子。元和五年夏五月，遇疾于荥阳别业。忽见黄衫吏二人，执帖来追，遂行数百步，入城。……将去，濮

---

① 甘肃省文物考古研究所《甘肃敦煌汉代悬泉置遗址发掘简报》，《文物》2000 年第 5 期，第 14 页，图版见第 11、12 页。

② 从造纸技术史角度加以研究的，参看钱存训《纸的起源新证：试论战国秦简中的纸字》，《文献》2002 年第 1 期，第 6—7 页。

③ 陈启新认为"最早的符箓可能已在东汉末年出现，其他纸钱等冥纸也应与纸代简同步发展"。见陈启新《冥纸史考》，《中国造纸》1996 年第 2 期，第 75 页。这一猜测恐怕难以成立。

④ 陆锡兴概括了前人的说法，并提出纸钱出现的年代不晚于南北朝后期的观点。参看陆锡兴《唐宋时期的纸钱风俗》，《文史知识》2010 年第 4 期，第 76—83 页。

阳霞抚肩曰：'措大，人矿中搜得活，然而去不许一钱。'环许钱三十万。……遂令家人刻纸钱焚之，乃去。"[1] 在这个故事中，崔环许给濮阳霞的纸钱三十万，就是刻纸而成。又，前引《封氏闻见记》云"今代送葬为凿纸钱"，"凿"亦为刻纸之意。但是同为《玄怪录》所载吴全素故事中："二吏谓全素曰：'君命甚薄，天明即归不得，不见判官之命乎？我皆贫，各惠钱五十万，即无虑矣。'……全素依其言言之，其姨惊起，泣谓夫曰：'全素晚来归宿，何忽致死。今者见梦求钱，言有所遗，如何？'其夫曰：'忧念外甥，偶为热梦，何足遽信！'又寝，又梦，惊起而泣，求纸于柜，适有二百幅，乃令遽剪焚之，火绝，则千缗宛在地矣。"[2] 此处的五十万纸钱，是用整幅的纸剪成的。总的看来，刻纸似乎是比剪纸更为广泛的做法。对吐鲁番出土的人胜、菊花等纸制工艺品，以往一概称之为剪纸艺术[3]。现在看来有些大概是刻成的，需要重新考虑。吐鲁番出土的纸钱到底是剪还是刻，仅凭现存的一两件实物无法准确判断，不过从斯坦因发掘实物的照片所显示的痕迹看，似乎更像是刻成的。

再来看纸钱的使用方式。封演说，唐代纸钱都是焚化，也不完全正确。吐鲁番就依然采用传统的瘗埋方式[4]。其实纸钱的使用方式大致有四种：

第一种，瘗埋。主要见于吐鲁番，但也不排除其他地域也有存在的可能。

---

[1] 牛僧孺编，程毅中点校《玄怪录》，《玄怪录 续玄怪录》，中华书局，1982 年，第 28—31 页。

[2] 牛僧孺编，程毅中点校《玄怪录》，第 91—94 页。

[3] 江玉祥《吐鲁番出土剪纸研究》，《民俗研究》2000 年第 1 期，第 84—96 页。

[4] 杨琳认为，纸钱的使用方法跟泥钱不同，泥钱是墓中的随葬品，纸钱则在墓外使用。参看杨琳《纸钱考》，《文献》1997 年第 3 期，第 232 页。上述吐鲁番考古资料表明亦不尽然。

第二种，焚化。这种方式最为普遍。

第三种，悬挂在墓地。这种风俗不清楚是何时形成的，虽然现在所见到的都是很晚的材料，大多是宋以后的，但推想唐代之前或许就已存在。

第四种，凌空抛撒。一般是在出殡时使用，据说目的在于讨好孤魂野鬼，好让灵柩顺利通过，因此又被称为"撒买路钱"。在寒食节等重要节日，也有在墓地抛撒的。这一风俗唐代就有。白居易的名作《寒食野望吟》，就生动地描绘了这一幕情景："丘墟郭门外，寒食谁家哭？风吹旷野纸钱飞，古墓累累春草绿。"①

余　论

关于冥币与儒、道、释之间的关系，这个问题相当复杂。此处无法展开讨论，只能简略地阐述一下笔者的基本观点。冥币的出现，当然和祭祀有关，与其说这就是受儒家思想的影响，还不如说原始信仰和祖先崇拜的成分更大一些。纸钱的出现，往往把它和佛教以及火葬观念联系起来，但在佛经中其实也找不到真正的依据。其实焚化这种方式，既可以使人产生其源于佛教的联想，也可以从传统中国祭祀的观念去解释。早期冥币大多是泥制的。为何用泥制？除了价格低廉、制作简便、可以大规模生产等实际因素之外，从信仰上看，最重要的一点是泥制的冥币易碎，能够融入土中，并使人产生其已被鬼神所享用的联想。那么纸钱产生后，为了使其速朽，最快的方式当然是焚化。而且焚化后，物质形体的灰飞烟灭，同样也能够使人产生其已化入到另一个世界的感觉，与封演所云"示不知神之所为"的意图和功效是一样的。"化"其实是中

---

① 白居易著，顾学颉校点《白居易集》，北京：中华书局，1979 年，第 241 页。

国传统思想中一个非常重要的概念，这一概念并不来源于佛教[①]。至于和道教的关系，因为道经往往成书年代不明，而且常有后世篡改的文本混杂其中，所以也不足以说明两者的渊源[②]。吐鲁番新出土的冥币，无论是木刻的，还是剪纸，都是因埋藏而不是焚化得以幸存。麴氏高昌王国和唐代的西州，都是佛教发达的社会，但是我们在葬俗和冥币的使用方式上，尚看不到深受佛教影响的痕迹。这似乎也从一个侧面说明，冥币的起源、演进和佛教没有什么太大的关系，至于后世佛事中也有冥币的使用，那是另一回事。

至于为什么用葫芦木刻冥币，而不是别的木材，例如吐鲁番更为常见的胡杨木、桃木或红柳木？是价廉易得，还是材质松软、容易刻制，是和道教有关，还是出于某种植物信仰[③]？目前我们无法作出令人满意的解答。

传统观点认为，冥币的发展主要分为两个阶段：战国到西汉，是泥制冥币为主的阶段；魏晋以后，是纸制冥币为主的阶段。但是这只是大而化之的概括，主要是根据文献的片段记载加以推测。吐鲁番新出土的考古资料，使得我们对于冥币演进的历史轨迹，尤其是其实际的制作和使用状况有了更为真切的了解，对于其不同的使用方式在信仰世界中所表达的意义，能够给予更为清晰的描绘和合理的解释。

[①] 唐末五代道士谭峭对于"虚化万物""一切皆化"的思想有系统的阐发。见谭峭撰，丁祯彦、李似珍点校《化书》，中华书局，1996，尤其是卷一，第 1、13 页。

[②] 黄清连亦指出，早期佛、道两教经典中尚难找出使用纸钱的记载，至唐代中期纸钱普遍使用之后，才有可能为佛道采借。参看前揭黄清连《享鬼与祀神：纸钱和唐人的信仰》，第 220 页。

[③] 有关汉民族对植物种类的特征的认识与使用，特别是相关的宗教信仰层面的考察，水上静夫的研究业绩是值得我们重视的。参看水上静夫《中国古代の植物学の研究》，東京：角川書店，1977 年。

第八章　圣域制造与守护：
敦煌安伞仪式中幢伞的功能

　　伞本为遮阴蔽雨的实用物品，繁丽装饰后成为华盖。华盖逐渐成为展示威权、彰显尊者的仪卫器具。幢犹如多重华盖，构件和制作方法都很相近。伞下复接幢，称为幢伞。① 将伞盖置于尊者头顶的习俗，世界诸文明，如古罗马、古印度、古代中国皆有之。佛教兴起后，将幢伞纳入造像量度与仪轨，既施于佛、菩萨像顶以示尊崇，亦用于仪式的庄严场合。幢伞成为佛法的象征，并被赋予遮蔽魔障、守护众生的意义。

　　幢伞广泛运用于晚唐五代敦煌佛教仪式中：正月廿三日安伞旋城、二月八日行像、四月八日佛诞节、七月十五日盂兰盆会以及为染疾之归义军节度使祈福，皆须以幡幢庄严道场。其中正月廿三日的竖伞转经活动更是以白伞盖为核心，幢伞在仪式中的性质与其他重要佛事礼俗亦有本质区别。长期以来，学界于此甚少措意，管见所及，20 世纪仅谭蝉雪有关敦煌岁时礼俗的论文对部分《安伞文》作过简要分析。② 近年始

---

① 扬之水《曾有西风半点香：敦煌艺术名物丛考》，北京：生活·读书·新知三联书店，2012 年，第 53—54 页。本文所使用的"幢伞"一词系总括言之，没有严格区分为伞、幢和幢伞。

② 谭蝉雪《敦煌岁时掇琐——正月》，《敦煌研究》1990 年第 1 期，第 46—47 页；《唐宋敦煌岁时佛俗——正月》，《敦煌研究》2000 年第 4 期，第 66—68 页。

有学者再度涉猎。① 扬之水对幢伞的结构部件作了精细的名物考证。②
赵丰、王乐侧重于从丝绸工艺美术史的角度探讨幢伞形制，详考其材
质、形状和尺寸诸要项。③ 笔者在有关敦煌寺院所藏珍宝与佛教七宝观
念的文章中，曾附带论及幡、伞的珠宝坠饰问题。④ 与上述物质文化和
艺术史研究取向迥然不同，专攻汉藏佛教研究的王微（Françoise Wang-
Toutain）提出，汉地白伞盖佛母崇拜的起源可以追溯到 8—10 世纪的敦
煌，提示我们注意与白伞盖佛母有关的敦煌经典和仪式，以及汉藏佛教
传统之间的互动关系。⑤ 此文运用汉藏文献互为发明，颇有启发性，但
考证过分偏重白伞盖佛母信仰的溯源研究，幢伞的功能和意义似尚未被
其纳入视野。因此，本文拟从幢伞在佛教仪式中的实际使用状况入手，
揭示信仰实践的内在逻辑，进而追溯其观念源流以及在各种文本语境中
的表现，讨论器物制造神圣空间的方式、过程及其社会意义。

----

① 李翎、马德敏锐地注意到敦煌的白伞盖信仰，对译经、抄本和印本以及置
伞文作了探讨，参见《敦煌白伞盖信仰及相关问题》，《敦煌学辑刊》2013 年第 3
期。

② 扬之水《"者舌"及其相关之考证：敦煌文书什物历器丛考之一》，赵丰主
编《丝绸之路：艺术与生活》，香港：艺纱堂，2007 年，第 135—142 页；《〈一切
经音义〉之佛教艺术名物图证》，《中国文化》第 31 期，2010 年；《曾有西风半点
香：敦煌艺术名物丛考》，第 46—81 页。

③ 赵丰主编《敦煌丝绸艺术全集·英藏卷》，上海：东华大学出版社，2007
年，第 38—55 页；赵丰主编，王乐副主编《敦煌丝绸与丝绸之路》，北京：中华书
局，2009 年，第 128—134 页；王乐、赵丰《敦煌伞盖的材料和形制研究》，《敦煌
学辑刊》2009 年第 2 期。

④ 余欣《敦煌佛寺所藏珍宝与密教宝物供养观念》，《敦煌学辑刊》2010 年
第 4 期。

⑤ 王微《白伞盖佛母：汉藏佛教的互动》，罗文华译，《故宫博物院院刊》
2007 年第 5 期；"The Purification of Sins in the Ornamental Program of Emperor Qian-
long's Tomb: The Tantra that eliminates all Evil Destinies and the Dharani that Totally Pu-
rifies all Obstructions from Karma"，谢继胜主编《汉藏佛教美术研究 2008》，北京：
首都师范大学出版社，2010 年，第 81—113 页。

第一节　安伞旋城仪式中的圣域制造与合法性建构

长兴五年（934）正月，敦煌最高统治者归义军节度使曹议金有疾①。对地方士族百姓而言，这无疑是令人忧心的大事，因此在正月二十三日举行的法会上，特地为他们敬仰的"令公大王"祈福。在佛教盛行的敦煌，这是最自然不过的事。然而仔细推敲法事细节，别有一番颇值探寻的意义。我们先来看这件在归义军史上著名的文书《长兴五年正月廿三日曹议金施舍回向疏》（P. 2704）：

> 布肆匹，紬肆匹（施入大众）。紬壹匹（充法事）。

> 伏睹建寅上朔，白伞广布于八方；太簇末旬，翻（幡）花遍施于九处。愿使龙天八部，降瑞色于龙沙；梵释四王，逐邪魔于他境。

> 大王微疾，如风卷于秋林；宝体获安，愿团圆于春月。合宅长幼，恒闻吉庆之欢；远近枝罗，同受延祥之喜。然后千门快乐，三农秀实于东皋；万户讴歌，五稼丰登于南亩。朝贡专使，来往不滞于关山；于阗使人，回骑无虞而早达。励（疠）疾消散，障（瘴）毒殄除；刁斗藏音，灾殃荡尽。今因大会，令就道场，渴仰慈门，希垂回向。

> 长兴伍年正月廿三日弟子河西归义等军节度使检校令公大王曹议金谨疏。②

这件施入疏很像一篇愿文，除了祈求曹议金早日平复，还依次为府

---

① 长兴四年十二月后唐闵帝即位，次年正月改元为应顺元年，此时敦煌尚未得到改元消息，故仍用长兴年号。

② 唐耕耦、陆宏基编《敦煌社会经济文献真迹释录》第 3 辑，北京：全国图书馆文献缩微复制中心，1990 年，第 86 页。

主合宅长幼和千门万户的吉庆福佑、五谷丰隆、往来使节通达无虞、疫疬蠲除而祈愿①。次年二月十日曹议金病卒②，可知其所染绝非"微疾"，因此在诸祈愿中，将"宝体获安"置于首位。

疏文所云"白伞广布于八方""幡花遍施于九处"究竟是何仪式？这种仪式为何会具有禳镇祈福的功效？我们再来看归义军史上另一件重要文献《天复二年（902）正月廿一日使都尚书御史大夫张牓抄》（P. 2598V）：

> 常年正月廿三日，为城埠（隍）攘（禳）灾却贼，于城四面安置白伞法事道场者。右敦煌一郡，本以佛法拥护人民。访闻安伞之日，多有无知小儿，把弹弓打运花，不放师僧法事，兼打师僧及众人眼目伤损。今固（故）晓示，切令禁断。仍仰都虞候及乡司衙子捉获，抄名申上。若有此色人，便罚白羊两［口］充供使客者。恐众不知，故令晓喻。
>
> 正月廿一日牓。使都尚书御史大夫张牓。③

本件文书无纪年，郝春文云："此件前有'中和三年（883）四月十七日未侍（时）书了'，则此件当在中和三年之后。签发牓文的'都

---

① 关于这场法会的性质，郑炳林认为这是曹议金为派出使节祈愿平善所作的法会（《晚唐五代敦煌商业贸易市场研究》，《敦煌学辑刊》2004 年 1 期，第 109 页）。通过下文分析可知，这场法会的诉求包括五个方面，单独强调任何一方面都是片面的。考虑到法会举行时间正好是"常年""为城隍攘灾却贼"的正月二十三日，基本性质应该还是安伞为城隍禳灾。不过，恰因"大王微疾"，所以对"宝体获安"作了特别强调。

② 参见荣新江《敦煌卷子札记四则》，北京大学中国古代史研究所编《敦煌吐鲁番文献研究论集》第 2 辑，北京：北京大学出版社，1983 年，第 650—660 页；郝春文《〈上海博物馆藏敦煌吐鲁番文献〉读后》，《敦煌学辑刊》1994 年第 2 期，第 120 页。

③ 文中所引敦煌文献，凡参考前贤录文者，均以 IDP、Gallica 或各敦煌文献图录校正，有不同处，不一一出校说明；凡未标注出处者，则为笔者据原卷录文。

尚书御史大夫张’，既有可能是张淮深，也有可能是张承奉。”① 笔者认为，从写本物质形态和书写特征看，当为抄件，而非稿本，“御史大夫张”应是张承奉，且文书年代可系于天复二年（902），故重新拟题如上，理由为：（1）张淮深虽亦自称尚书，然未见此种形式之署名，而《敕归义军节度使牒开元寺律师沙门神秀补充摄法师事》（S.515）尾署“使检校工部尚书兼御史大夫张”，与本件极为相似。（2）本年正月二十三日，张承奉为城隍禳灾，亲书密教经咒，贮入伞中供养。（参下引Дх.566、BD14799题记）其与榜文之关联性似无可置疑。（3）本年四月二十八日，张承奉将城隍不宁归咎于僧徒不持定心，帖下都僧统责之②，苦于往年安伞为城隍禳灾之日常有小儿扰乱，故事先下榜晓喻禁断，亦在情理之中。

比定时间链后，我们再来阐发本件文书的内涵。郝春文以此论证归义军政权对佛教的控制与管理③。笔者曾举以为敦煌婴戏之例证，认为完全可以是另外一种趣味盎然的诠释：安伞旋城是何等庄严肃穆的场合，却有“无知小儿，把弹弓打运花”，以致节度使张承奉竟然不得不专门发一个榜示。虽然读来有些令人啼笑皆非，但敦煌儿童顽皮好动的真实风貌却得以传神地呈现。此实乃中古中国儿童史研究至为难得之鲜活史料④。但是回到张承奉发此榜文之初衷，联系当时归义军政权“四面六蕃合”的窘促地缘政治情境，张承奉之郑重其事绝非无因而致。

要理解本件榜文，我们必须把它与两件写经题记和相关愿文放在一

① 郝春文《唐后期五代宋初敦煌僧尼的社会生活》，北京：中国社会科学出版社，1998年，第404页。

② 参见《天复二年四月廿八日归义军节度使张承奉帖》《天复二年四月廿八日都僧统贤照帖》（S.1604）。

③ 郝春文《唐后期五代宋初敦煌僧尼的社会生活》，第404页。

④ 余欣《博望鸣沙：中古写本研究与现代中国学术史之会通》，上海：上海古籍出版社，2012年，第317—318页。

起考量。俄藏 Дx. 566 首题《大佛顶如来放光悉怛多大神力都摄一切咒王陀罗尼经大威德最胜金轮三昧神咒品》，卷尾有抄写题记：（图 8-1）

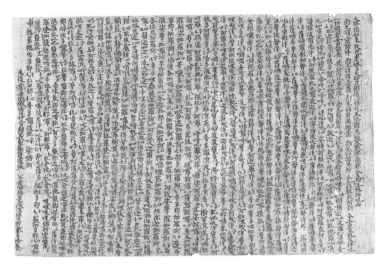

图 8-1　Дx. 566 归义军节度使张承奉贮入伞中供养的《大佛顶陀罗尼经》

> 天复二年壬戌岁正月廿三日，归义军节度使张公发心敬写，为城隍禳灾，贮入伞中供养。①

中国国家图书馆藏 BD14799 形制与 Дx. 566 相同，首题基本一致，亦有类似题记：

> 天复二年壬戌岁正月廿三日，归义军节度使张公为城［隍］壤（禳）灾，发心敬写，贮入伞中，永充供养。②

两件写本实为同一天为同一目的抄写的同一经咒，以往由于定名不同，以致被误以为是两种不同的佛经。这两件经咒对于我们确定仪式的

---

① 池田温《中國古代寫本識語集錄》（東京：東京大學東洋文化研究所，1990 年，第 448 頁）题为《大佛顶如来密因修证了义诸菩萨万行首楞严经归义军节度使张公题记》。

② 原编号北 0999，池田温《中國古代寫本識語集錄》题为《大佛顶陀罗尼经归义军节度使张题记》（第 448 页）。

性质至关重要。与上引曹议金疏的祈愿相同，张承奉相信将经咒贮入伞中并举行安伞旋城仪式，可以制造出一个神圣空间，将一切不祥——疫疠、灾殃、邪魔、贼害——辟除于他境。这一信仰观念从何而来呢？敦煌愿文提供了更多线索和细节，其中有十余件以《置伞文》《安伞文》为题者，应该就是在这一仪式上诵读的文本。吐蕃占领时期的《置伞文》（S. 2146）开宗明义，宣示"禳（禳）灾怯（祛）祸者，莫过乎《佛顶心咒》"，与张承奉所抄经咒遥相呼应，这是对仪式性质的关键性提示。不过，仅凭敦煌文献，我们很难重绘出完整而鲜明的历史图景，后出的史料，可以给我们提供互为发明的养分，只要我们充分考虑其文本语境，不作过度诠释。《元史·祭祀志》：

> 世祖至元七年，以帝师八思巴之言，于大明殿御座上置白伞盖一，顶用素段，泥金书梵字于其上，谓镇伏邪魔护安国刹。自后每岁二月十五日，于大［明］殿启建白伞盖佛事，用诸色仪仗社直，迎引伞盖，周游皇城内外，云与众生祓除不祥，导迎福祉①。

这是关于元世祖始行白伞盖佛事缘起的记载，是密教史的关键性史料。此仪式中特以"镇伏邪魔护安国刹"命名白伞盖，想必如唐懿宗于法门寺迎佛骨时所用之大宝刹一般，亦是极为壮观之幢伞②。

元代沙啰巴译自藏文的《佛顶大白伞盖陀罗尼经》讲到白伞盖经咒如何安置的具体方法及其功德：

> 若遭人病、孳畜病、疫疠、恼害、斗诤、逼迫、他兵侵扰、一切厄难，费此佛顶大白伞盖无有能敌般啰（二合）当鸡啰母陀罗尼，系幢顶上，广伸供养，作大佛事。奉迎斯咒，安城四门，或诸聚落、都邑、村野，礼拜恭敬，一心供养，所有兵阵，随即消灭，

---

① 《元史》卷77《祭祀志六》，北京：中华书局，1976年，第1926页。

② 苏鹗《杜阳杂编》卷下："遂以金银为宝刹，以珠玉为宝帐香昇，仍用孔雀氄毛饰，其宝刹小者高一丈，大者二丈。刻香檀为飞帘、花槛、瓦木、阶砌之类，其上遍以金银覆之。异一刹则用夫数百。"（《丛书集成初编》，长沙：商务印书馆，1939年，第29页）

疫疠诸病，恼害斗诤，他兵侵扰，一切灾厄，悉皆消灭[1]。

至此，我们可以对仪式性质和过程作一初步解说：（1）安伞旋城仪式实质上是白伞盖崇拜，也就是元代白伞盖佛事的先声。敦煌开始举行这种仪式是在吐蕃占领时期，忽必烈也是因出身吐蕃的国师八思巴的建议而启建白伞盖佛事，这暗示着白伞盖信仰与藏传佛教颇有渊源。（2）举行安伞旋城仪式的时间是在每年正月二十三日，用愿文富于文学化的表述，就是"春阳令月，寒色犹威"（S.2146）或"三春令月，四序初辰"（S.6417）。曹议金施入匹帛的时间、张承奉抄写佛经的日子都是正月二十三日，绝非巧合，况且张承奉说"常年"，表明这是由来已久的惯例。忽必烈据八思巴的建议将日期定在二月十五日，较敦煌晚近一个月，或与佛涅槃日法事有关。（3）在仪式中，白伞盖的性质和功能完全不同于普通幢伞。尽管仪式中也用到许多普通幢伞和幡花，但只是作为装饰性的仪仗，仪式的中心法器乃是白伞。白伞被赋予无上神力，"若论护国匡邦，无过建斯幢伞，即冀除灾殃于不毛之地，併（屏）疫厉（疠）于无何有之乡；五谷无霜雹之灾，万品登人（仁）寿之城"（S.2146），崇信之辞可谓无以复加。这种崇信既有密教经典上的依据，又植根于世俗化的白伞盖信仰。（4）白伞有大小之分，安置地点分别是沙州城的中央（可能是府衙门前）和四面城门，即所谓"今者敦煌之府，内竖白法之胜幢，［外］设佛顶于四门""建白幢于五所"（S.2146）。有时可能在城四角也建立白幢，如另一件《安伞文》（Дх.01028+Дх.02751）云"遂［建］佛顶于四门，立胜幢于八表"。（5）仪式大致的程序是：正月中旬，完成白伞及其他法物的制备；二

---

[1] 高楠顺次郎、渡邊海旭编《大正新修大藏經》第19册，東京：大正一切經刊行會，1924—1932年，第403页。亥母洞出土西夏文《大白伞盖陀罗尼经》此节文字有所出入，表明西夏文本极有可能译自另一个比较接近的藏文本。参见段玉泉《武威亥母洞遗址出土的两件西夏文献考释》，杜建录主编《西夏学》第8辑，上海：上海古籍出版社，2011年，第127—134页。

十一日，归义军节度使发布榜文，为即将举行的法事晓谕严加管束小儿，以免扰乱道场，并令都虞候及乡司负责巡检；二十三日，节度使亲自书写陀罗尼经咒，预备"贮入伞中供养"，同时将匹帛施舍大众和道场，充法事之需；法事正式开始，先将陀罗尼经咒安置于大小白伞幢内，然后以车舆运送大白伞盖，手持小白伞盖，以幡花引路，诸色仪仗迎引，周行敦煌内外；二部僧尼登上城墙，手持幡盖，念诵经咒护持，绕城周旋，士女王公皆手捧香炉迎候、供养，鼓乐齐鸣，"梵音以（与）佛声震地，箫管弦歌共浮云争响"（P.3405）；大小白伞分别安置于城中央和四门，在道场上进行诸般礼拜和供养，并诵读《置伞文》；最后，完成种种庄严，在"福事廓备，胜善咸亨"（P.2854）中落下帷幕。

对于潜藏于仪式中的政治合法性构筑，笔者曾提出"民生宗教社会史"的分析框架，用以解释民生宗教和地缘政治交织的特性。所谓"民生宗教"是指围绕个人或家庭乃至某一地域的民生福祉，尤其是与人的基本生存状态与生命历程相关联的衣食住行、生老病死，包括思想与行为等方面而展开的信仰，其核心内涵包括神灵体系、仪式活动、象征结构三个层面。它与一般民间信仰研究的不同之处在于，不是仅仅考察民众有什么样的信仰，而是这些信仰如何作用于他们的生活方式和思维方式，进而考察在国家政治、地域社会、利益集团、精英阶层和普罗大众的互动中宗教信仰所起的作用。简言之，重心落在宗教实践层面①。

在对归义军时期祥瑞的考察中，我们发现祥瑞的大规模制造一般是在统治者掌权之初，症结所在并非祥瑞自身真伪，而是如何炮制和利用祥瑞以求正统的过程。其中不但有谶纬学说的理论支撑，官僚、文人和民众的共谋与合作，更不乏佛教观念的渗入和僧团的直接参与。一方

---

① 余欣《神道人心：唐宋之际敦煌民生宗教社会史研究》，北京：中华书局，2006年，第2—3页、131—157页。

面，在具体操作上，文士发挥了关键作用。符瑞理念的灌输、制造的策略、程序的谋划、显扬的仪节、"符瑞文学"的创作和传播，都有赖于文士来担当。在这一过程中，武人政治集团接受了文人的政治文化系统，由此建立起较为稳定的文武互相渗透与协同的统治机制。另一方面，即使一向被认为是纯粹中国本土政治话语系统的符瑞，也受到了佛教的浸染。佛教神祇与传统瑞应并行不悖，呈现出独特的文化共生现象。粟特后裔曹议金对符瑞运用自如，使我们认识到，在多语言并用、异文化交错融合的敦煌社会，符瑞思想早已渗入各族群中[①]。张承奉特别重视安伞旋城仪式，可能与其崇信白色祥瑞有关，并和其此后建立西汉金山国且崇尚白色暗合，但也不能排除其借白伞盖信仰把自己塑造成"佛顶轮王"、为政权合法性提供支持的企图[②]。

我们知道，受藏传佛教的影响，元世祖和乾隆帝都将白伞盖佛母视为重要的保护神。在清东陵裕陵地宫入口的门柱上刻有最短的梵文白伞盖陀罗尼，在第一室西壁上半部最高处刻有梵文本长陀罗尼，中文本则刻在第二券的顶部[③]。王微认为，不能据此断言乾隆给予白伞盖佛母地位是忽必烈曾采用的模式的翻版，即寻求转轮王的合法性。在敦煌，对白伞盖佛母的崇拜虽然由统治阶级资助，但似乎还没有与任何政权的合法性联系在一起，仅仅为消除各种灾祸[④]。笔者认为这个观点恐怕需要

① 余欣《符瑞与地方政权的合法性构建：归义军时期敦煌瑞应考》，《中华文史论丛》2010年第4期。

② 中唐以降，象征世俗最高权力的转轮王和密教最高神祇佛顶佛信仰结合，形成政教合一的"佛顶轮王"体系，具有浓厚的圣王护国色彩。参见张文卓《从转轮王到顶轮王——佛教轮王思想盛行的政治因素剖析》，《青海社会科学》2013年第3期。

③ Françoise Wang-Toutain："The Dhāraṇīs in Lantsa Script in Emperor Qianlong's Tomb：A Preliminary Survey"，沈卫荣主编《西域历史语言研究集刊》第3辑，北京：科学出版社，2010年，第343—373页。

④ 王微《白伞盖佛母：汉藏佛教的互动》，《故宫博物院院刊》2007年第5期，第119—120页。

再斟酌。以白伞为塑造政治合法性的道具，早在《魏书·裴良传》中就有记载：

> 时有五城郡山胡冯宜都、贺悦回成等以妖妄惑众，假称帝号，服素衣，持白伞白幡，率诸逆众，于云台郊抗拒王师。（元）融等与战败绩，贼乘胜围城。良率将士出战，大破之，于阵斩回成，复诱导诸胡令斩送宜都首。①

这段史料相当著名，研究中古白衣人传说、摩尼教入华、弥勒信仰等问题时多有征引，② 然而一般只是述及白衣为宗教服饰，似乎并未留意白伞、白幡的问题。关于白衣人与转轮圣王的关系，前人研究中已经提到，但未将之与白伞盖信仰联系起来。我们虽不能断言早在 6 世纪，白伞盖信仰和仪轨已经传入中国，并为山胡冯宜都、贺悦回成等所利用，但鉴于新疆曾经发现古老的梵文白伞盖系写本，零星的观念和知识已在山胡之类部族中有一定范围的传播，并非毫无可能。

五凉一直流传"白衣自立为主"的谣谶，传布极广。③ 张承奉得知唐已亡的消息后，即执此谶言以为天命在己，图谋践祚称帝。节度左都押衙安怀恩、州县僧俗官吏、二州六镇耆老及通颊、退浑十部落，三军蕃汉百姓一万人上表劝进。④ 为制造声势，各种符瑞应时而生。荣新江

---

① 《魏书》卷 69《裴延俊传附从弟良传》，北京：中华书局，1974 年，第 1531 页。

② 相关论著甚多，经典论考有唐长孺《白衣天子试释》，《燕京学报》第 35 期，1948 年，收入《山居存稿三编》，北京：中华书局，2011 年，第 9—20 页。

③ 参见王重民《金山国坠事零拾》，《北平图书馆馆刊》第 9 卷第 6 号，1935 年，收入《敦煌遗书论文集》，北京：中华书局，1984 年，第 85—115 页；Carole Morgan, "Mayhem on the Northwest Frontier," Jean-Pierre Drège ed. *Cahiers d'Extrême-Asie*, Vol. 11: *Nouvelles êtudes de Dunhuang Centenaire de l'École française d'Extrême-Orient*, 2000, P. 183–215.

④ 《管内三军百姓奏请表》（S. 4276），唐耕耦、陆宏基编《敦煌社会经济文献真迹释录》第 4 辑，北京：全国图书馆缩微复制中心，1990 年，第 386 页。

认为"从宗教信仰来看，张承奉不能算是一位佛教徒，他大概更迷信于阴阳五行谶纬之说"①。尽管如此，张承奉从实际的信仰基础和政治效能考虑，在进行意识形态和舆论宣传时，绝不会舍弃效用强大的佛教和密教仪轨。我们看到张承奉即位金山白衣帝后，似乎对安伞旋城仪式更为热衷：

> 上元下叶，是十斋之胜辰；安伞行城，实教中之大式。所以声钟击鼓，排雅乐于国门，命二部之僧尼，大持幡盖，莲花千树，登城邑而周旋；士女王公，悉携香而布散。梵音以（与）佛声震地，箫管弦歌共浮云争响。

> 我皇降龙颜于道侧，虔捧金炉，为万姓而期（祈）恩，愿丰年而不俭，五稼倍收于南亩，三农不废于桑麻，家给年登，千厢足望。（P. 3405）

文中强调"安伞行城，实教中之大式"，"白衣天子"不仅亲自参加，而且以供养人身份手捧香炉，立于道旁，迎接持伞行城的队伍，为万姓祈恩。这些所作所为，如果说与政治合法性构建没有关系，似乎解释不通。

以上对与白伞盖仪轨相关的施入疏、写经题记和愿文中所反映的政治文化背景作了分析，将归义军时期的敦煌作为一个区域性政治实体，通过考察其权力基础和政治生态，加深了对地方政权政治格局与权力运作机制的认识。在此基础上，我们对归义军时期敦煌地方政权的内在政治结构、权力基础以及如何确立并强化其权力合法性的手段和过程，可得出如下认识：（1）仪式由敦煌最高统治者主导并精心布置，吐蕃时期，是节儿、都督，归义军时期，则由河西节度使领衔，同时敦煌世家大族、僧团领袖、士庶百姓都积极参与，是各阶层为维护共同福祉达成的"合致行为"。官方的强势运作和民众的主动配合，是这一佛事活动

---

① 荣新江《归义军史研究——唐宋时代敦煌历史考索》，上海：上海古籍出版社，1996年，第274页。

得以持续举行的关键。（2）仪式中僧界重要人物尤为引人瞩目。在庄严的名单中，往往会将都僧统、都僧正、都僧录等列在显要位置。在《竖幢伞文》（P. 2854）中，甚至出现"其谁施之？则我释门僧政（正）和尚爰及郡首（守）、都督、刺使（史）等奉为当今大中皇帝建兹弘业也"这样的字句，释门僧正排在政治首脑和高级官僚之上，除了他是仪式的"首席执行官"外，也是归义军初期特殊的政教关系使然。[①]（3）仪式的主要目的是"为城隍禳灾却贼""以佛法拥护人民"，表面上祈福的对象上至当朝皇帝，下至黎民百姓，似乎无所不包，但其实还是有内外区分的，主要是为了护佑本辖境内的臣民，即为了"合邑黎元""一郡沐康宁之庆"[②]，所制造的圣域，具有很强的地域中心主义和排他性。（4）敦煌最高统治者通过仪式运作进行社会组织和动员，从而使政治合法性和命运共同体在维护地域福祉的合致行为中得以成功构建。

第二节 力量之源：白伞盖信仰的经典依据

安伞旋城仪式在敦煌如此为官民所重，以致成为与行像节、盂兰盆会鼎足而立的三大常年法会盛事，无疑与白伞盖信仰的流行有密切的关系。白伞盖信仰的核心经典为《佛顶大白伞盖陀罗尼经》（简称《白伞盖经》）。19世纪末以来，陆续发现了为数众多的《白伞盖经》系的梵文、藏文、汉文、回鹘文、西夏文、蒙古文写本和印本，文本结构之间的关系十分复杂。若能将不同地点出土的不同时期书写或翻译的诸种语文文本，与《大藏经》及日本寺院所藏古佚经进行精细的语文学综合

---

① 文中"当今大中皇帝"云云，推测此地位显赫的僧正应该是法荣。法荣早在蕃占时期即任沙州法律僧正，归义军立，又曾蒙唐朝皇帝"敕赐紫衣"，地位仅次于河西释门都僧统洪辩。咸通三年（862）六月，洪辩卒，法荣继任都僧统。明了乎此，为何法荣列名于前亦不难理解。

② 《置伞文》（S. 2146），《竖幢伞文》（P. 2854）。

研究，并在此基础上对其神灵系谱建构、仪式实践及艺术表现进行系统考察，相信会有重大创获①。

　　1889—1899 年，在新疆库车、和田等地古代遗址中发现大批西域文献，被陆续送到英籍梵文专家霍恩雷（A. F. Rudolf Hoernle）手中，今收藏在印度事务部图书馆，此即著名的"霍恩雷收集品"（Hoernle Collection）②。1916 年出版的霍恩雷主编的《新疆出土佛教文献丛残》，就刊布了 3 件《白伞盖经》梵文写本以及 1 件皇家亚洲学会藏尼泊尔写本，并作了比勘。③ 此后德国吐鲁番考察队在吐鲁番又有新的发现。④ 在敦煌文献中保存了不少藏文《白伞盖经》抄本，其中法国国家图书馆藏有 38 件，印度事务部图书馆和大英图书馆藏有 24 件，为我们了解《白伞盖经》在吐蕃时期的翻译及在敦煌的流传情况提供了丰富信息。拉露（Marcelle Lalou）曾对此作过先驱性的探索。⑤ 近年，随着《法藏

① 廖旸最近发表多篇力作，对这一课题作了较大推进。参见《经咒・尊神・象征——对白伞盖信仰多层面的解析》，中国社会科学院历史研究所文化史研究室编《形象史学研究（2014）》，北京：人民出版社，2015 年，第 82—105 页；《白伞盖经译传三题》，《世界宗教研究》2015 年第 6 期；《11—15 世纪佛教艺术中的神系重构（二）——以白伞盖佛母为中心》，《故宫博物院院刊》2016 年第 5 期。

② 关于霍恩雷生平、著作及其收集品的介绍，参见王冀青《库车文书的发现与英国大规模搜集中亚文物的开始》，《敦煌学辑刊》1991 年第 2 期；荣新江《海外敦煌吐鲁番文献知见录》，南昌：江西人民出版社，1996 年，第 1—3 页、29—35 页；王冀青《霍恩勒与中亚考古学》，《敦煌学辑刊》2011 年第 3 期。

③ A. F. Rudolf Hoernle, *Manuscript Remains of Buddhist Literature Found in Eastern Turkestan: Facsimiles with Transcripts, Translations and Notes*, Vol. 1. Part I and II, *Manuscripts in Sanskrit, Khotanese, Kuchean, Tibetan and Chinese*, Oxford: The Clarendon Press, 1916, P. 52-57.

④ Bearbeitet von Lore Sander und Ernst Waldschmidt, *Sanskrithandschriften aus den Turfanfunden. Teil 4: Ergänzungsband zu Teil 1-3 mit Textwiedergaben, Berichtigungen und Wörterverzeichnissen*, Stuttgart: Franz Steiner Verlag, 1980, P. 274-279.

⑤ Marcelle Lalou, "Notes à propos d'une amulette de Touen-houang: les litanies de Tārā et la Sitātapatrādhāraṇī," *Mélanges chinois et bouddhiques*, IV, 1936, P. 135-149.

敦煌藏文文献》的出版，专题研究逐渐展开。根据才让的译解，藏文本《白伞盖经》宣称书写、佩戴、念颂此经咒，能避灾得福，命终时得往生极乐世界；安置于宝幢顶上供养，则能护佑家国，无诸灾障。如序文所云："此如来顶髻白伞盖余无能敌大回遮母，能灭一切魔鬼，能断除他者之明咒，能回遮非时之死亡，使一切有情从束缚中得解脱，回遮凶狠和一切恶（噩）梦。能摧毁八万四千妖魔，令二十八星宿欢悦，摧毁八大星曜，回遮一切怨敌，从猛厉恐怖的恶（噩）梦，及毒、兵器、火、水的灾难中解脱。"①

尼泊尔写本共 19 件，虽年代较晚（抄写于 1742—1839 年），但仍具有讨论共通祖本的资料价值。对尼泊尔写本、吐鲁番出土断片、汉译诸本、悉昙本和藏译本，从文词、语法、韵律诸方面所进行的对照分析表明，文本群之间存在着繁复的增广过程②。目前看来，各种语言的译本颇有异同，有些版本全文音写梵文，有些则是部分意译、部分音写，是否均源于某一梵文原本，尚无法断定。这主要是由于翻译原则不同和文本不断增广所致。汉文译本的源流谱系同样相当复杂：不空所译《大佛顶如来放光悉怛多钵怛啰陀罗尼》，其实是用汉语将全经（包括赞辞、诸难和启请）作了音写，原来的一部经变成一个极长的陀罗尼。此陀罗尼译本又被纳入一个更大的框架内，成为《大佛顶首楞严经》第 7 卷的核心部分，也有单独抄录的。与此同时，以《白伞盖经》为基础的仪轨也在唐代被翻译或编纂出来③。但在敦煌文献中，并未见到仪轨类抄本。吐蕃占领敦煌时期，大量与白伞盖信仰有关的经文、咒语在敦

① 才让《敦煌藏文密宗经典〈白伞盖经〉初探》，《敦煌学辑刊》2008 年第 1 期。

② 谷川泰教《梵文〈仏頂大白傘蓋陀羅尼経〉について—ネパール写本報告 (1)—》，《密教文化》第 138 號，1982 年，第 87—106 页。

③ 王微《白伞盖佛母：汉藏佛教的互动》，《故宫博物院院刊》2007 年第 5 期，第 103—107 页。

煌被翻译和传写，奠定了虔诚信奉的根基[①]。敦煌所见题为《大佛顶如来放光悉怛多般怛罗大神力都摄一切咒王陀罗尼经大威德最胜金轮三昧咒品》的多件写本[②]，很多段落与《大佛顶首楞严经》第7卷相同。迄今为止，还发现有10件《大佛顶如来顶髻白伞盖陀罗尼神咒经》，可能译自敦煌藏文本。其中S.6438、P.4519两件写本将白伞盖经与观音、大随求、诸星母、度母等其他译自藏文的陀罗尼咒颂汇抄在一起，似可为旁证。但也有学者认为其是不空音写本的注释本[③]，甚至完全排除转译自藏文本的可能性，主张敦煌汉、藏译本分别译自梵文本[④]。对文本的细致分析表明，此经与唐长安密教大刹青龙寺有直接渊源，并非直接全文译自藏文本[⑤]。上述研究为我们理解敦煌汉藏佛教的交流与互动打开了新的思考空间。

密教在敦煌的传播，有两位高僧曾作出很大贡献：一位是不空，另一位是法成。不空在唐代中期宗教界和政界的地位崇高，经他大力弘扬，很多密教经典和仪轨得以大行于天下[⑥]。不空与敦煌也是渊源匪浅。宿白指出："不空长期在西陲弘密，可以估计更直接刺激了敦

---

① 李翎、马德《敦煌白伞盖信仰及相关问题》（《敦煌学辑刊》2013年第3期）认为，至晚到8世纪，白伞盖信仰已在敦煌流行，但文本和仪式不是以不空译本为依据，而是以更为通俗的不空译本的注释本和8世纪编纂的伪经《大佛顶首楞严经》为依据。

② 写本有S.812、S.2542、S.3720、S.3783、S.5932。

③ 宗舜《〈浙藏敦煌文献〉佛教资料考辨》，季羡林等主编《敦煌吐鲁番研究》第6卷，北京：北京大学出版社，2002年，第347—349页。

④ 丁一《汉藏两隔——元译〈白伞盖陀罗尼经〉的文献及宗教背景》，姚大力、刘迎胜主编《清华元史》第3辑，北京：商务印书馆，2015年，第188—240页。

⑤ 廖旸《白伞盖经译传三题》，《世界宗教研究》2015年第6期，第67—69页。

⑥ 关于不空的行历、译著及思想，参见周一良《唐代密宗》，钱文忠译，上海：上海远东出版社，1996年，第55—79页；吕建福《中国密教史》，北京：中国社会科学出版社，1995年，第246—288页。

煌密教的繁盛。莫高窟自盛唐以后，密教形象无论在种类、数量乃至所在位置等方面，持续了较长时期的发展趋势，大约都与此不无关系。"① 因此，以不空译本为基础的各类白伞盖经咒能在敦煌盛行，亦不足为怪。

安伞旋城仪轨兴起稍晚，现今所存有关白伞盖信仰的文献均属吐蕃占领时期之后，表明如果没有藏传密教的影响，此风恐很难形成②。法成出身于吐蕃，首任归义军节度使张议潮青少年时代曾在寺院中师从法成。因此张议潮率众推翻吐蕃统治后，挽留法成继续在敦煌弘传佛法。法成译出密教经论多部，在敦煌流布甚广，如《诸星母陀罗尼经》现存写本有近 70 件之多③。虽无直接证据显示法成翻译过白伞盖经典，但法成对于张氏归义军初期密教传统得以接续，并在敦煌发展得更加繁荣，显然功不可没。

敦煌密教研究，目前取得的主要成就是在密教造像和壁画方面④，其

① 宿白《敦煌莫高窟密教遗迹札记》，《中国石窟寺研究》，北京：文物出版社，1996 年，第 282 页。

② 吐蕃统治时期敦煌密教文献与图像资料的整理与研究，参见赵晓星《吐蕃统治时期敦煌密教研究》，兰州：甘肃教育出版社，2017 年。

③ 法成之生平及著述，参见吴其昱《大蕃国大德·三藏法师·法成伝考》，《講座敦煌》第 7 卷《敦煌と中国仏教》，東京：大東出版社，1984 年，第 383—413 页；上山大峻《大蕃国大德三藏法师法成の人と業績》，《敦煌佛教の研究》，京都：法藏館，1990 年，第 84—243 页。

④ 重要论著有宿白《敦煌莫高窟密教遗迹札记》，《中国石窟寺研究》，第 279—310 页。彭金章《莫高窟第 14 窟十一面观音经变》，《敦煌研究》1994 年第 2 期；《莫高窟第 76 窟十一面八臂观音考》，《敦煌研究》1994 年第 3 期；《千眼照见千手护持——敦煌密教经变研究之三》，《敦煌研究》1996 年第 1 期；《敦煌石窟十一面观音经变研究——敦煌密教经变研究之四》，敦煌研究院编《段文杰敦煌研究五十年纪念文集》，北京：世界图书出版公司，1996 年，第 72—86 页。王惠民《敦煌〈密严经变〉考释》，《敦煌研究》1993 年第 2 期；田中公明《敦煌 密教と美術》，京都：法藏館，2000 年；彭金章《敦煌石窟全集·密教画卷》，香港：商务印书馆，2003 年。

次是部分经典①，仪轨的研究很不充分②，从宗教社会史角度切入的则更为鲜见。尤其是吐蕃占领时期到归义军时期的关键性转折过程，以及在不同阶段宗教实践方面的具体情形，我们知之甚少。Sørensen 的新作主要运用藏经洞所出密教绘画，讨论了归义军时期佛教供养人与敦煌密教信仰和实践的关系，认为供养人题记表明他们对密教的理解非常有限，尽管密教图像在仪式表演中可能很重要，但对于普通信众而言，其与主流佛教图像并无显著差异③。然而，桥村爱子通过对莫高窟和榆林窟孔雀明王图像的分析，认为曹氏归义军统治者对密教的接受、理解与表现已达到相当高的层次④。从白伞盖陀罗尼的翻译、抄写、流传和使用情况来看，实际情形远更为复杂，恐怕不能简单地用不同阶层理解程度的高低来概括。白伞盖陀罗尼的仪轨化，从现存《白伞盖大佛顶王最胜无比大威德金刚无碍大道场陀罗尼念诵法要》来看，应该完成于唐末⑤，盛行

---

① 早在 20 世纪 60 年代，加地哲定发表了概观性论文《敦煌本密教系文献について》（密教学密教史論文集編集委員会編《密教学密教史論文集》，伊都郡：高野山大学，1965 年，第 223—236 页）。此后最重要的是平井宥庆，所撰相关论文有近十篇，不一一具引。国内则有李小荣《敦煌密教文献论稿》，北京：人民文学出版社，2003 年。

② 其中，郭丽英在忏法和曼荼罗方面的研究较具代表性。参见 Kuo Li-ying, *Confession et contrition dans le bouddhisme chinois du Ve au Xe siècle*, Paris：Éole française d'Extrême-Orient，1994；"Mandala et rituel de confession à Dunhuang", Bulletin de l'École française d'Extrême-Orient，85，1998，P. 227-256.

③ Henrik H. Sørensen, "Donors and Esoteric Buddhism in Dunhuang during the Reign of the Guiyijun," Carmen Meinert and Henrik H. Sørensen ed., *Buddhism in Central Asia I：Patronage, Legitimation, Sacred Space, and Pilgrimage*, Leiden/Boston：Brill，2020，P. 91-122.

④ 橋村愛子《敦煌莫高窟及び安西榆林窟の孔雀明王（Mahamayuri）について——帰義軍節度使曹氏による密教受容の一断面》，《美學美術史研究論集》第 25 號，2011 年，第 27—54 页。

⑤ 三崎良周《佛頂系の密教——唐代密教史の一視點》，吉岡義豐博士還暦記念論集刊行會編《吉岡義豐博士還暦記念道教研究論集——道教の思想と文化》。東京：国書刊行会，1977 年，第 491 页。

于五代宋初，时间上与密教仪式实践在敦煌展开的轨迹恰好可以互相印证。

《敦煌莫高窟内容总录》最早著录宋代第 55、454 窟存有佛顶尊胜陀罗尼经变①。王惠民在此判断基础上作了较为详细的申论②。莫高窟唐前期第 23、31、103、217 窟中以往被比定为法华经变的，经下野玲子考辨，实为佛顶尊胜陀罗尼经变③。殷光明和郭丽英等发现第 156 窟前室窟顶西披南侧一铺亦为尊胜经变④，从而使确认的尊胜经变总数达到 7 铺，延续近 300 年，大大丰富了我们对敦煌密教陀罗尼信仰的认识⑤。尽管白伞盖陀罗尼经变在莫高窟尚未被发现，也就是说，基于经典文本的图像表现转换或未曾发生，但敦煌文献弥补了白伞盖信仰在唐、元两代之间的断层，并且提供了超越经典文本的实际操作细节，必将在中国密教发展史上焕发出应有的光彩。（图 8-2）

我们不仅重视从宗教文本分析转向宗教实践呈现，更重在深入揭示宗教实践的内在逻辑。白伞盖信仰之所以在敦煌如此盛行，无疑与经典和仪轨所宣称它具有无上的护国安民的神力有莫大关系，而这正是长期处于动荡不安中的敦煌最为渴求的，《置伞文》中此类祈愿的文字比比皆是。经典依据和现实需求的结合，造就了强大的信仰热忱，并在塑造神圣空间的仪式表演中得以实现。

---

① 敦煌文物研究所整理《敦煌莫高窟内容总录》，北京：文物出版社，1982 年，第 19 页、169 页。

② 王惠民《敦煌佛顶尊胜陀罗尼经变考释》，《敦煌研究》1991 年第 1 期。

③ 下野玲子《敦煌仏頂尊勝陀羅尼経変相図の研究》，東京：勉誠出版，2017 年，第 79—120 页。

④ 殷光明《莫高窟第 449 窟东壁北侧非〈佛顶尊胜陀罗尼经变〉辨析》，《敦煌研究》2011 年第 2 期。

⑤ 王惠民《莫高窟第 156 窟发现尊胜经变》，2010 年 8 月 26 日，http://public. dha. ac. cn/content. aspx? id=207955531407，访问时间：2020 年 8 月 18 日。

图 8-2　敦煌莫高窟盛唐第 217 窟佛顶尊胜陀罗尼经变

第三节　神圣性的实现：
经咒、幢伞的使用与方术传统

安伞旋城仪式中的幢伞，作为白伞盖信仰的具象化象征，如何具有守护一人、一家乃至一方安危的功能，并非仅仅出于经典或文本依据，其使用实践是获取神秘力量的主要途径，换言之，作为一种"仪式技术"，使用方式对于建构空间神圣性具有实质性意义。白伞盖本为教义与仪轨概念上的经咒，并非实指，幢伞将这一抽象的概念转化为实存的象征物，形态上虽有虚实之异，但作为构筑力量的模式在理念上却是同源的。

如前所述，仪式开始之前，归义军节度使张承奉书写并贮入伞中供养的是《大佛顶如来放光悉怛多大神力都摄一切咒王陀罗尼经大威德最胜王金轮三昧神咒》（以下简称《神咒》）。敦煌有好几种与白伞盖有关的密教经典，为何选择这一部而不是其他呢？宗教经典的同源而又有差异的各种文本间的选择问题极其复杂，最主要的影响因子不外乎灵验性的满足程度和学术—信仰的时代趋尚。不过，写本的文本特性和物质形态也应该纳入我们的考察视野。《神咒》只有音译的陀罗尼，没有任何说明性文字，对于汉人而言，文本本身并不具有任何语义。因而抄写、供养、敬奉的信念来源，一是对陀罗尼具有无上神力的一般性理解，二是来自其他文本的宣扬。

古代中国人对于神秘的咒语，一直存有强烈的敬畏和信奉心理。早期方术中，咒禁本是重要的门类，密教传入后，更增强了这种心理趋势。《大佛顶如来密因修证了义诸菩萨万行首楞严咒》（BD6800）题记表明抄写此经的目的主要就是因为其中的咒语："《大佛顶陀罗尼经》有十卷，咒在第七卷内。弟子张球手自写咒，终身顶戴，乞愿加备。中和五年（885）五月十八日写讫。"[1] 张球是张氏归义军时期敦煌著名文士[2]，他对《大佛顶陀罗尼经》第 7 卷咒语的理解和态度，代表了当时敦煌知识界的一般认识。

据《当寺上藏内诸杂经录》（S. 2142）记载，乾德二年（964）四月二十三日，经司僧政惠晏、法律会慈等点检当寺藏经，希望集成完帙《大般若经》两部，然因欠数较多，未得成就。同日，法律海诠请藏《大佛顶略咒本》一卷[3]。此处的《大佛顶略咒本》，很有可能就是张承奉抄写的《神咒》。因为既然称为"略咒本"，不太可能是《大佛顶神咒经》这样的长陀罗尼，而且海诠请求将之收入当寺藏经，表明原非藏

---

① 李小荣《敦煌密教文献论稿》，第 28 页。

② 关于张球生平和著作，参见郑炳林《论晚唐敦煌文士张球即张景球》，《文史》第 43 辑，北京：中华书局，1997 年，第 111—119 页；颜廷亮《有关张球生平及其著作的一件新见文献——〈《佛说摩利支天菩萨陀罗尼经》序〉校录及其他》，《敦煌研究》2002 年第 5 期。

③ 方广锠辑校《敦煌佛教经录辑校》，南京：江苏古籍出版社，1997 年，第 573—578 页。

经已收录的"正经"①。天复二年，张承奉同天抄写的两件写本标题也略有不同，可见这只是一个民间色彩浓重的简本，其文本形态还停留在"液体"状态，尚未固化。60 余年后，海诠请入藏，或许表明"凝聚态过程"业已完成②。这个过程，也是《神咒》逐渐超越其他经典，达成神圣化和权威化的过程。

写本的物质形态对于信仰实践中文本选择的影响也是需要考虑的。正因为《神咒》是一个略本，即使加上标题和题记，总共也只有 39 行，写得紧凑一些，刚好可以抄在一张纸上。文本内容和物质形态的结合，使得《神咒》成为安伞仪式中贮入伞中的唯一经卷。那么经卷究竟存放于伞中什么位置？这是一个很有意思的问题。

题为元代真智等译的《佛说大白伞盖总持陀罗尼经》，以往被认为是与沙啰巴所译《佛顶大白伞盖陀罗尼经》一样译自藏文本，但近来研究表明其有可能译自西夏文③。其中有一节译文与前引沙啰巴译本有一些差异：

---

① 中古时代寺院藏经的实际情况相当复杂，敦煌和中原差别甚大，一个地方小寺院的收藏可能具有很大偶然性，不能将敦煌某所寺院的藏经当作正式入藏的标准。不过，海诠请将《大佛顶略咒本》入藏的行为，至少代表了敦煌当地藏经的实际情形。关于藏经的成立、变迁及其地方性差异，相关研究仍有待深入。基础研究参见方广锠《中国写本大藏经研究》，上海：上海古籍出版社，2006 年；Jiang Wu and Lucille Chia ed., *Spreading Buddha's Word in East Asia：The Formation and Transformation of the Chinese Buddhist Canon*, New York：Columbia University Press, 2015.

② 写本时代书籍的最大特性是文本的流动性。李零对此有一个精辟的比喻："战国秦汉的古书好像气体，种类和篇卷构成同后世差距很大；隋唐古书好像液体，虽然还不太稳定，但种类和构成渐趋统一；宋以来的古书则是固体，一切定型，变化多属誊写或翻刻之误。"（《简帛古书与学术源流》，北京：三联书店，2004 年，第 198 页）

③ 孙伯君据西夏时期所译佛经的梵汉对音规律，通过与沙啰巴所译《佛顶大白伞盖陀罗尼经》对音用字的比较，考证了题为真智等译《佛说大白伞盖总持陀罗尼经》实为西夏译本。参见《真智等译〈佛说大白伞盖总持陀罗尼经〉为西夏译本考》，《宁夏社会科学》2008 年第 4 期。

又人病、牛病、畜病、疫病，及损害，及惹病碍，及斗战，余他一切军兵之中，则能以此一切如来顶髻中出白伞盖佛母余无能敌大回遮母，安置于幢顶上，作广大供养已。将幢置大城门上，或宫宅之中，或村坊之中，或聚落之中，或川原之中，或寂静之处，于余无能敌大回遮母处作广大供养，则能速然国界安宁，亦能柔善疫病碍与损害、斗争、余他一切军兵也①。

又敦煌本《大佛顶如来顶髻白盖陀罗尼神咒经》：

若有疫疠及六畜疫，或有灾祟，或外怨贼来相侵恼者，或于城门、聚落、村邑，或多人处，或旷野处，安置高幢，悬此如来顶髻白盖无有能及甚能调伏陀罗尼，恭敬礼拜，所有灾祟及外怨敌来相侵恼者，寻便退散②。

题真智等译本，说将陀罗尼经咒安置于幢顶上，供养结束后，将幢置大城门上。但沙啰巴译本却说系幢顶上，再奉迎斯咒，安城四门；敦煌本说安置高幢，悬此陀罗尼。这些差异是由于翻译所据底本不同，还是译文风格造成的，不得而知。总之，经咒是置于幢顶。

安置于幢顶的一种可能，是在幢顶设置经架，再将陀罗尼经卷置于经架上。莫高窟第31、156窟佛顶尊胜陀罗尼经变画中均可见三层经幢，有幡垂下，幢顶置经架，即描绘经咒安于高幢之上的情景③。从张承奉榜文使用"贮入"这个字眼看，更大的可能应该是放置在伞中或幢顶设好的某一容器中，例如中空的圆木筒或铁函内（亦为幢柱体结构的一部分），或是纳入幢顶下的宝瓶中，而不会是直接把经卷系在或悬

---

① 《大正新修大藏经》第 19 册，第 406 页。
② 共发现 10 件抄本，以上录文据 P. 4071。
③ 郭俊叶《敦煌壁画中的经架——兼议莫高窟第 156 窟前室室顶南侧壁画题材》，《文物》2011 年第 10 期。

挂在幢上①。这一推测，可以从新发现的于阗语《无垢净光大陀罗尼经》得到印证。此经大约成立于 7 世纪末，第三节"释迦牟尼众天之天尊佛宣讲为幢而备的陀罗尼之利益"云："应书写此陀罗尼九十九本，或者写在桦树皮上，或者写在纸上，放入相轮樴，或者幢之上。于塔的四方，并依次第五，将完整的陀罗尼放入相轮樴的中间，幢的中间，最后加封在支提之上。"②

在塔的相轮樴和幢中设置储物空间的做法，并非始于唐代密教。北魏杨衒之《洛阳伽蓝记》载，永宁寺"中有九层浮图一所，架木为之，举高九十丈。上有金刹，复高十丈，合去地一千尺。去京师百里，已遥见之。初掘基至黄泉下，得金像三十躯，太后以为信法之征，是以营建过度也。刹上有金宝瓶，容二十五斛。宝瓶下有承露金盘一十一重，周匝皆垂金铎"③。"刹"，在鸠摩罗什译《妙法莲华经》中有"表刹"这一用法，梵文本对应为"chatrâvaḍi－……vaijayantī"或"chatrâvalī，chatrâvaḍi"或"chatrâvalī"，意思为"伞盖的排列"，意为塔顶上从上到下重叠的像伞盖一样的轮盘。chatrâvaḍi、chatrâvalī 的本义也就是这样重叠的轮盘。到中亚及中国以后，其本义渐被忘记，结果是它的形状

---

① 笔者曾于俄罗斯科学院东方文献研究所调查原卷，以下为 2014 年 7 月 24 日调查日志：写本 42.5cm×25.8cm，39 行，行约 45 字。写在一整张纸上，背面无纸缝。纸张粗糙，纤维不均，背面可见帘纹。左右有两道痕迹，相距约 10cm，痕迹中下部和上部各有两个破洞，或为贮入伞中的接触痕迹。如此可以推测纳藏空间可能是伞中中空的圆柱体，直径约 10cm。

② 段晴《于阗语无垢净光大陀罗尼经》，上海：中西书局，2019 年，第 31 页。汉译文中"樴"似应作"橪"，指存放经卷的圆形木制容器。北魏郦道元《水经注·穀水》引晋张璠《汉记》："于是发使天竺，写致经像，始以榆橪盛经，白马负图，表之中夏，故以白马为寺名。此榆橪后移在城内愍怀太子浮图中，近世复迁此寺。"（郦道元著，陈桥驿校证《水经注校证》卷 16《穀水》，北京：中华书局，2007 年，第 399 页）

③ 杨衒之撰，周祖谟校释《洛阳伽蓝记校释》卷 1《城内》，北京：中华书局，2010 年，第 3—4 页。

也变为中间是空洞的轮形，即所谓"相轮"[①]。在实际使用中，刹通常等同于雄伟的幢伞。永宁寺刹上的金宝瓶竟能容25斛。推测敦煌的幢顶或也有类似结构，只是永宁寺的刹由于是"营建过度"的佛塔建筑构件的一部分，所以刹上的宝瓶容量惊人[②]，而敦煌的幢是要用来旋城的，所以不可能太大，大概是把经咒卷起来放入幢内中空柱体或宝瓶中，与经卷同时放入的或许还有其他供养具。苏州瑞光寺塔第三层天宫中发现的真珠舍利宝幢，幢殿内覆莲座上立有八棱柱经幢，高19.4厘米，幢体中空，内置一乳青色葫芦形小瓷瓶，瓶内藏舍利子九粒及折叠的雕版印刷梵文和汉文《大随求陀罗尼》经咒各1张[③]。此宝幢可以看作是大刹的模型，其安置舍利、经咒的位置和方式，可资参证。(图8-3)

以白伞作为仪轨的法器，亦非始于白伞盖陀罗尼。题"大唐天竺三藏宝思惟奉诏译"的《大陀罗尼末法中一字心咒经》中有："若欲成就伞盖法者，作新白伞盖，种种金银宝物庄严，内中悬一口幡，手把其伞，一依前法诵咒，当即火出，其持法人即腾虚空，皆如上说。"[④] 在敦煌文献中，似未见伞内悬幡的记载。以种种金银宝物庄严的做法，则见于唐懿宗迎佛骨的仪式。由此不难推测，在白伞盖陀罗尼仪轨成立前，以白伞盖为法器的"伞盖法"或早已存在，只是尚未经典化、体系化而已。

幢伞在安伞旋城仪式中被安放于特定位置，并在行进中用以划定空间边界，以此实现空间的圣洁化。《唐咸通十四年（873）正月四日沙州

---

① 辛嶋静志《汉译佛典的语言研究（三）》，《语言学论丛》第37辑，2008年，北京：商务印书馆，第146—149页。

② 永宁寺木塔建筑基址的考古发掘表明，《洛阳伽蓝记》的记载或为夸美之辞，《水经注》云"浮图下基方十四丈，自金露槃下至地四十九丈"（《水经注校证》卷16《穀水》，第398页），木塔实际高度或与此接近（中国社会科学院考古研究所《北魏洛阳永宁寺：1979—1994年考古发掘报告》，北京：中国大百科全书出版社，1996年，第20—21页）。即便如此，金宝瓶的容量应该仍然很大。

③ 图版及文字描述见苏州博物馆编著《苏州博物馆藏虎丘云岩寺塔、瑞光寺塔文物》，北京：文物出版社，2006年，第76—78页。

④ 《大正新修大藏经》第19册，第317页。

图 8-3　苏州瑞光寺塔天宫出土宋代真珠舍利宝幢

某寺交割常住物等点检历》（P. 2613）记载："大白绣伞壹，白布里，长壹丈叁尺，阔壹丈。"[1] 如此巨大的白伞，自然无法手持，必须以车辇运送。运送过程中或运到竖伞的地点后，如何安放呢？同卷列有"大幢坐贰"，可见，所谓"安伞"，是指安在特制的底座上。同卷多处记"白绢伞子壹""小白绢伞壹""白绫团伞子贰，杂绢者舌"，应该是竖在四门的小白伞盖，可惜皆未注明尺寸大小。《龙兴寺点检历》（P. 3432）中有"故小白绫伞贰，色绢者舌，周围壹箭半"。"箭"为吐蕃长度单位，原文为 mda'，一箭约合 75 厘米[2]。"壹箭半"即 113 厘米，确实远较阔一丈的大白绣伞为小。元代的做法有所不同，是先于大明殿御座上置白伞盖一，以泥金书梵字经咒于其顶，再周游皇城内外。门是空间控制和社会控制的重要设施，在中国古代社会具有极为丰富的象征意味[3]。在此仪式中，来自密教的观念与中国传统门户、内外观念融合，创造出新的作为信仰与象征的空间边界。

安伞旋城仪式之外，个人或家庭使用此经咒的方式，一是随身佩戴或贮于香囊带于身上，二是安于所居宅中。《大佛顶如来密因修证了义诸菩萨万行首楞严经》：

> 阿难！若诸世界随所国土，所有众生随国所生，桦皮贝叶，纸素白叠，书写此咒，贮于香囊，是人心惛，未能诵忆，或带身上，或书宅中，当知是人尽其生年，一切诸毒所不能害。

> 阿难！若诸国土、州县、聚落，饥荒、疫疠，或复刀兵、贼难、斗诤，兼余一切厄难之地，写此神咒安城四门，并诸支提或脱阇上，令其国土所有众生奉迎斯咒，礼拜恭敬，一心供养。令其人

---

① 唐耕耦、陆宏基编《敦煌社会经济文献真迹释录》第 3 辑，第 11 页。

② 岩尾一史《古代チベットの長さの單位：mda'とsor mo》，高田時雄主編《敦煌寫本研究年報》第 4 號，京都：京都大學人文科學研究所"西陲發現中國中世寫本研究班"，2010 年，第 181—194 頁。

③ 参见刘增贵《门户与中国古代社会》，《"中央研究院"历史语言研究所集刊》第 68 本第 4 分，1997 年。

民各各身佩，或各各安所居宅地，一切灾厄悉皆销灭。①

敦煌出土梵文印本 Pelliot sanscrit 1②，从下部汉文题记看，这一陀罗尼的确是按照经中所云用于身上带持或安宅中③：（图 8-4）

图 8-4　敦煌开宝四年刻梵文印本 Pelliot
sanscrit 1《大佛顶陀罗尼》

《大佛顶如来放光明白伞盖悉怛多钵怛啰大佛顶陀罗尼经》

① 《大正新修大藏經》第 19 册，第 137 页。

② 此为法藏伯希和梵文文献编号，因有汉文题记，又有汉文文献双编号 Pelliot chinois 4514 A。邰惠莉《敦煌版画叙录》（《敦煌研究》2005 年第 2 期，第 7 页）误为藏文文献，标为 P. t. 1。

③ 马德《敦煌版画的背景意义》（《敦煌研究》2005 年第 2 期，第 3 页）将这类陀罗尼当作一种版画，认为从信仰方式上讲，这类需要随身"持带"的陀罗尼，其咒语均用梵文雕刻，而发愿文用汉文雕刻。

云：佛告阿难，若诸世界一切众生书写此咒，身上带持，或安宅中，一切诸毒所不能害。十方如来执此咒，心成无上觉。开宝四年（971）十月二十八日记。

雕版印刷品的出现，说明需求量非常大。书写、佩戴或安于宅中，是陀罗尼护持的一般方式，非独限于白伞盖陀罗尼。《大随求陀罗尼》除了诵读外，其受持方式亦主要有两种："戴持颈臂"与"安于幢刹"。苏州瑞光寺塔出土宋景德二年（1005）皮纸刻本《佛说普遍光明焰鬘清净炽盛思惟如意宝印心无能胜总持大明王大随求陀罗尼》，中央为佛与九曜，两侧画二十八宿与力士，其余部分填充梵文陀罗尼，下部为汉文印施题记发愿文（图 8-5）：

若有人志心诵念，戴持颈臂者，得十方诸佛、菩萨、［天］龙、鬼神亲自护持，身中无量劫来，一切罪业，悉皆消灭，度一切灾难。若有书写此陀罗尼，安于幢刹，能息一切恶风雹雨、非时寒热、雷电霹雳，能息一切诸天斗诤言颂（讼），能息一切蚊虻蝗虫及诸余类食苗稼者，悉能退散，说不尽功[①]。

敦煌所出《计都星·北方辰星供养陀罗尼符》（Ch. lvi. 0033）也是说"带者得神通"[②]，二星神像下部的发愿文曰：（图 8-6）

---

① 2011 年 2 月 19 日，笔者在苏州博物馆考察时曾目验原件。此件经咒曾刊布过黑白图版并附有简单介绍，见于苏州市文管会、苏州博物馆《苏州市瑞光寺塔发现一批五代、北宋文物》，《文物》1979 年 11 期；宿白《唐宋时期的雕版印刷》，北京：文物出版社，1999 年，第 74、141 页。清晰彩色图版刊于前揭《苏州博物馆藏虎丘云岩寺塔瑞光寺塔文物》，第 158 页。

② 关于本件文本与图像的详细研究，参见拙文《敦煌文献与图像中的罗睺、计都释证》，《敦煌学辑刊》2011 年第 3 期；《唐宋之际"五星占"的变迁：以敦煌文献所见辰星占辞为例》，《史林》2011 年第 5 期；《天命与星神：以敦煌〈星供陀罗尼符〉为例解析中古星命信仰》，荣新江主编：《唐研究》第 18 卷，北京：北京大学出版社，2012 年，第 453—473 页；"Personal Fate and the Planets: A Documentary and Iconographical Study of Astrological Divination at Dunhuang, Focusing on the 'Dhāraṇī Talisman for Offerings to Ketu and Mercury, Planetary Deity of the North.'" *Cahiers d'Extrême-Asie* vol. 20, 2012, P. 163–190.

图 8-5　苏州瑞光寺塔真珠舍利宝幢所出梵文本《大随求陀罗尼经咒》

　　此符陀罗尼符，带者得神通，除罪千劫，十方诸佛，总在目前；去者无不吉利（"利"字衍——引者注）达；一世得人恭敬，功得（德）无比，护净。急急如律令。

　　将陀罗尼佩戴在身上的做法，显示了中国传统与印度佛教实践之间的联系，包括古老的身体增强仪式和对菩萨及其璎珞装饰的视觉形象的模仿。[①] 道教符箓之所以能与陀罗尼结合，是因为陀罗尼本身具有神秘

　　① Paul Copp, *The Body Incantatory*: *Spells and the Ritual Imagination in Medieval Chinese Buddhism*, New York: Columbia University Press, 2014, P.74-79.

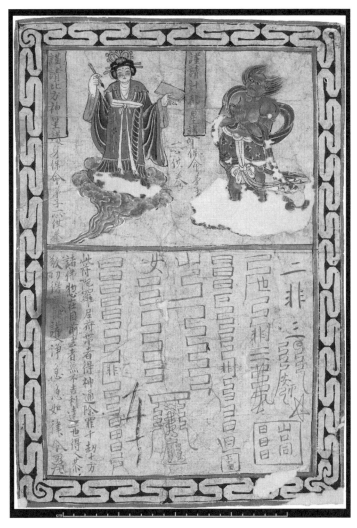

图 8-6 敦煌 Ch. lvi. 0033《计都星・北方辰星供养陀罗尼符》

经咒性质，而佩戴符咒之法植根于中国传统方术中。佩戴具有神秘力量的器物，例如金银、玉器，植物枝条，以及动物的角、羽毛等，上古之时就被认为具有禳镇辟邪的功效。道教兴起以后，佩戴符箓，顶戴而行，成为护佑行人的常用法宝。① 入唐以后，密教的影响不断增强，加上与道教的互相激荡和吸收，咒术在佛教中的地位进一步上升，出现许多羼杂了佛道两教符咒之术的疑伪经，《佛说七千佛神符经》（S. 2708）就是这样一部伪经。牧田谛亮认为其内容荒唐无稽，暗示着佛教趋于民众化。② 其主体部分是出行符咒，很有可能是旅行者随身携带应急用的，文中甚至出现这样的字句："弟子佩千佛符之后，四出行来，千道无穷，万道无难，卧不恶梦，所求常得，所愿从心，千佛法正，如符所敕。急急如律令。"因此，随身佩戴白伞盖陀罗尼这样的做法，在观念上很容易被接受。

安于宅中，也能在道符的应用方面找到大量例证。《护宅神历卷》（P. 3358）中的两枚符，其一为"董仲神符"，旁注之文字云："董仲神符：凡人家宅舍不安，六日厶日不息，田蚕不成，钱财不聚，八神不安，以桃木板，长一尺，书此玄（悬）宅四角，大吉利。"其二无符名，绘带翼神兽、狮身人面神和人脸，注云："此符房舍内安，并安门傍，大吉。"由此可见，在桃板上画上神符，悬挂或安置于住宅的四周或门户旁，被认为可以保护住宅和主人的安全和幸福。这在原理上与书写白伞盖陀罗尼并安置其于宅中没有本质区别。从神圣空间的制作来分析，无论是将经咒佩戴于人体、安于宅院，还是置入幢伞巡行全城，只有力量守护范围大小和表现形式的不同，并不存在功能性差异。（图 8-7）

关于古代世界空间和边界的观念，以及器物在空间中的"位置意义"和"宗教引力场"，值得深入探讨。③ 丝绸之路沿线所见人形方术，

---

① 余欣《神道人心：唐宋之际敦煌民生宗教社会史研究》，第 330—338 页。
② 牧田諦亮《疑經研究》，京都：京都大學人文科學研究所，1976 年，第 85 页。
③ 关于古代中国空间和边界的观念研究，曾出版过相关论文集：John Hay ed., *Boundaries in China*：*Critical Views*，London：Reaktion Books，1994. 不过，仍有很多领域尚未触及。新近出版的 *Buddhism in Central Asia I*：*Patronage*，*Legitimation*，*Sacred Space*，*and Pilgrimage*（Leiden/Boston：Brill，2020）虽然再度将佛教的神圣空间作为关注的主题之一，但所收论文大多只是借用这一概念，未能展开深论。

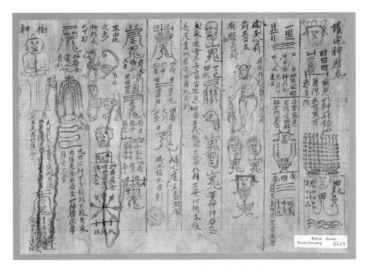

图 8-7　P. 3358《护宅神历卷》

也有助于我们对信仰实践中幢
伞使用方式的理解。人形由木
料削刻或用笔墨勾勒作人面，
通常具有明显的胡人面貌特
征，下端削成楔子形状，以便
插入土中。自 1907 年斯坦因
在敦煌汉长城发现此类木制物
件以来，从居延到奈良的烽
燧、石窟、墓葬和建筑遗址中
陆续有大量出土。（图 8-8）
将人形插入土中是为了隔绝生
死和为生人除殃：一方面是祛
除一切入侵者；另一方面也是
隔绝阴阳，将死者"囚禁"于

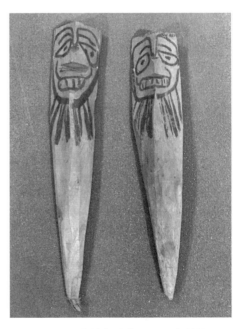

图 8-8　大英博物馆藏斯坦因在敦煌汉
长城遗址发现的人形

身后世界之内，以免为害生人①。军士制作大量人形，企图借这种神秘力量驱除来犯之敌，等于在实存的长城之上再构筑起一道"方术长城"，制造出"力量空间"。器物在构筑神圣界域中的阈限功能，表明"神器"绝非"形而下"的物件，而是"空间"的塑造者②。幢伞和人形，在制造神圣空间方式上的共通之处在于用法物划分出内外空间，赋予其辟邪的力量；主要差异则在于前者更为动态化和仪式化。

李零认为，以驱鬼除邪为目的的各种巫术，可以统称为"厌劾妖祥"，与"祝由"属于同类性质。除了使用巫术外，厌劾妖祥还往往结合着祭祀祈祷，而祷祠祈禳中的"禳"也属于厌劾，二者有密切关系。图和符都是厌劾妖祥的主要利器，前者往往与天文星象有关，后者源于对图画、文字魔力的崇拜③。这些论断，对于我们探讨此类信仰及其应用具有启发性意义。人形方术与原始驱魔信仰息息相关，并且与解土、镇墓方术有共同的渊源，而白伞盖经同样充满了驱魔厌胜仪式的内容。白伞盖陀罗尼的使用方式，虽然毫无疑问来源于密教经典和仪轨，但它能被广泛而迅速地接受，在于其从理论和技术上都与中国方术、道教符咒有相通之处。在敦煌民众看来，它无非是一种新的厌劾妖祥技术。密教和道教、方术的相生相克之面相，仍是有待深入探索的课题。

结　语

幢伞原本所具有的遮蔽与保护的实用功能，在宗教语境中被不断引

① 余欣《中古异相：写本时代的学术、信仰与社会》，上海：上海古籍出版社，2011年，第115—139页。
② 余欣《"书""物"结合重绘丝路"世界图景"》，《中国社会科学报》2019年4月22日，第5版。
③ 李零《中国方术考》（修订本），北京：东方出版社，2000年，第71—84页。

申和神化，从而在仪式中被赋予了制造并守护境域的法器这样一种角色①。晚唐五代，随着白伞盖信仰和仪轨在敦煌的传播和实践，幢伞的宗教意义进一步升华。幢伞作为白伞盖经咒的具象化象征物，在安伞旋城仪式的宗教实践中，其遮蔽与保护的功能被不断引申和神化，成为制造神圣空间的核心法器。竖立幢伞或持伞行城，即相当于划分出一条边界，建立起一道屏障，制造出一个圣域。充盈神秘力量的白伞盖陀罗尼经咒，无论是身上带持（相当于佩物禳镇方术的延伸），还是安置于城隍四门（借由门户符号象征之途径），抑或是贮入伞中旋城（对开放空间的"线性切割"），本质上都是为了区分"内"与"外"、"自我"与"非我"、"清净"与"邪秽"；祓扫灾殃，庄严资福，将一切不祥辟除于"外"，使纳入"内"之中的"身形""家国""黎元"获得净化与康宁。幢伞所笼罩的物理空间本身具有开放性和流动性，所创造的神圣空间却具有隔断性和排他性。通过仪式的常规化举行，地域社会通过宗教仪式的世俗化表达和仪式中权力序位的配置，完成了共同福祉的维系、族群认同的强化和政治合法性的再确认，命运共同体在维护地域福祉的合致行为中得以成功构建。这种将空间圣域化的手段，一方面有密教经典和仪轨作为理论支持，有其密教信仰实践的内在逻辑；另一方面，也与中国传统解除方术、道教祈禳科仪，在观念和技术上有相通之处。

---

① 神妙威力同样源于陀罗尼经咒，与白伞盖同为佛顶尊的"尊胜佛顶"，形制上与幢伞相近的尊胜经幢，这种宗教上的遮蔽和守护功能被神化到了极致的程度。《佛顶尊胜陀罗尼经》声称，凡人接近或见到此陀罗尼，甚至只要书写此陀罗尼的经幢的影子映到身上，乃至于幢上的灰尘偶然飘落到人身上，即所谓"尘沾影覆"，此人亦得以净除一切罪业恶道。这一点更为许多唐代佛顶尊胜陀罗尼经幢铭记所渲染。参见刘淑芬《灭罪与度亡：佛顶尊胜陀罗尼经幢之研究》，上海：上海古籍出版社，2008 年，第 10 页。

参考文献

一、古籍

《八家后汉书辑注》，周天游辑注，上海古籍出版社，1986 年。

《白虎通疏证》，陈立撰，吴则虞点校，北京：中华书局，1994 年。

《白居易集》，白居易著，顾学颉校点，北京：中华书局，1979 年。

《抱朴子内篇校释》（增订本），葛洪著，王明校释，北京：中华书局，1980 年。

《北户录》，段公路撰，十万卷楼丛书本。

《备急千金要方》，孙思邈撰，高文柱、沈澎农校注，北京：华夏出版社，2008 年。

《本草拾遗》，陈藏器撰，尚志钧辑释，合肥：安徽科学技术出版社，2002 年。

《册府元龟》，王钦若等编纂，周勋初等校订，南京：凤凰出版社，2006 年。

《初学记》，徐坚等著，北京：中华书局，1962 年。

《春秋繁露义证》，苏舆撰，北京：中华书局，1992 年。

《大唐创业起居注》，温大雅撰，上海古籍出版社，1983 年。

《大正新修大藏经》，高楠顺次郎、渡邊海旭编，東京：大正一切經刊行會，1924—1932 年。

《道藏》，上海书店出版社编，上海：上海书店出版社，北京：文物出版社，天津：天津古籍出版社，1988 年。

《杜甫全集校注》，杜甫著，萧涤非主编，北京：人民文学出版社，2013 年。

《杜阳杂编》，苏鹗撰，丛书集成初编本，长沙：商务印书馆，1939 年。

《尔雅义疏》，郝懿行撰，郝懿行等《尔雅 广雅 方言 释名 清疏四种合刊（附索引）》，影印本，上海古籍出版社，1989 年。

《封氏闻见记校注》，封演撰，赵贞信校注，北京：中华书局，2005 年。

《佛祖统纪校注》，志磐撰，释道法校注，上海古籍出版社，2012 年。

《陔余丛考》，赵翼著，北京：商务印书馆，1957 年。

《古今注》，崔豹撰，王根林校点，上海古籍出版社编《汉魏六朝笔记小说大观》，上海：上海古籍出版社，1999 年。

《观古堂所著书》，叶德辉撰，光绪辛丑（1901）长沙叶氏郎园刊本。

《国清百录》，民国十八年扬州宛虹桥众香庵刊本，影印本，台州：天台山国清讲寺，2007 年。

《国语》，上海师范学院古籍整理组校点，上海：上海古籍出版社，1988 年。

《汉书》，班固撰，北京：中华书局，1964 年。

《汉魏六朝杂传集》，熊明辑校，北京：中华书局，2017 年。

《后汉书》，范晔撰，北京：中华书局，1965 年。

《化书》，谭峭撰，丁祯彦、李似珍点校，北京：中华书局，1996 年。

《淮南子集释》，何宁撰，北京：中华书局，1998 年。

《黄帝虾蟆经》，北京：中医古籍出版社，影印本，1984 年。

《金石萃编》，王昶撰，影印本，北京：中国书店，1985年。

《金石录校证》，赵明诚撰，金文明校证，桂林：广西师范大学出版社，2005年。

《荆楚岁时记》，宗懔撰，宋金龙校注，太原：山西人民出版社，1987年。

《景龙文馆记　集贤注记》，武平一、陶敏撰，陶敏辑校，北京：中华书局，2015年。

《开元占经》，瞿昙悉达撰，复旦大学图书馆藏陈鳣抄本。

《李太白全集》，李白著，北京：中华书局，1977年。

《历代名画记》，张彦远撰，俞剑华校释，上海人民美术出版社，1964年。

《历代名画记》，张彦远撰，杭州：浙江人民美术出版社，2011年。

《洛阳伽蓝记校释》，杨衒之撰，周祖谟校释，北京：中华书局，2010年。

《南齐书》，萧子显撰，北京：中华书局，1972年。

《埤雅》，陆周撰，丛书集成影印本。

《埤雅》，陆周撰，早稻田大学图书馆藏本。

《全上古三代秦汉三国六朝文》，严可均辑，影印本，北京：中华书局，1958年。

《全唐文》，董诰编，影印本，北京：中华书局，1983年。

《日本国见在书目录详考》，孙猛详考，上海：上海古籍出版社，2015年。

《日本仁和寺原钞古卷子本黄帝内经太素新校正》，杨上善撰注，钱超尘、李云校正，北京：学苑出版社，2006年。

《三国志》，陈寿撰，北京：中华书局，1959年。

《山海经校注》，袁珂校注，成都：巴蜀书社，1993年。

《十六国春秋辑补》，崔鸿撰，济南：齐鲁书社，2000 年。

《十三经注疏》，阮元校刻，影印本，北京：中华书局，1980 年。

《史记》，司马迁撰，北京：中华书局，点校二十四史修订本，2013 年。

《水经注校证》，郦道元著，陈桥驿校证，北京：中华书局，2007 年。

《宋本艺文类聚》，欧阳询撰，影印本，上海：上海古籍出版社，2013 年。

《宋高僧传》，赞宁撰，北京：中华书局，1987 年。

《宋书》，沈约撰，北京：中华书局，1974 年。

《隋书》，魏征撰，北京：中华书局，1973 年。

《隋书》，魏征撰，北京：中华书局，点校本二十四史修订本，2020 年。

《太平御览》，李昉等编，北京：中华书局，影印本，1960 年。

《唐大诏令集》，宋敏求编，北京：商务印书馆，1959 年。

《唐大诏令集补编》，李希泌主编，上海古籍出版社，2003 年。

《唐会要》，王溥撰，北京：中华书局，1955 年。

《唐六典》，李林甫等撰，陈仲夫点校，北京：中华书局，1992 年。

《唐律疏议》，刘俊文点校，北京：中华书局，1993 年。

《天地瑞祥志》，日本前田育德会尊经阁文库本。

《天一阁藏明钞本天圣令校证》，天一阁博物馆、中国社会科学院历史研究所编，北京：中华书局，2006 年。

《通典》，杜佑撰，王文锦等点校，北京：中华书局，1988 年。

《外国传》，康泰、朱应撰，陈佳荣辑，香港海外交通史学会，2006 年。

《纬书集成》，安居香山、中村璋八辑，石家庄：河北人民出版社，1994 年。

《韦应物诗集系年校笺》，韦应物著，孙望校笺，北京：中华书局，2002 年。

《魏书》，魏收撰，北京：中华书局，点校本二十四史修订本，2017 年。

《文选》，萧统编，李善注，上海古籍出版社，1986 年。

《五行大义》，萧吉撰，马新平、姜燕点校，北京：学苑出版社，2014 年。

《五行大义》，萧吉撰，钱杭点校，上海书店出版社，2001 年。

《五行大义》，萧吉撰，有穗久邇文库藏本，影印本，東京：汲古书院，1989 年。

《五行大义今注》，萧吉撰，梁湘润注，台北：行卯出版社，2001 年。

《五行大义校注（增订版）》，中村璋八校注，東京：汲古书院，1998 年。

《新辑搜神记 新辑搜神后记》，李剑国辑，北京：中华书局，2007 年。

《新唐书》，欧阳修、宋祁撰，北京：中华书局，1975 年。

《新五代史》，欧阳修撰，北京：中华书局，1974 年。

《玄怪录 续玄怪录》，牛僧孺编，程毅中点校，北京：中华书局，1982 年。

《艺文类聚》，欧阳询撰，汪绍楹校，上海：上海古籍出版社，1985 年。

《玉海》，王应麟撰，影印宋元刊本，京都：中文出版社，1986 年。

《玉函山房辑佚书》，马国瀚辑，影印本，扬州：广陵书社，2004 年。

《元史》，宋濂等撰，北京：中华书局，1976 年。

《云麓漫钞》，赵彦卫撰，傅根清点校，北京：中华书局，1996 年。

《正字通》，张自烈撰，续修四库全书本，上海古籍出版社，2002 年。

《直斋书录解题》，陈振孙撰，徐小蛮、顾美华点校，上海古籍出版社，1987 年。

《职官分纪》，孙逢吉撰，景印文渊阁四库全书本，台北：商务印书馆，1983—1986 年。

《周书》，令狐德棻撰，北京：中华书局，1971 年。

《资治通鉴》，司马光编著，北京：中华书局，1956 年。

《足本山海经图赞》，郭璞著，上海：古典文学出版社，1958 年。

二、近人论著（含出土文献整理本）

（一）中日文部分

艾兰、汪涛、范毓周主编《中国古代思维模式与阴阳五行说探源》，南京：江苏古籍出版社，1998 年。

安家瑶、刘俊喜《大同地区的北魏玻璃器》，张庆捷、李书吉、李钢主编《4—6 世纪的北中国与欧亚大陆》，北京：科学出版社，2006 年。

安家瑶《莫高窟壁画上的玻璃器皿》，北京大学中国古代史研究中心编《敦煌吐鲁番文献研究论集》第 2 辑，北京：中华书局，1983 年。

安家瑶《中国的早期玻璃器皿》，《考古学报》1984 年第 4 期。

安家瑶《北周李贤墓出土的玻璃碗——萨珊玻璃器的发现与研究》，《考古》1986 年第 2 期。

安家瑶《镶嵌玻璃珠的传入及发展》，联合国教科文组织、中国社会科学院考古研究所编《十世纪前的丝绸之路和东西文化交流》，北京：新世界出版社，1996 年。

安家瑶《走向盛唐：文化交流与融合》，香港：康乐及文化事务署，2005 年。

安家瑶《谈泾川玻璃舍利瓶》，李斌诚、韩金科主编《'2015 丝绸之路与泾川文化学术研讨会论文集》。

安居香山、中村璋八《緯書の基礎的研究》，東京：國書刊行會，1976 年。

安居香山《緯書》（第三版），東京：明德出版社，1982 年。

安居香山《祥瑞思想の展開と宋書符瑞志》，《大正大學大學院研究論集》第 9 號，1985 年。

柏桦《烧钱：中国人生活世界中的物质精神》，袁剑、刘玺鸿译，南京：江苏人民出版社，2019 年。

班大为《中国上古史实揭秘——天文考古学研究》，徐凤先译，上海：上海古籍出版社，2008 年。

坂出祥伸《中国古代の占法－技術と呪術の周辺》，東京：研文出版社，1991 年。

薄树人主编《中国科学技术典籍通汇·天文卷四》，郑州：河南教育出版社，1993 年。

鲍娇《敦煌符瑞研究——以符瑞与归义军政权嬗变为中心》，兰州：甘肃文化出版社，2019 年。

毕波《信仰空间的万花筒——粟特人的东渐与宗教信仰的转换》，荣新江主编《从撒马尔干到长安——粟特人在中国的文化遗迹》，北京：北京图书馆出版社，2004 年。

才让《敦煌藏文密宗经典〈白伞盖经〉初探》，《敦煌学辑刊》2008 年第 1 期。

曹建国《〈河图括地象〉考论——兼谈纬书文献的整理问题》，《国学研究》第 39 辑，北京大学出版社，2017 年。

曹丽萍《敦煌文献中的唐五代祥瑞研究》，冯培红指导，兰州大学硕士学位论文，2011 年。

長沢規矩也、阿部隆一编《日本書目大成》第 1 卷，東京：汲古書院，1979 年。

陈登武《从人间世到幽冥间——唐代的法制、社会与国家》，台北：五南图书出版公司，2007 年。

陈海涛《唐代入华粟特人的佛教信仰及其原因》，《华林》第 2 卷，2002 年。

陈侃理《秦汉的颁朔与改正朔》，余欣主编《中古时代的礼仪、宗教与制度》，上海：上海古籍出版社，2012 年。

陈侃理《天行有常与休咎之变——中国古代关于日食灾异的学术、礼仪与制度》，《“中央研究院”历史语言研究所集刊》第 83 本第 3 分，2012 年。

陈美延编《陈寅恪集·诗集》，北京：生活·读书·新知三联书店，2001 年。

陈明《殊方异药：出土文书与西域医学》，北京：北京大学出版社，2005 年。

陈槃《古谶纬研讨及其书录解题》，上海：上海古籍出版社，2010 年。

陈启新《冥纸史考》，《中国造纸》1996 年第 1 期。

陈晓强《敦煌契约文书所见织物研究》，《西北民族研究》2013 年第 1 期。

陈寅恪《金明馆丛稿二编》，北京：生活·读书·新知三联书店，2001 年。

陈于柱《区域社会史视野下的敦煌禄命书研究》，北京：民族出版社，2012 年。

池丽梅《智顗圆寂后的天台山僧团与隋炀帝——〈国清百录〉成书年代考》，洪修平主编《佛教文化研究》第 2 辑，南京：江苏人民出版社，2015 年。

池麗梅《〈国清百録〉の完成年代に關する一考察——隋煬帝と天

台山教團との交渉をめくって》,《インド哲學佛教學研究》第 12 卷,
2005 年。

池田魯参《國清百録の研究》,東京:大藏出版,1982 年。

池田温《八世紀初における敦煌の氏族》,《東洋史研究》第 24 卷
第 3 號,1965 年。

池田温《唐研究论文选集》,北京:中国社会科学出版社,
1999 年。

池田温《中國古代寫本識語集録》,東京:東京大学東洋文化研究
所,1990 年。

大広编集《China 中国美の十字路展》,大阪:大広,2005 年。

大英博物館監修,Roderick Whitfield 编集、解说《西域美術:大英
博物館スタイン・コレクション》,東京:講談社,1982 年。

島尾新《日本美術としての"唐物"》,河添房江、皆川雅樹編
《唐物と東アジア——舶載品をめぐる文化交流史》(《アジア遊学》
147),東京:勉誠出版,2011 年。

邓文宽《邓文宽敦煌天文历法考索》,上海:上海古籍出版社,
2010 年。

丁煌《汉唐道教论集》,北京:中华书局,2009 年。

丁一《汉藏两隔——元译〈白伞盖陀罗尼经〉的文献及宗教背
景》,姚大力、刘迎胜主编《清华元史》第 3 辑,北京:商务印书馆,
2015 年。

定方晟《七寶について》,《印度學佛教學研究》第 24 卷第 1 號,
1975 年。

定县博物馆《河北定县发现两座宋代塔基》,《文物》1972 年第
8 期。

東京国立博物館编《東洋古代ガラス:東西交渉史の視点から》,
東京国立博物館,1980 年。

東京国立博物館等編《御即位記念特別展：正正倉院の世界―皇室がまもり伝えた美―》，東京國立博物館，2019 年。

窦怀永《敦煌本〈瑞应图〉谶纬佚文辑校》，张涌泉、陈浩主编《浙江与敦煌学——常书鸿先生诞辰一百周年纪念文集》，杭州：浙江古籍出版社，2004 年。

杜文玉《隋炀帝与佛教》，《陕西师范大学学报》（哲学社会科学版）2001 年第 2 期。

渡部武《朱应·康泰の扶南見聞録輯本稿：三国呉の遣カンボジア使節の記録の復原》，《東海大學紀要文學部》第 43 辑，1985 年。

段晴《于闐语无垢净光大陀罗尼经》，上海：中西书局，2019 年。

段玉泉《武威亥母洞遗址出土的两件西夏文献考释》，杜建录主编《西夏学》第 8 辑，上海古籍出版社，2011 年。

敦煌文物研究所整理《敦煌莫高窟内容总录》，北京：文物出版社，1982 年。

E. H. 鲁伯—列斯尼契科《阿斯塔那古代墓地》，《西域研究》1995 年第 1 期。

飯塚勝重《三足烏原像試探》，《アジア文化研究所研究年報》第 48 號，2014 年。

方广锠辑校《敦煌佛教经录辑校》，南京：江苏古籍出版社，1997 年。

方广锠《中国写本大藏经研究》，上海：上海古籍出版社，2006 年。

冯培红《敦煌曹氏族属与曹氏归义军政权》，《历史研究》2001 年第 1 期。

冯培红《汉晋敦煌大族略论》，《敦煌学辑刊》2005 年第 2 期。

冯时《中国天文考古学》，北京：社会科学文献出版社，2001 年。

甘肃省文物考古研究所编《酒泉十六国墓壁画》，北京：文物出版社，1989 年。

甘肃省文物考古研究所《甘肃敦煌汉代悬泉置遗址发掘简报》，《文物》2000 年第 5 期。

甘肃省文物考古研究所《天水放马滩秦简》，北京：中华书局，2009 年。

干福熹等《中国古代玻璃技术的发展》，上海：上海科学技术出版社，2005 年。

干福熹《中国古代玻璃的起源和发展》，《自然杂志》第 28 卷第 4 期，2006 年。

干福熹主编《丝绸之路上的古代玻璃研究》，上海：复旦大学出版社，2007 年。

干福熹等《中国古代玻璃技术发展史》，上海：上海科学技术出版社，2016 年。

高柯立主编《稀见唐代天文史料三种》，北京：国家图书馆出版社，2011 年。

高明士《刘邦的斩蛇起义与李渊的绛白旗》，《庆北史学》（21），1998 年。

高平子《史记天官书今注》，台北：中华丛书编审委员会，1965 年。

高启安《唐五代敦煌饮食文化研究》，北京：民族出版社，2004 年。

宫嶋純子《漢訳仏典における翻訳語"頗梨"の成立》，《東アジア文化交涉研究》創刊号，2008 年。

龚丽坤《相星与占书——以〈开元占经·太白占〉为中心的五星占研究》，余欣指导，复旦大学学士学位论文，2014。

龚缨晏《西方早期丝绸的发现与中西文化交流》，《浙江大学学报》2011 年第 5 期。

谷川泰教《梵文〈仏頂大白傘蓋陀羅尼経〉について―ネパール写本報告（1）―》,《密教文化》第 138 号, 1982 年。

谷内祖道《宋書符瑞志の構成に関する一考察》,《大倉山論集》第 8 号, 1960 年。

顾颉刚《秦汉的方士与儒生》, 上海: 群联出版社, 1955 年。

关善明《中国古代玻璃》, 香港中文大学文物馆, 2001 年。

郭俊叶《敦煌壁画中的经架——兼议莫高窟第 156 窟前室室顶南侧壁画题材》,《文物》2011 年第 10 期。

郭俊叶《敦煌壁画、文献中的"摩睺罗"与妇女乞子风俗》,《敦煌研究》2013 年第 6 期。

郝春文《〈上海博物馆藏敦煌吐鲁番文献〉读后》,《敦煌学辑刊》1994 年第 2 期。

郝春文《唐后期五代宋初敦煌僧尼的社会生活》, 北京: 中国社会科学出版社, 1998 年。

河北省文化局文物工作队《河北定县出土北魏石函》,《考古》1966 年第 5 期。

贺世哲《从供养人题记看莫高窟部分洞窟的营建年代》, 敦煌研究院编《敦煌莫高窟供养人题记》, 北京: 文物出版社, 1986 年。

贺世哲《试论曹仁贵即曹议金》,《西北师大学报》（社会科学版）1990 年第 3 期。

贺世哲《莫高窟第 290 窟佛传画中的瑞应思想研究》,《敦煌研究》1997 年第 1 期。

侯锦郎《敦煌龙兴寺的器物历》, 谢和耐、苏远鸣等著, 耿昇译《法国学者敦煌学论文选萃》, 北京: 中华书局, 1993 年。

胡孚琛主编《中国道教大辞典》, 北京: 中国社会科学出版社, 1995 年。

胡晓明《符瑞研究: 从先秦到魏晋南北朝》, 胡阿祥指导, 南京大学博士学位论文，2011 年。

湖南省博物馆、中国科学院考古研究所编《长沙马王堆一号汉墓》，北京：文物出版社，1973 年。

戶崎哲彦《唐代中期における儒教神學への抵抗：天命・祥瑞の思想をめぐる韓愈・柳宗元の對立とその政治的背景》，《滋賀大學經濟學部研究年報》第 3 卷，1996 年。

樺澤亜吕《〈論衡〉における"災變"と"瑞應"》，《東アジア：歷史と文化》第 15 號，2006 年。

黄复山《东汉谶纬学新探》，台北：学生书局，2000 年。

黄晖《论衡校释》，北京：中华书局，1990 年。

黄清连《享鬼与祀神：纸钱和唐人的信仰》，蒲慕州编《鬼魅神魔——中国通俗文化侧写》，台北：麦田出版，2005 年。

黄石《纸钱略考》，高洪兴编《黄石民俗学论集》，上海文艺出版社，1999 年。

黄一农《社会天文学史十讲》，上海：复旦大学出版社，2004 年。

黄征、吴伟《敦煌愿文集》，长沙：岳麓书社，1995 年。

黄征、张涌泉《敦煌变文校注》，北京：中华书局，1997 年。

黄正建《敦煌占卜文书与唐五代占卜研究》（增订版），北京：中国社会科学出版社，2014 年。

霍宏伟、程永建《洛阳岳家村 30 号唐墓出土波斯萨珊朝银币》，《四川文物》2006 年第 2 期。

磯部彰编集《台東區立書道博物館所藏中村不折舊藏禹域墨書集成》（文部科学省科学研究費特定領域研究「東アジア出版文化の研究」研究成果），東京：二玄社，2005 年。

季羨林主编《敦煌学大辞典》，上海：上海辞书出版社，1998 年。

加地哲定《敦煌本密教系文献について》，密教学密教史論文集編集委員会編《密教学密教史論文集》，伊都郡：高野山大学，1965 年。

菅野恵美《墓葬装飾における祥瑞圖の展開》,《東洋文化研究》10 號,2008 年。

間嶋潤一《〈尚書中候〉における殷湯の受命神話について》,《中國文化:研究と教育:漢文學會會報》第 54 號,1996 年。

間嶋潤一《〈尚書中候〉における周の受命神話について》,《香川大學教育學部研究報告》第 1 部,1996 年。

間嶋潤一《〈尚書中候〉の受命神話——皋陶・秦の穆公の場合》,《香川大學國文研究》第 31 号,2006 年。

江玉祥《吐鲁番出土剪纸研究》,《民俗研究》2000 年第 1 期。

姜伯勤《敦煌吐鲁番文书与丝绸之路》,北京:文物出版社,1994 年。

姜伯勤《敦煌艺术宗教与礼乐文明》,北京:中国社会科学出版社,1996 年。

蒋若是《陕西、洛阳所见秦汉金属冥钱述略》,《中国钱币》1994 年第 2 期。

介永强《武则天与祥瑞》,赵文润、李玉明主编《武则天研究论文集》,太原:山西古籍出版社,1981 年。

金容天、李京燮、崔贤花《〈天地瑞祥志〉第一》,《中国史研究》第 25 辑,2003 年。

金容天、崔贤花《〈天地瑞祥志〉译注(2)》,《中国史研究》第 45 辑,2006 年。

金霞《两汉魏晋南北朝祥瑞灾异研究》,黎虎指导,北京师范大学博士学位论文,2005 年。

金滢坤、刘永海《敦煌本〈大云经疏〉新论》,《文史》2009 年第 4 辑。

津田資久《符瑞"張掖郡玄石圖"の出現と司馬懿の政治的立場》,《九州大學東洋史論集》第 35 號,2007 年。

井上聪《先秦阴阳五行》，武汉：湖北教育出版社，1997 年。

柯嘉豪《"少欲知足"、"一切皆空"及"庄严具足"：中国佛教的物质观》，胡素馨主编《佛教物质文化：寺院财富与世俗供养国际学术研讨会论文集》，上海：上海书画出版社，2003 年。

冷德熙《超越神话——纬书政治神话研究》，北京：东方出版社，1996 年。

李鉴澄、陈久金编《刘朝阳中国天文学史论文选》，郑州：大象出版社，2000 年。

李翎、马德《敦煌白伞盖信仰及相关问题》，《敦煌学辑刊》2013 年第 3 期。

李翎《佛教造像量度与仪轨》，上海：上海书店出版社，2019 年。

李零《中国方术续考》，北京：东方出版社，2000 年。

李零《简帛古书与学术源流》，北京：生活·读书·新知三联书店，2004 年。

李零《兰台万卷：读〈汉书·艺文志〉》，北京：生活·读书·新知三联书店，2011 年。

李毗毗《唐五代宋初敦煌佛教供养具研究》，潘春辉、沙武田指导，西北师范大学专业硕士学位论文，2017 年。

李瑞春《中古〈瑞应图〉的文献学研究》，游自勇指导，首都师范大学硕士学位论文，2014 年。

李小荣《敦煌密教文献论稿》，北京：人民文学出版社，2003 年。

李玉珉《敦煌莫高窟第三二一窟壁画初探》，《美术史研究集刊》第 16 期，2004 年。

李正宇《曹仁贵归奉后梁的一组新资料》，《魏晋南北朝隋唐史资料》第 11 辑（唐长孺教授八十大寿纪念专辑），武汉大学出版社，1991 年。

李正宇《曹仁贵名实论——曹氏归义军创始及归奉后梁史探》，

《第二届敦煌学国际研讨会论文集》，台北：汉学研究中心，1991 年。

李正宇《敦煌史地新论》，台北：新文丰出版公司，1996 年。

李正宇《敦煌文学杂考二题》，中国敦煌吐鲁番学会语言文学分会编《敦煌语言文学研究》，北京：北京大学出版社，1988 年。

李正宇《张议潮起义发生在大中二年三、四月间》，《敦煌学辑刊》2007 年第 2 期。

李正宇《古本敦煌乡土志八种笺证》，兰州：甘肃人民出版社，2008 年。

梁发、潘崇贤《道教与星斗信仰》，济南：齐鲁书社，2014 年。

梁启超《阴阳五行学说之来历》，顾颉刚编著《古史辨》第 5 册，上海：上海古籍出版社，1982 年。

廖旸《炽盛光佛再考》，《艺术史研究》第 5 辑，2003 年，广州：中山大学出版社。

廖旸《经咒·尊神·象征——对白伞盖信仰多层面的解析》，中国社会科学院历史研究所文化史研究室编《形象史学研究（2014）》，北京：人民出版社，2015 年。

廖旸《白伞盖经译传三题》，《世界宗教研究》2015 年第 6 期。

廖旸《11—15 世纪佛教艺术中的神系重构（二）——以白伞盖佛母为中心》，《故宫博物院院刊》2016 年第 5 期。

林惠祥《天风海涛室遗稿》，厦门：鹭江出版社，2001 年。

林世田《武则天称帝与图谶祥瑞——以 S. 6502〈大云经疏〉为中心》，《敦煌学辑刊》2002 年第 2 期。

林世田、萨仁高娃《国家图书馆藏敦煌写本〈金光明最胜王经〉古代修复简论》，《敦煌研究》2006 年第 6 期。

林巳奈夫《漢代の神々》，京都：临川书店，1989 年。

林玉、董华锋《四川博物院藏敦煌吐鲁番写经叙录》，《敦煌研究》2013 年第 2 期。

铃木正弘《段公路撰〈北戶録〉について——唐末期の嶺南に關する博物學的著述》，《立正史學》第 79 號。

刘安志《跋吐鲁番新出〈唐显庆元年（656）西州宋武欢移文〉》，《魏晋南北朝隋唐史资料》第 23 辑，武汉大学文科学报编辑部，2006 年。

刘次沅《隋唐五代天象记录统计分析》，《时间频率学报》第 3 卷，2013 年。

刘敦愿《周穆王征犬戎"得四白狼四白鹿以归"解——兼论宝鸡茹家庄出土青铜车饰族属问题》，《人文杂志》1986 年第 4 期。

刘国忠《五行大义研究》，沈阳：辽宁教育出版社，1999 年。

刘国忠《唐宋时期命理文献初探》，哈尔滨：黑龙江人民出版社，2009 年。

刘乐贤《睡虎地秦简日书研究》，台北：文津出版社，1994 年。

刘淑芬《灭罪与度亡：佛顶尊胜陀罗尼经幢之研究》，上海：上海古籍出版社，2008 年。

刘增贵《门户与中国古代社会》，《"中央研究院"历史语言研究所集刊》第 68 本第 4 分，1997 年。

刘钊《"小臣墙刻辞"新释——揭示中国历史上最早的祥瑞记录》，《复旦学报》（社会科学版）2009 年第 1 期。

卢向前《牒式及其处理程序的探讨——唐公式文研究》，《敦煌吐鲁番文献研究论集》第 3 辑，北京大学出版社，1986 年。

卢向前《金山国立国之我见》，《敦煌学辑刊》1990 年第 2 期。

陆锡兴《吐鲁番古墓纸明器研究》，《西域研究》2006 年第 3 期。

陆锡兴《元明以来纸钱的研究》，《南方文物》2008 年第 1 期。

陆锡兴《唐宋时期的纸钱风俗》，《文史知识》2010 年第 4 期。

罗丰编著《固原南郊隋唐墓地》，北京：文物出版社，1996 年。

罗桂成《唐宋阴阳五行论集》，台北：文源书局有限公司，

1983 年。

吕建福《中国密教史》，北京：中国社会科学出版社，1995 年。

吕思勉《两晋南北朝史》，上海：上海古籍出版社，1983 年。

马德《敦煌版画的背景意义》，《敦煌研究》2005 年第 2 期。

马继兴《马王堆古医书考释》，长沙：湖南科学技术出版社，1992 年。

马继兴主编《敦煌医药文献辑校》，南京：江苏古籍出版社，1998 年。

马王堆汉墓帛书整理小组编《马王堆汉墓帛书》（肆），北京：文物出版社，1985 年。

马艳《大同出土北魏磨花玻璃碗源流》，《中原文物》2014 年第 1 期。

茂木直人《祥瑞に關する制度の實態》，《駒澤史學》第 63 號，2004 年。

梅弘理《根据 P. 2547 号写本对〈斋琬文〉的复原和断代》，耿昇译，《敦煌研究》1990 年第 2 期。

孟嗣徽《炽盛光佛变相图像研究》，《敦煌吐鲁番研究》第 2 卷，北京大学出版社，1997 年。

孟宪实《出土文献与中古史研究》，北京：中华书局，2017 年。

名和敏光编《東アジア思想・文化の基層構造—術数と〈天地瑞祥志〉—》，東京：汲古書院，2019 年。

牧田諦亮《疑經研究》，京都大學人文科學研究所，1976 年。

奈良国立博物館《正倉院展（平成五年）》，奈良国立博物館，1993 年。

奈良国立博物館《第 70 回正倉院展》，奈良国立博物館，2018 年。

南京市博物馆《南京幕府山东晋墓》，《文物》1990 年第 8 期。

内蒙古自治区文物考古研究所编《和林格尔汉墓壁画》，北京：文物出版社，2007 年。

宁夏固原博物馆编《固原文物精品图集》，银川：宁夏人民出版社，2013 年。

牛来颖《唐代祥瑞与王朝政治》，郑学檬、冷敏述主编《唐文化研究论文集》，上海人民出版社，1994 年。

牛来颖《唐代祥瑞名物辨异》，《世界宗教研究》1999 年第 2 期。

潘吉星《中国造纸史》，上海：上海人民出版社，2009 年。

庞朴《阴阳五行探源》，《中国社会科学》1984 年第 3 期。

彭华《阴阳五行研究（先秦篇）》，长春：吉林人民出版社，2011 年。

彭金章《敦煌石窟十一面观音经变研究——敦煌密教经变研究之四》，敦煌研究院编《段文杰敦煌研究五十年纪念文集》，北京：世界图书出版公司，1996 年。

彭金章《莫高窟第 14 窟十一面观音经变》，《敦煌研究》1994 年第 2 期。

彭金章《莫高窟第 76 窟十一面八臂观音考》，《敦煌研究》1994 年第 3 期。

彭金章《千眼照见 千手护持——敦煌密教经变研究之三》，《敦煌研究》1996 年第 1 期。

彭金章《敦煌石窟全集·密教画卷》，香港：商务印书馆，2003 年。

平秀道《王莽と符命》，《龍谷大學論集》第 353 卷，1956 年。

平秀道《後漢光武帝と圖讖》，《龍谷大學論集》第 379 卷，1967 年。

平秀道《南斉書祥瑞志について》，《龍谷大學論集》第 400、401 卷合并號，1973 年。

平秀道《魏の文帝と圖緯》，《龍谷大學論集》第 404 卷，1974 年。

平秀道《蜀の照烈帝と讖緯》,《龍谷大學論集》第 409 卷,1976 年。

平秀道《宋書符瑞志について》,《龍谷大學佛教文化研究所紀要》第 15 集,1976 年。

平秀道《魏書霊徵志について》,《龍谷大學論集》第 413 卷,1978 年。

齐陈骏、寒沁（郑炳林）《河西都僧统唐悟真作品和见载文献系年》,《敦煌学辑刊》1993 年第 2 期。

前原あやの《〈海中占〉の輯佚》,《関西大学東西学術研究所紀要》第 46 卷,2013 年。

前原あやの《〈海中占〉関連文献に関する基礎的考察》,《關西大學中國文學會紀要》第 34 卷,2013 年。

钱存训《纸的起源新证：试论战国秦简中的纸字》,《文献》2002 年第 1 期。

钱存训《中国书籍纸墨及印刷史论文集》,香港中文大学出版社,1992 年。

桥本敬造《中国占星术的世界》,王仲涛译,北京：商务印书馆,2012 年。

橋村愛子《敦煌莫高窟及び安西榆林窟の孔雀明王（Mahamayuri）について——帰義軍節度使曹氏による密教受容の一断面》,《美學美術史研究論集》第 25 号,2011 年。

裘锡圭主编《长沙马王堆汉墓简帛集成》（五）,北京：中华书局,2014 年。

仇鹿鸣《长安与河北之间：中晚唐的政治与文化》,北京师范大学出版社,2018 年。

仇鹿鸣《隐没与改篡：〈旧唐书〉唐开国纪事表微》,《唐研究》第 25 卷,北京大学出版社,2020 年。

權憙永《〈天地瑞祥志〉：日本 天文地理書 一例》，《白山學報》第 52 號，1999 年。

饶宗颐《论七曜与十一曜——敦煌开宝七年（974）康遵批命课简介》，in Michel Soymié ed.，Contributions aux etudes sur Touen-houang. Genève-Paris：Librarie Droz，1979.

饶宗颐主编《敦煌邈真赞校录并研究》，台北：新文丰出版公司，1994 年。

饶宗颐《中国史学上之正统论》，上海：上海远东出版社，1996 年。

饶宗颐《敦煌本〈瑞应图〉跋》，《敦煌研究》1999 年第 4 期。

任半塘编著《敦煌歌辞总编》，上海：上海古籍出版社，1987 年。

任继愈主编《道藏提要》，北京：中国社会科学出版社，1991 年。

荣新江、余欣《归义军时期敦煌史事系年示例》，"华学"编辑委员会编《华学》第七辑（饶宗颐教授米寿志庆），广州：中山大学出版社，2004 年。

荣新江、李肖、孟宪实主编《新获吐鲁番出土文献》，北京：中华书局，2008 年。

荣新江《敦煌卷子札记四则》，北京大学中国古代史研究所编《敦煌吐鲁番文献研究论集》第 2 辑，北京：北京大学出版社，1983 年。

荣新江《敦煌藏经洞的性质及其封闭原因》，《敦煌吐鲁番研究》第 2 卷，北京：北京大学出版社，1996 年。

荣新江《海外敦煌吐鲁番文献知见录》，南昌：江西人民出版社，1996 年。

荣新江《归义军史研究——唐宋时代敦煌历史考索》，上海：上海古籍出版社，1996 年。

荣新江《敦煌归义军曹氏统治者为粟特后裔说》，《历史研究》2001 年第 1 期。

荣新江《于阗花毡与粟特银盘——九、十世纪敦煌寺院的外来供养》，胡素馨编《佛教物质文化：寺院财富与世俗供养国际学术研讨会论文集》，上海：上海书画出版社，2003 年。

荣新江《丝绸之路与东西文化交流》，北京：北京大学出版社，2015 年。

三崎良周《佛頂系の密教——唐代密教史の一視點》，吉岡義豐博士還暦記念論集刊行會編《吉岡義豐博士還暦記念道教研究論集——道教の思想と文化》。東京：国書刊行会，1977 年。

山田利明《誕怪不經の正史：〈後漢書〉方術傳の哲學》，《中國研究集刊》第 21 号，1997 年。

山田慶兒《九宮八風説と少師派の立場》，《東方學報》第 52 册，1980 年。

山西省博物馆编《宝宁寺明代水陆画》，北京：文物出版社，2015 年。

陕西历史博物馆、北京大学考古文博学院、北京大学震旦古代文明研究中心编著《花舞大唐春——何家村遗宝精粹》，北京：文物出版社，2003 年。

陕西省考古研究所《法门寺考古发掘报告》，北京：文物出版社，2007 年。

上山大峻《敦煌佛教の研究》，京都：法藏館，1990 年。

深井晋司《ペルシア古美術研究——ガラス器・金屬器）》，東京：吉川弘文館，1968 年。

施萍亭《敦煌随笔之二：有关张议潮的一条新史料》，《敦煌研究》1987 年第 1 期。

上海古籍出版社、法国国家图书编《法国国家图书馆藏敦煌西域文献》，上海：上海古籍出版社。

水口幹記《日本古代漢籍受容の史的研究》第 II 部《〈天地瑞祥

志〉の基礎的考察》，東京：汲古書院，2005 年。

水口幹記、陈小法《日本所藏唐代佚书〈天地瑞祥志〉略述》，《文献》2007 年第 1 期。

水口幹記《類書〈稽瑞〉と祥瑞品目——唐礼部式と延喜治部省式祥瑞条に関連して—》，《延喜式研究》第 24 號，2008 年。

水口幹記《关于敦煌文书（P 2610）中风角关联条的一个考察——参考〈天地瑞祥志〉等与风角有关的类目》，《风起云扬——首届南京大学域外汉籍研究国际学术研讨会论文集》，北京：中华书局，2009 年。

水上靜夫《中国古代の植物学の研究》，東京：角川書店，1977 年。

松本榮一《燉煌本瑞應圖卷》，《美術研究》第 184 號，1955 年。

松本榮一《敦煌本白澤精怪圖卷》，《國華》第 65 編第 5 册，1956 年。

松嶋隆裕《祥瑞の主體としての天——白雉改元における天観念の受容》，《倫理思想研究》第 5 集，1980 年。

松浦千春《武周政權論——盧陵王李顯の召還問題を手がかりに》，《集刊東洋學》第 64 號，1990 年。

松浦千春《禪讓議禮試論：漢魏禪讓儀式の再檢討》，《一關工業高等專門學校研究紀要》第 40 號，2005 年。

松浦千春《王莽禪讓考》，《一關工業高等專門學校研究紀要》第 42 號，2008 年。

松田稔《〈山海經〉における瑞祥》，《漢文學會會報》第 27 輯，1981 年。

宋家钰《佛教斋文源流与敦煌本〈斋文〉书的复原》，宋家钰、刘忠编《英国收藏敦煌汉藏文献研究——纪念敦煌文献发现一百周年》，北京：中国社会科学出版社，2000 年。

宋天瀚《帝制中国前后"甘露"物质文化想象之研究》，台北：致知学术出版社，2017 年。

苏州博物馆编著《苏州博物馆藏虎丘云岩寺塔瑞光寺塔文物》，北京：文物出版社，2006 年。

苏州市文管会、苏州博物馆《苏州市瑞光寺塔发现一批五代、北宋文物》，《文物》1979 年第 11 期。

苏州市文物保管委员会《苏州虎丘云岩寺塔发现文物内容简报》，《文物参考资料》1957 年第 11 期。

孙伯君《真智译〈佛说大白伞盖总持陀罗尼经〉为西夏译本考》，《宁夏社会科学》2008 年第 4 期。

孙光圻《中国古代航海史》，北京：海洋出版社，1989 年。

孙晓林《汉—十六国敦煌令狐氏述略》，《北京图书馆馆刊》1996 年第 4 期。

孙晓林《敦煌遗书所见唐宋间令狐氏在敦煌的分布——令狐氏札记之一》，朱雷主编《唐代的历史与社会》，武汉大学出版社，1997 年。

孙英刚《神文时代：谶纬、术数与中古政治研究》，上海：上海古籍出版社，2014 年。

邰惠莉《敦煌版画叙录》，《敦煌研究》2005 年第 2 期。

太田晶二郎《〈天地瑞祥志〉略説——附けたり、所引の唐令佚文》，《太田晶二郎著作集》第 1 册，東京：吉川弘文館，1991 年。

谭蝉雪《敦煌民俗——丝路明珠传风情》，兰州：甘肃教育出版社，2006 年。

谭蝉雪《敦煌岁时掇琐——正月》，《敦煌研究》1990 年第 1 期。

谭蝉雪《唐宋敦煌岁时佛俗——正月》，《敦煌研究》2000 年第 4 期。

唐耕耦等《敦煌社会经济文献真迹释录》第 3 辑，北京：全国图书馆文献缩微复制中心，1990 年。

唐耕耦等《敦煌社会经济文献真迹释录》第 4 辑，北京：全国图书馆文献缩微复制中心，1990 年。

唐耕耦等《敦煌社会经济文献真迹释录》第 5 辑，北京：全国图书馆缩微复制中心，1990 年。

唐雯《〈太平御览〉引"唐书"再检讨》，《史林》2010 年第 4 期。

唐长孺主编《吐鲁番出土文书》（图录本）第 3 册，北京：文物出版社，1994 年。

唐长孺《山居存稿三编》，北京：中华书局，2011 年。

藤枝晃《文字の文化史》，東京：岩波書店，1971 年。

藤枝晃《汉字的文化史》，李运博译，北京：新星出版社，2005 年

Thomas Thilo《唐史における帝王符瑞の一例とその背景》，池田温译，《東方學》第 48 辑，1974 年。

田中公明《敦煌 密教と美術》，京都：法蔵館，2000 年。

田中有《漢墓畫像石・壁畫に見える祥瑞圖について》，安居香山编《讖緯思想の綜合的研究》，東京：國書刊行會，1984 年。

土居淑子《古代中國の畫象石》，京都：同朋舍，1986 年。

吐鲁番地区文物局《新疆吐鲁番地区巴达木墓地发掘简报》初稿。

吐鲁番地区文物局《新疆吐鲁番地区木纳尔墓地的发掘》，《考古》2006 年第 12 期。

窪德忠《庚申信仰》，東京：山川出版社，1956 年。

窪德忠《庚申・民間信仰の研究》，京都：同朋舍，1978 年。

王炳华《吐鲁番新出土的唐代绢花》，《文物》1975 年第 7 期。

王炳华《西域考古文存》，兰州：兰州大学出版社，2010 年。

王光照《隋炀帝与天台宗》，《学术月刊》1994 年第 9 期。

王国良《汉武洞冥记研究》，台北：文史哲出版社，1989 年。

王晖《从曾侯乙墓箱盖漆文的星象释作为农历岁首标志的"农祥

晨正"》,《考古与文物》1994 年第 2 期。

王惠民《敦煌佛顶尊胜陀罗尼经变考释》,《敦煌研究》1991 年第 1 期。

王惠民《敦煌〈密严经变〉考释》,《敦煌研究》1993 年第 2 期。

王惠民《独煞神与独煞神堂考》,《敦煌研究》1995 年第 1 期。

王惠民《莫高窟第 156 窟发现尊胜经变》,2010 年 8 月 26 日,http://public.dha.ac.cn/content.aspx? id = 207955531407,访问时间:2020 年 8 月 18 日。

王惠民《敦煌所见经巾的形制、用途与实物》,《敦煌研究》2012 年第 3 期。

王冀青《库车文书的发现与英国大规模搜集中亚文物的开始》,《敦煌学辑刊》1991 年第 2 期。

王冀青《霍恩勒与中亚考古学》,《敦煌学辑刊》2011 年第 3 期。

王婕等《一件战国时期八棱柱状铅钡玻璃器的风化研究》,《玻璃与陶瓷》第 42 卷第 2 期,2014 年。

王晶波《敦煌占卜文献与社会生活》,兰州:甘肃教育出版社,2013 年。

王乐、赵丰《敦煌伞盖的材料和形制研究》,《敦煌学辑刊》2009 年第 2 期。

王乐《帙、巾》,赵丰主编《敦煌丝绸艺术全集·英藏卷》,上海:东华大学出版社,2007 年。

王梦鸥《邹衍遗说考》,台北:商务印书馆,1966 年。

王瑞雷《密集金刚于明代宫廷的传播——以山西右玉宝宁寺十六罗汉水陆画中藏文写经为中心》,《美术研究》2021 年第 1 期。

王三庆《敦煌本〈斋琬文〉一卷研究》,《第三届中国唐代文化学术研讨会论文集》,台北:中国唐代学会编辑委员会,1997 年。

王素《吐鲁番新出阚氏王国〈论语郑氏注〉写本补说》,《文物》

2007 年第 11 期。

王微《白伞盖佛母：汉藏佛教的互动》，罗文华译，《故宫博物院院刊》2007 年第 5 期。

王维坤《隋唐墓葬出土的死者口中含币习俗溯源》，《考古与文物》2001 年第 5 期。

王维坤《丝绸之路沿线发现的死者口中含币习俗研究》，《考古学报》2003 年第 2 期。

王雪农《中国的冥币瘗钱及其演变过程》，中国钱币学会编《中国钱币论文集》第 3 辑，北京：中国金融出版社，1998 年。

王银田、王雁卿《大同南郊北魏墓群 M107 发掘报告》，《北朝研究》第 1 辑，北京：燕山出版社，1999 年。

王银田《北朝时期丝绸之路输入的西方器物》，张庆捷、李书吉、李钢主编《4—6 世纪的北中国与欧亚大陆》，北京：科学出版社，2006 年。

王永平《隋炀帝招揽江南之高僧与南朝佛学之北传——以〈续高僧传〉所载相关史实为中心的考察》，《扬州大学学报》（人文社会科学版）第 23 卷第 2 期，2019 年 3 月。

王珍仁、孙惠珍《旅顺博物馆藏唐代纸制冥具考》，《辽海文物学刊》1997 年第 1 期。

王重民《敦煌古籍叙录》，北京：商务印书馆，1958 年。

王重民《敦煌遗书论文集》，北京：中华书局，1984 年。

魏郭辉《唐代河陇朝鲜人之研究》，《敦煌学辑刊》2005 年第 2 期。

魏航空、方勐《楚国贝币思考》，《中国钱币》1997 年第 1 期。

温州博物馆编《白象慧光：温州白象塔、慧光塔典藏大全》，北京：文物出版社，2010 年。

巫鸿《武梁祠：中国古代画像艺术的思想性》，柳扬、岑河译，北京：生活·读书·新知三联书店，2006 年。

吴立民、韩金科《法门寺地宫唐密曼荼罗之研究》，香港：中国佛教文化出版有限公司，1998 年。

吴丽娱《"中祥"考——兼论中古丧制的祥忌遇闰与斋祭合一》，《敦煌吐鲁番研究》第 13 卷，上海古籍出版社，2013 年。

吴兴汉《楚国爰金冥币研究》，《中国钱币》1997 年第 2 期。

吴玉贵《唐书辑校》，北京：中华书局，2008 年。

吴其昱《大蕃国大德·三藏法师·法成伝考》，《講座敦煌》第 7 卷《敦煌と中国仏教》，東京：大東出版社，1984 年。

武田時昌《太白行度考：中國古代の惑星運動論（一）》，《東方學報》（京都）第 85 册，2010 年。

西安市文物保护考古所《西安财政干部培训中心汉、后赵墓发掘简报》，《文博》1997 年第 6 期。

下野玲子《敦煌仏頂尊勝陀羅尼経変相図の研究》，東京：勉誠出版，2017 年。

夏鼐《河北定县塔基舍利函中波斯萨珊朝银币》，《考古》1966 年第 5 期。

夏鼐《综述中国出土的波斯萨珊朝银币》，《考古学报》1974 年第 1 期。

项楚《敦煌诗歌导论》，成都：巴蜀书社，2001 年。

萧登福《道教星斗符印与佛教密宗》，台北：新文丰出版公司，1993 年。

小島祐馬《巴黎國立圖書館藏敦煌遺書所見錄》（六），《支那學報》7 卷 1 號，1933 年。

小谷仲男《死者の口に貨幣を含ませる習俗—漢唐墓葬における西方の要素）》，《富山大學人文學部紀要》第 13 號，1988 年。

小林清市《齊民要術における五谷と五木》，山田慶兒編《中國古代科學史論》，京都大學人文科學研究所，1989 年。

小野田伸《古代ガラスを意味する"琉璃"と"瑠璃"について》,《Glass：ガラス工芸研究会誌》第43號,1999年。

篠原典生《脱库孜萨来佛寺伽蓝布置及分期研究》,《石窟寺研究》第1辑,北京：文物出版社,2010年。

谢弗《唐代的外来文明》,吴玉贵译,北京：中国社会科学出版社,1995年。

辛嶋静志《汉译佛典的语言研究（三）》,《语言学论丛》第37辑,2008年,北京：商务印书馆。

辛德勇《中国印刷史研究》,北京：生活·读书·新知三联书店,2016年。

新疆维吾尔自治区博物馆、西北大学历史系考古专业《1973年吐鲁番阿斯塔纳那古墓群发掘简报》,《文物》1975年第7期。

新疆维吾尔自治区博物馆《吐鲁番县阿斯塔那-哈拉和卓古墓群发掘简报（1963—1965）》,《文物》1973年第10期。

新疆维吾尔自治区博物馆编《新疆出土文物》,北京：文物出版社,1975年。

宿白《中国石窟寺研究》,北京：文物出版社,1996年。

宿白《定州工艺与静志、净众两塔地宫文物》,《文物》1997年第10期。

宿白《唐宋时期的雕版印刷》,北京：文物出版社,1999年。

徐沖《漢唐間の君臣關係と"臣某"形式に關する一試論》,《歷史研究》（大阪教育大學）第44號,2007年。

徐俊纂辑《敦煌诗集残卷辑考》,北京：中华书局,2000年。

许飞《唐代小説に見られる"紙錢"》,《中国中世文学研究》第57號,2010年。

严耀中《佛教戒律与中国社会》,上海：上海古籍出版社,2007年。

岩尾一史《古代チベットの長さの單位：mda'とsor mo》，《敦煌寫本研究年報》第 4 號，京都大学人文科学研究所，2010 年。

颜廷亮《〈白雀歌〉新校并序》，《敦煌学辑刊》1989 年第 2 期。

颜廷亮《有关张球生平及其著作的一件新见文献——〈《佛说摩利支天菩萨陀罗尼经》序〉校录及其他》，《敦煌研究》2002 年第 5 期。

晏昌贵《巫鬼与淫祀——楚简所见方术宗教考》，武汉：武汉大学出版社，2010 年。

扬之水《"者舌"及其相关之考证：敦煌文书什物历器丛考之一》，赵丰主编《丝绸之路：艺术与生活》，香港：艺纱堂，2007 年。

扬之水《〈一切经音义〉之佛教艺术名物图证》，《中国文化》第 31 期，2010 年。

扬之水《曾有西风半点香：敦煌艺术名物丛考》，北京：生活·读书·新知三联书店，2012 年。

杨东宇《眼罩功能与流变考论》，《民族研究》2008 年第 5 期。

杨鸠霞《安徽出土的陶冥币》，《中国钱币》1994 年第 3 期。

杨琳《冥钱考》，《文献》1997 年第 3 期。

杨权《谶纬研究述略》，《中国史研究动态》2001 年第 6 期。

伊藤富雄《紙錢習俗考》，《支那學研究）》第 7 號，1951 年。

役重文範《漢代瑞祥考——皇帝·政治との関係》，《立命館東洋史學》第 31 號，2008 年。

殷光明《北凉石塔上的易经八卦与七佛一弥勒造像》，《敦煌研究》1997 年第 1 期。

殷光明《莫高窟第 449 窟东壁北侧非〈佛顶尊胜陀罗尼经变〉辨析》，《敦煌研究》2011 第 2 期。

永田知之《〈國清百録〉管窺——書札文定型化の資料として》，《敦煌寫本研究年報》第 5 號，2011 年，京都大學人文科學研究所。

由水常雄《ガラスの道：形と技術の交渉史》，東京：德間書店，

1973 年。

游自勇《敦煌本〈白泽精怪图〉校录——〈白泽精怪图〉研究之一》，《敦煌吐鲁番研究》第 12 卷，上海：上海古籍出版社，2011 年。

游自勇《〈白泽精怪图〉所见的物怪——〈白泽精怪图〉研究之三》，黄正建主编《中国社会科学院敦煌学研究回顾与前瞻学术研讨会论文集》，上海：上海古籍出版社，2012 年。

游自勇《〈白泽图〉与〈白泽精怪图〉关系析论》，余欣主编《存思集：中古中国共同研究班论文萃编》，上海古籍出版社，2013 年。

游佐昇《敦煌文献より見た唐五代における民間信仰の一側面》，《東方宗教》第 57 号，1981 年。

于爱成编著《祥瑞动物》，北京：中国社会出版社，2008 年。

余太山《两汉魏晋南北朝正史西域传研究》，北京：中华书局，2003 年。

余欣、陈昊《吐鲁番洋海出土高昌早期写本〈易杂占〉考释》，《敦煌吐鲁番研究》第 10 卷，上海古籍出版社，2007 年。

余欣《神道人心——唐宋之际敦煌民生宗教社会史研究》，北京：中华书局，2006 年。

余欣《〈唐六典〉修纂考》，朱凤玉、汪娟编《张广达先生八十华诞祝寿论文集》，台北：新文丰出版公司，2010 年。

余欣《唐宋时期敦煌土贡考》，高田時雄编《敦煌寫本研究年報》第 4 号，京都大學人文科學研究所，2010 年。

余欣《敦煌佛寺所藏珍宝与密教宝物供养观念》，《敦煌学辑刊》2010 年第 4 期。

余欣《符瑞与地方政权的合法性构建：归义军时期敦煌瑞应考》，《中华文史论丛》2010 年第 4 期。

余欣《屈支灌与游仙枕：汉唐龟兹异物及其文化想象》，《复旦学报》（社会科学版）2010 年第 6 期。

余欣《敦煌文献与图像中的罗睺、计都释证》，《敦煌学辑刊》2011 年第 3 期。

余欣《唐宋之际"五星占"的变迁——以敦煌所见辰星占辞为例》，《史林》2011 年第 5 期。

余欣《中古异相：写本时代的学术、信仰与社会》，上海：上海古籍出版社，2011 年。

余欣《天命与星神：以敦煌〈星供陀罗尼符〉为例解析中古星命信仰》，《唐研究》第 18 卷，北京：北京大学出版社，2012 年。

余欣《博望鸣沙：中古写本研究与现代中国学术史之会通》，上海：上海古籍出版社，2012 年。

余欣《敦煌的博物学世界》，兰州：甘肃教育出版社，2013 年。

余欣《"书""物"结合重绘丝路"世界图景"》，《中国社会科学报》2019 年 4 月 22 日，第 5 版。

曾我部静雄《支那政治習俗論攷》，東京：筑摩書房，1943 年。

翟旻昊《中古时期的纳甲占：以西陲出土写本为中心》，余欣指导，复旦大学硕士学位论文，2015 年 6 月。

张从军《两汉祥瑞与图像》，《民俗研究》2008 年第 1 期。

张峰屹《安居香山、中村璋八〈纬书集成〉的辑佚问题——以〈孝经纬〉为中心》，《南开学报》2019 年第 5 期。

张弓主编《敦煌典籍与唐五代历史文化》，北京：中国社会科学出版社，2006 年。

张广达《"叹佛"与"叹斋"——关于敦煌文书中的〈斋琬文〉的几个问题》，《庆祝邓广铭教授九十华诞论文集》，北京：北京大学出版社，1997 年。

张广达《关于唐史研究趋向的几点浅见》，《中国学术》2001 年第 4 期。

张广达、荣新江《于阗史丛考》（修订本），北京：中国人民大学出版社，2008 年。

张全民《西安 M33 玻璃研究》，《文博》2004 年第 1 期。

张铁弦《敦煌古写本丛谈》，《文物》1963 年第 3 期。

张维用《琉璃名实辨》，《故宫博物院院刊》1986 年第 2 期。

张文卓《从转轮王到顶轮王——佛教轮王思想盛行的政治因素剖析》，《青海社会科学》2013 年第 3 期。

张星烺《中西交通史料汇编》，朱杰勤校订，北京：中华书局，1977 年。

张涌泉《汉语俗字研究（增订本）》北京：商务印书馆，2010 年。

章巽《中国航海科技史》，北京：海洋出版社，1991 年。

章巽主编《中国航海科技史》，北京：海洋出版社，1991 年。

赵丰、段光利《从敦煌出土丝绸文物看唐代夹缬图案》，《丝绸》第 50 卷第 8 期，2013 年。

赵丰主编，王乐副主编《敦煌丝绸与丝绸之路》，北京：中华书局，2009 年。

赵丰主编《敦煌丝绸艺术全集·英藏卷》，上海：东华大学出版社，2007 年。

赵丰主编《敦煌丝绸艺术全集·旅顺卷》，上海：东华大学出版社，2021 年。

赵国壁《洛阳发现的波斯萨珊王朝银币》，《文物》1960 年第 8、9 期合刊。

赵睿才、杨广才《"纸钱"考略》，《民俗研究》2005 年第 1 期。

赵晓星《吐蕃统治时期敦煌密教研究》，兰州：甘肃教育出版社，2017 年。

赵益、金程宇《〈天地瑞祥志〉若干重要问题的再探讨》，《南京大学学报》（哲学·人文科学·社会科学版）2012 年第 3 期。

赵永《琉璃名称考辨》，《中国国家博物馆馆刊》2013 年第 5 期。

赵永《论魏晋至宋元时期佛教遗存中的玻璃器》，《中国国家博物馆馆刊》2014 年第 10 期。

赵贞《敦煌文书中的"七星人命属法"释证——以 P. 2675bis 为中心》，《敦煌研究》2006 年第 2 期。

浙江省博物馆、定州市博物馆编《心放俗外：定州静志寺　净众佛塔地宫文物》，北京：中国书店，2014 年。

浙江省博物馆、西安市临潼区博物馆编《佛影湛然：西安临潼唐代造像七宝》，杭州：浙江省博物馆，2017 年。

浙江省博物馆《浙江瑞安北宋慧光塔出土文物》，《文物》1973 年第 1 期。

郑阿财、朱凤玉《敦煌蒙书研究》，兰州：甘肃教育出版社，2002 年。

郑炳林、陈于柱《敦煌占卜文献叙录》，兰州：兰州大学出版社，2014 年。

郑炳林、郑怡楠《敦煌写本 P. 2683〈瑞应图〉研究》，樊锦诗、荣新江、林世田主编《敦煌文献·考古·艺术综合研究：纪念向达先生诞辰 110 周年国际学术研讨会论文集》，北京：中华书局，2011 年。

郑炳林《敦煌碑铭赞辑释》，兰州：甘肃人民出版社，1992 年。

郑炳林《唐五代敦煌金鞍山异名考》，《敦煌研究》1995 年第 2 期。

郑炳林《论晚唐敦煌文士张球即张景球》，《文史》第 43 辑，北京：中华书局，1997 年。

郑炳林《晚唐五代敦煌地区种植棉花研究》，《中国史研究》1999 年第 3 期。

郑炳林《晚唐五代敦煌贸易市场的外来商品辑考》，《中华文史论丛》第 63 辑，2000 年。

郑炳林《晚唐五代敦煌贸易市场的外来商品辑考》，兰州大学敦煌学研究所编《敦煌归义军史专题研究续编》，兰州：兰州大学出版社，

2003 年。

郑炳林《晚唐五代敦煌商业贸易市场研究》，《敦煌学辑刊》2004年第 1 期。

郑德坤、沈维钧《中国明器》，哈佛燕京学社 1933 年版，影印本，上海文艺出版社，1992 年。

中村璋八《日本陰陽道書の研究》（增補版），東京：汲古書院，2000 年。

中谷由一《漢宣帝の祥瑞における政治學》，《人間文化學研究集録》第 11 號，2001 年。

中国历史博物馆、新疆维吾尔自治区文物局编《天山·古道·东西风》，北京：中国社会科学出版社，2002 年。

中国美术全集编辑委员会《中国美术全集：金银玻璃珐琅器》，北京：人民美术出版社，1989 年。

中国社会科学院考古研究所《北魏洛阳永宁寺 1979—1994 年考古发掘报告》，北京：中国大百科全书出版社，1996 年。

中国社会科学院历史研究所、中国敦煌吐鲁番学会敦煌古文献编辑委员会等编《英藏敦煌文献》，成都：四川人民出版社，1990—1995 年。

钟肇鹏《谶纬论略》，沈阳：辽宁教育出版社，1991 年。

周保平《汉代画像石中的吉祥植物》，《农业考古》2008 年第 1 期。

周一良《唐代密宗》，钱文忠译，上海：上海远东出版社，1996 年。

周予同《纬谶中的"皇"与"帝"》，朱维铮编校《周予同经学史论》，上海：上海人民出版社，2010 年。

朱文鑫《史记天官书恒星图考》，北京：商务印书馆，1927 年。

朱玉麒《吐鲁番新出〈论语〉古注与〈孝经义〉写本研究》，《敦煌吐鲁番研究》第 10 卷，上海：上海古籍出版社，2007 年。

宗舜《〈浙藏敦煌文献〉佛教资料考辨》,《敦煌吐鲁番研究》第 6卷,北京:北京大学出版社,2002 年。

左娅《〈康遵批命课〉再研究》,未刊稿。

佐藤大樹《紙錢習俗の源流としての瘞錢について:唐代の紙錢と瘞錢の比較を中心に》,《駒澤大学禅文化歴史博物館紀要》第 1 號,2016 年。

佐佐木聡《法藏〈白泽精怪图〉(P. 2682)考》,《敦煌研究》2012 年第 3 期,修订稿收入余欣主编《存思集:中古中国共同研究班论文萃编》。

(二)西文部分

Afshār, Iraj ed., *Muḥmmad ibn Abī al-Barakāt Juharī Nayshābūrī*, *Javāhir-nāma-yi Niẓāmī*, Tehran: Mīrāṣ-i Maktūb, 2004.

Benkö, Mihály. "Burial masks of Eurasian mounted nomad peoples in the migration period (1st millennium A. D.)", *Acta Orientalia Academiae Scientiarum Hungaricae*. 46. 2–3, 1992/93.

Blake, Fred. Burning Money: *The Material Spirit of the Chinese Life-world*. Honolulu: University of Hawaii Press, 2011.

Chen, Jinhua. *Making and Remaking History: A Study of Tiantai Sectarian Historiography*, Tokyo: The International Institute for Buddhist Studies, 1999.

Chen, Tsu-lung. *La vie et les œuvres de Wou-Tchen*, 816–895: *Contribution à L'histoire Culturelle de Touen-houang*, Paris: École française d'Extrême-Orient, 1966.

Chia, Lucille. *Printing for Profit: The Commercial Publishers of Jian-yang, Fujian (11th–17th Centuries)*, Cambridge: Harvard University Asia Center, 2003.

Copp, Pual. *The Body Incantatory: Spells and the Ritual Imagination in*

Medieval Chinese Buddhism, New York：Columbia University Press，2014.

Demmiéville, Paul et Jao Tsong-yi, *Airs de Touen-houang* (*Touen-houang k'iu* 敦煌曲)：*Textes à chanter des VIIIe-Xe siècles*, Paris：Centre National de la Recherche Scientifique，1971.

Despeux, Catherine. "Auguromancie", in Marc Kalinowski ed. , *Divination et société dans la Chine Médiévale. Une étude des manuscripts de Dunhuang de la Bibliothèque Nationale de France et de la British Library*, Paris：Bibliothèque Nationale de France，2003.

Forte, Antonino. *Political Propaganda and Ideology in China at the End of the Seventh Century* (2nd edition)，Kyoto：Italian School of East Asian Studies，2005.

Harper, Donald. "The Other Baize tu 白泽图 from Dunhuang and Tang Popular Culture", 未刊稿.

Hay, John ed. , *Boundaries in China：Critical Views*, London：Reaktion Books，1994.

Hoernle, A. F. Rudolf. *Manuscript Remains of Buddhist Literature Found in Eastern Turkestan：Facsimiles with Transcripts, Translations and Notes*, Vol. 1. Part I and II, *Manuscripts in Sanskrit, Khotanese, Kuchean, Tibetan and Chinese*, Oxford：The Clarendon Press，1916.

Hou, Ching-Lang, *Monnaies d'offrande et la notion de tresorerie dans la religion chinoise*, Paris：College de France, Institut des hautes etudes chinoises，1975.

Hou, Ching-lang, "Trésors du monastère Long-hing à Touen-houang：une étude sur le manuscrit P. 3432", dans M. Soymié (dir.), *Nouvelles contributions aux études de Touen-houang*, Genève：Droz，1981.

Kalinowski, Marc. *Cosmologie et divination dans la Chine ancienne. Le Compendium des cinq agents* (*Wuxing Dayi, VIe siècle*), Paris：École

Française d'Extrême-Orient, 1991.

Kieschnick, John H., *The Impact of Buddhism on Chinese Material Culture*, Princeton: Princeton University Press, 2003.

Kuo, Li-ying, *Confession et contrition dans le bouddhisme chinois du Ve au Xe siècle*, Paris: École française d'Extrême-Orient, 1994.

Kuo, Li-ying, "Mandala et rituel de confession à Dunhuang", *Bulletin de l'École française d'Extrême-Orient*, 85, 1998.

Lalou, Marcelle. "Notes à propos d'une amulette de Touen-houang: les litanies de Tārā et la Sitātapatrādhāranī", *Mélanges chinois et bouddhiques*, IV, 1936.

Laufer, Berthold. *Jade: A Study in Chinese Archaeology and Religion*, Chicago: The Field Museum of Natural History, 1912.

Lin, Pei-yin and Weipin Tsai ed., *Print, Profit, and Perception: Ideas, Information and Knowledge in Chinese Societies*, 1895-1949, Leiden: Brill, 2014.

Lo, Vivienne. "Huangdi Hama jing (Yellow Emperor's Toad Canon)", *Asia Major: Essays Contributed in Honor of Michael Loewe*, 14, part 2, (2001, published in Spring, 2004).

Lore Sander, Bearbeitet von und Waldschmidt, Ernst. *Sanskrithandschriften aus den Turfanfunden. Teil 4: Ergänzungsband zu Teil 1-3 mit Textwiedergaben, Berichtigungen und Wörterverzeichnissen*, Stuttgart: Franz Steiner Verlag, 1980.

Morgan, Carole. "Mayhem on the Northwest Frontier", in Jean-Pierre Drège ed., *Cahiers d'Extrême-Asie: Nouvelles études de Dunhuang Centenaire de l'École Française d'Extrême-Orient*, 11, (2000).

Musée Guimet, *Les arts de l'Asie centrale: la collection Paul Pelliot du musée national des arts asiatiques-Guimet, sous la direction de Jacques Giès*,

Paris：Réunion des musée nationaux，1995.

Ngo Van Xuyet. *Divination，magie et politique dans la Chine ancienne*，Presses Universitaires de France，1976.

Sørensen，Henrik H.．"Donors and Esoteric Buddhism in Dunhuang during the Reign of the Guiyijun"，in Carmen Meinert and Henrik H. Sørensen ed.，*Buddhism in Central Asia I：Patronage，Legitimation，Sacred Space，and Pilgrimage*，Leiden/Boston：Brill，2020.

Stein，Aurel. *Innermost Asia：detailed report of explorations in Central Asia，Kan-su，and Eastern Īrān，carried out and described under the orders of H. M. Indian Government*，Oxford：Clarendon Press，1928.

Vanden Berghe，LouiS. *Hofkunst van de Sassanieden：het Perzische rijk tussen Rome en China*（224−642）. Brussel：Koninklijke Musea voor Kunst en Geschiedenis，1993.

Volker，T. *The Animal in Far Eastern Art：And Especially in the Art of the Japanese Netzsuke，with References to Chinese Origins，Traditions，Legends，and Art*. Leiden：Brill，1975.

Françoise Wang-Toutain. The Dhāranis in Lantsa Script in Emperor Qianlong's Tomb：A Preliminary Inventory，沈卫荣主编《西域历史语言研究集刊》第 3 辑，北京：科学出版社，2010 年。

Fracoise Wang-Toutain. The Purification of Sins in the Ornamental Program of Emperor Qianlong's Tomb：The Tantra that eliminates all Evil Destinies and the Dharani that Totally Purifies all Obstructions from Karma，谢继胜主编《汉藏佛教美术研究 2008》，北京：首都师范大学出版社，2010 年。

Wu，Jiang and Lucille Chia ed.，*Spreading Buddha's Word in East Asia：The Formation and Transformation of the Chinese Buddhist Canon*，New York：Columbia University Press，2015.

Yu Xin. "Assembling the Precious Bits: Knowledge of Minerals in the Manuscript Houyoushou", Paper delivered at the "12th International Conference on the History of Science in East Asia", Johns Hopkins University, Baltimore, Maryland, July 14−18, 2008.

Yu Xin. "Personal Fate and the Planets: A Documentary and Iconographical Study of Astrological Divination at Dunhuang, Focusing on the Dhāraṇī Talisman for Offerings to Ketu and Mercury, Planetary Deity of the North", *Cahiers d'Extrême-Asie*, 20, (2011).

Yu Xin. "Material Culture, Reading Performance, and Catalogue System: Sutra Wrapper and Sutra Kerchief in Chinese Buddhist Rituals and the Formation of the Canon", special lecture at Columbia University Buddhist Studies Seminar & the Center for Buddhism and East Asian Religion, January 29, 2016.

Yu Xin. "Materiality, Ritual Practice and Artistic Expression: Sutra Devices in Medieval Chinese Buddhism", Paper delivered at the 6th EASCM Meeting, University of Cambridge, September 16−17, 2017.